Paul Drechsel ◣ Bettina Schmidt ◣ Bernhard Gölz

Kultur im Zeitalter der Globalisierung

D1725675

Paul Drechsel ▲ Bettina Schmidt ▲ Bernhard Gölz

Kultur im Zeitalter der Globalisierung

Von Identität zu Differenzen

IKO-Verlag für Interkulturelle Kommunikation

Die Deutsche Bibliothek - CIP-Einheitsaufnahme

Drechsel, Paul:
Kultur im Zeitalter der Globalisierung : von Identität zu Differenzen / Paul Drechsel ; Bettina
Schmidt ; Bernhard Gölz. - Frankfurt am Main :
IKO - Verl. für Interkulturelle Kommunikation, 2000
    ISBN 3–88939–516–3

© IKO - Verlag für Interkulturelle Kommunikation
    Postfach 90 04 21
    D-60444 Frankfurt
    e-mail: ikoverlag@t-online.de
    Internet: www.iko-verlag.de

Umschlaggestaltung: Volker Loschek, 61184 Karben
Herstellung: PRISMA Verlagsdruckerei GmbH, 60487 Frankfurt am Main

Gedruckt mit Unterstützung des Instituts für Organisation, Kultur und Entwicklung (OKE e. V.).

E-mail-Adresse der Autoren: drechsel@mail.uni-mainz.de

Inhalt

Abbildungen

Vorwort

Umberto Eco hat in dem vergnüglich zu lesenden Buch 'Platon im Strip-tease-Lokal' (1997) folgendes Szenario beschrieben. Dr. Dobu de Dobu lebt an einem sonnigen Strand auf der Insel Dobu in Polynesien und ist wissenschaftlich tätig. Er unternimmt auf Anraten des Professors Korao Paliau vom Anthropologischen Institut der Admiralsinseln und mit einem Stipendium der Aboriginal Foundation of Tasmania finanziell unterstützt eine anthropologische Feldforschungsreise nach Mailand. Im folgenden ein Ausschnitt aus seinem Feldforschungsbericht zum 'Wilden Denken' der Mailänder Ureinwohner.

"Der Tagesablauf des Mailänder Eingeborenen richtet sich nach den elementaren Rhythmen der Sonne. Frühmorgens steht er auf, um sich seinen stammestypischen Tätigkeiten zu widmen: Stahlsammeln in den Plantagen, Anbau von Metallprofilen, Gerben von Plastikstoffen, Handel mit Kunstdünger, Säen von Transistoren, Weiden von Lambrettaherden, Zucht von Alfaromeos und so weiter. Gleichwohl liebt der Eingeborene seine Arbeit nicht und tut alles nur erdenkliche, um ihren Beginn hinauszuzögern. Dabei scheinen ihm eigentümlicherweise die Dorfhäuptlinge zu helfen, indem sie zum Beispiel die gewohnten Transportwege absperren, die alten Trambahngleise herausreißen lassen, den Verkehr behindern durch breite gelbe, auf die Saumpfade gemalte Streifen (mit klarer Tabu-Bedeutung) und schließlich an den unerwartetsten Stellen tiefe Löcher graben, so daß viele Eingeborene hineinstürzen und vermutlich den lokalen Göttern geopfert werden. Es ist schwer, das Verhalten der Häuptlinge psychologisch zu erklären, doch sicher steht diese rituelle Zerstörung der Kommunikationswege in einem Zusammenhang mit Auferstehungsriten (die Vorstellung ist offenbar: wenn Scharen von Menschen im Innern der Erde zusammengepfercht werden, gehen aus ihrer Opferung wie aus Samenkörnern neue, stärkere und robustere Individuen hervor) ...

Daß die Dorfältesten den Stamm bewußt im unklaren lassen wollen, beweist ein allmorgendliches Ritual, die Lektüre einer Art heiliger Botschaft, welche die Oberen ihren Untertanen im Morgengrauen zukommen lassen, ungeachtet des Namens 'Abendkurier'. Das Heilige oder Hieratische dieser Botschaft wird durch die Tatsache unterstrichen, daß die darin mitgeteilten

Nachrichten völlig abstrakt sind und keinerlei Bezug zur Wirklichkeit haben; in manchen Fällen ist der Realitätsbezug, wie wir feststellen konnten, zum Schein gegeben, so daß dem Eingeborenen eine Art Gegen- oder Idealrealität vorgegaukelt wird, in welcher er sich zu bewegen meint wie in einem Wald von lebenden Säulen, mit anderen Worten, in einer eminent symbolischen und heraldischen Welt." (Eco 1997:65-67)

Es fällt nicht schwer, weitere Berichte dieser Art zu finden. Horace Miner (1956) ist ein Meister dieser kulturrelativistischen Verfremdungen. Er berichtet ähnlich dem Feldforschungsbericht des Dr. Dobu de Dobu über die Mailänder ausführlich über das sonderbare Alltagsleben der Nacirema – 'naciremA' ist 'American' von rechts nach links gelesen. Was ist davon zu halten? Zunächst, diese 'Verfremdungen' sind in *interkulturellen Kontaktsituationen* alltägliche Vorkommnisse. Dr. Dobu sieht die Kultur der Mailänder mit 'seinen Augen'. Wie die Mailänder sich kulturell selbst sehen, bleibt ihm verschlossen. Dennoch stellt er uns die Mailänder vor, wie man sie ebenfalls sehen kann und wie sich die Mailänder selbst sehen könnten, hätten sie den Feldforschungsbericht des Dr. Dobu gelesen. Die Mailänder haben mit Dr. Dobu und seiner Sichtweise ihrer Kultur keine Probleme und umgekehrt hat Dr. Dobu mit den Mailändern keine Probleme. Jedenfalls berichtet uns der Schelm Umberto Eco nichts darüber. Es scheint also möglich zu sein, daß sich zwei Kulturen durchdringen, ohne sich zu berühren oder sich auszutauschen, was zu einem Verstehen führt. Man scheint interkulturell zusammenleben zu können, ohne konzeptionell etwas gemeinsam haben zu müssen. Eines ist hierfür jedoch Voraussetzung: die gegenseitige Anerkennung der jeweiligen kulturellen Autonomie. Es scheint also möglich zu sein, angesichts überwiegender kultureller Differenzbeziehungen friedlich zusammenleben zu können und die kognitive und instrumentale Orientierung nicht zu verlieren. Wie Eco beschreibt, bewegt sich Dr. Dobu wie ein Fisch im Wasser der Mailänder Kultur. Es sieht so aus, als würden gerade die Differenzen im interkulturellen Verhältnis von Dr. Dobu und den Mailändern das reibungslose Zusammenleben beider Kulturen ermöglichen. Andererseits weiß auch Dr. Dobu, was ein Loch in den Straßen ist, in das die Mailänder hineinfallen, was gelb ist, was Lambrettas sind, auch wenn er sie mit Viehherden gleichsetzt, was eine Zeitung ausmacht etc. Dr. Dobu hat demnach viele Gemeinsamkeiten mit den Mailändern, die er nur anders deutet. Sein kulturelles Paradigma überschneidet sich demnach in einigen Momenten und Bereichen mit dem der Mailänder, ohne die radikale kulturelle Differenz zwischen seiner und der Kultur der Mailänder aufzuheben oder einzuebnen.

Die Botschaft Umberto Ecos lautet: es gibt ein interkulturelles Verstehen des Nicht-Verstehens. Interkulturelles Zusammenleben ist möglich, indem sich Kulturen durchmischen und durchdringen, ohne sich zu berühren, wechselseitig zu beeinflussen oder zu stören. Angesichts unserer Probleme in multikulturellen Gesellschaften eine hoffnungsvolle Botschaft.

Dieses Buch wurde von drei Autoren verfaßt. Bettina Schmidt hat sich der Medienkulturtheorie von Siegfried J. Schmidt in Kapitel 4 und der Theorie der Globalisierung von Ulrich Beck in Kapitel 6 gewidmet. Paul Drechsel hat sich mit der Logik der Relation in Kapitel 2, zur 'strukturellen Kopplung' des Biologen Humberto Maturana in Kapitel 3 und der Paradigmentheorie von Wolfgang Welsch in Kapitel 5 auseinandergesetzt. Bernhard Gölz hat mit dem Blick des Philosophen die Position von Jacques Derrida für eine neue Kulturtheorie erkannt - Kapitel 7.

Bettina Schmidt und Paul Drechsel hatten die Möglichkeit, in den Jahren 1991, 1992 und von 1995 bis 1997 im Rahmen zweier von der Volkswagen-Stiftung unterstützten Forschungsvorhaben, die inter- und transkulturellen Beziehungen in der hochgradig multikulturellen Gesellschaft Südafrikas untersuchen zu können. Was Umberto Eco am Beispiel der Feldforschungsreise des Dr. Dobu de Dobu an interkultureller Widersinnigkeiten beschreibt, ist für die Menschen in Südafrika mit anderen Inhalten gefüllt – wenn auch nicht immer friktionslos - alltägliche Realität (B. Schmidt 1996, Drechsel/Schmidt 1995).

Die vorliegende Abhandlung hat viele Mütter und Väter. Dank gilt Klaus P. Hansen und Siegfried J. Schmidt. Hansen hat mit seinem 1995 veröffentlichten Buch hinsichtlich der Paradigmen zur Kultur einen Bruch vollzogen. Dies wird noch deutlicher in der zweiten erweiterten Auflage von 1999. Er hat eine Kulturtheorie konzipiert, die auf Differenzen beruht und Kulturen nicht länger als identitätslogisch stimmige Ganzheiten voraussetzt (Drechsel 1996, 1999). Das hat uns beflügelt und unser Vorhaben, eine Theorie der Inter- und Transkulturalität zu entwerfen, bestärkt. Siegfried J. Schmidt verhilft uns schon seit über einer Dekade zu neuen Einsichten. Seine auf radikalen Differenzen – strukturelle Kopplung – aufbauende Medienkulturtheorie ist in unseren Augen, wenn sie um die Inter- und Transkulturalität erweitert wird, die der Globalisierung wohl angemessenste Kulturtheorie.

Kapitel 1

Problemaufriß

Zunächst, die Wirklichkeit der gegenwärtigen Globalisierung ist schon unabhängig von den Kulturen beängstigend widersprüchlich, denn Wirtschaft und Politik operieren in gegenläufigen Richtungen.

Die Globalisierung wird durch die Wirtschaft, besonders die 'Global Players', vorangetrieben. Sie reden nicht viel darüber, sie tun es. Sie überwinden alle Nationengrenzen. Sie lassen sich in allen Nationen nieder, wenn die Märkte Profite versprechen. Sie operieren international und planen transnational. Global Player sind zu 'vaterlandslosen Gesellen' geworden. Politiker haben dagegen große Probleme, ihnen zu folgen, denn sie sind gezwungen, genau umgekehrt zu handeln. Wie ein Geburtsmakel haften ihnen im Zeitalter der ökonomischen Globalisierung ihre beschränkten Nationen an. Jenseits ihrer Nationengrenzen ist potentielles Feindesland. Sie können nicht, wie die Global Players, einfach hier und dort politische Märkte bedienen. Überall stehen die Schilder 'Souveränität' und es gilt auch im globalen Zeitalter immer noch das politische 'Rühr-mich-nicht-an'-Prinzip. Sicherlich ist auch die Politik international geworden. Zum Beispiel schließen sich die europäischen Nationen in der Europäischen Gemeinschaft zusammen. Doch an der Europäischen Union ist feststellbar, daß den Politikern gerade dort der Schuh drückt, wo die internationalen Unternehmer ihn schon längst ausgezogen haben: an der nationalen Souveränität. Wo also die Unternehmen und besonders die Global Player die Herder'schen Nationen-'Kugeln' ungerührt auflösen, polieren die Politiker immer noch fleißig die Oberflächen. Die Global Players betreiben schon längst ihre eigene Politik der Politik.

Was für die Politik gilt, gilt ebenso für die Kulturen. Der globale Markt der Kulturen existiert noch nicht. Zwar reisen mehr Menschen als je zuvor zu fernen Gestaden, erholen sich im Umkreis fremder Kulturen, doch der globale Markt der Kulturen, wo sie sich begegnen und austauschen können, ist noch sehr unterentwickelt. Für Kulturen scheint noch mehr als für nationalstaatliche Politik das 'Rühr-mich-nicht-an'-Gebot zu gelten. Wieder lassen die Global Players auch die Kulturen nicht in souveräner Selbstgenügsamkeit bestehen. Sie spielen nicht nur mit den Kulturen wie mit den nationalstaatlichen Politiken, sie sind darüber hinaus selbst kulturell aktiv. Global Players schaffen sich die ihnen angemessenen Kulturen. Hollywood, MacDonald oder United Colors of Benetton sind nur Wetterleuchten dieser Transkulturen (Ohmann 1996). Analog zu ihrer Politik der Politik schaffen sie eine Kultur der Kulturen.

Container-Paradigma der Kulturen

In Theorie und Praxis befinden wir uns trotz Globalisierung weitgehend noch im Zustand der isolierten, selbstgenügsamen und nur auf sich selbst fixierten Kulturen, wie sie einmal von Herder vorausgesetzt wurden. Dafür sind unter anderem auch die nationalstaatlichen Politiken verantwortlich. Wir übernehmen den vom Soziologen Ulrich Beck (1997:49ff) eingeführten Begriff der 'Container'-Kulturen; analog den von ihm eingeführten Begriff der 'Container'-Nationen. Beck (1998,1998a)selbst, ebenso Welsch (1994, 1999) und Andreas Cesana (1996), Arjun Appadurai (1997), Thomas Meyer (1997), Ulf Hannerz (1996), Georg Elwert (1997), Immanuel Wallerstein (1990), Mike Featherstone (1995), Robert Young (1996) und Roland Robertson (1996) sind mit ihren Theoriemodellen schon über diese Container-Konzeption hinausgegangen. Auch sind in den Wirtschaftswissenschaften und hier besonders in der Betriebswirtschaft oder 'Administrative Science' verglichen mit den Kulturwissenschaften fortschrittliche Ansätze sowohl zum Verständnis der Kultur in Unternehmen als auch zum inter- und transkulturellen Management konzipiert worden. Geert Hofstede (1995, 1997), ein Pionier des interkulturellen Management, schreibt: "The business of international business is culture." (1995:150) Zu erwähnen sind darüber hinaus etwa Michael Hasenstab (1999), Eberhard Dülfer (1997), Johann Engelhardt (1997), Marieke de Mooij (1998), Paul Bates (1994), Knut Bleicher (1991), Rüdiger Jung (1994); hinsichtlich des paradigmatischen Potentials besonders Georg Schreyögg (1989/1990, 1997, 1998), Horst Steinmann und Georg Schreyögg (1997) sowie Gerry Johnson (1997). Erziehungswissenschaftler haben sich ebenfalls bereits über Jahre mit den Problemen der Erziehung in multikulturellen Gesellschaften befaßt. In Deutschland ist beispielsweise die Germanistik von Alois Wierlacher (1996) in interkulturelle Bewegung gesetzt worden, Doron Kiesel (1996) und Franz Hamburger (1999) haben sich dezidiert Problemen kultureller Differenz im Erziehungsbereich gewidmet. In der Pflegewissenschaft haben Autorinnen wie Giger und Davidhizar (1995), Madeleine Leininger (1998), Jutta Dornheim (1999), Monika Habermann (1999), Charlotte Uzarewicz (1999) und Bettina Schmidt (2000) praxisrelevante Modelle inter- und transkultureller Pflege entworfen.

Geradezu induziert durch die Globalisierung erlebt das Konzept der 'Kultur' in vielen Disziplinen eine wahre Renaissance, doch wird, angefangen von der Kulturanthropologie über die Sozialwissenschaften, Sprachwissenschaften, Wirtschaftswissenschaften, Naturwissenschaften bis zur Theologie und Xenologie bevorzugt auf Kulturkonzepte zurückgegriffen, die zwar etabliert sind, aber im Zeitalter der Globalisierung als überholt angesehen werden müssen. Überall werden noch Kulturen als 'holistische' Ganzheiten von Sitten und Gebräuchen sozialer Kollektive vorausgesetzt. Es fördert weder die Erkenntnis noch irgendeine zukunftsträchtige Theoriekonstruktion zur Inter- und Transkulturalität, wenn immer wieder auf Alfred Kroeber und Clyde Kluckhohn (1952) verwiesen wird, die in ihrem Buch mehr als hundert Kulturdefinitionen aufgelistet haben. Ebensowenig bringt uns die Standarddefinition von Edward B. Tylor (1871) aus dem letzten Jahrhundert weiter. Derartige Kulturdefinitionen setzten die holistische Ontologie der Kultur als geschlossene 'Container' voraus (Thornton 1993, 1994). Interkulturalität kann auf dieser Basis nur als eine Art rätselhaftes Ping-Pong-Spiel von Kulturmonaden oder zwischen 'Fremden' und 'Eigenem' erscheinen.

Wir müssen an dieser Stelle auf ein Manko dieser Abhandlung aufmerksam machen, welches nicht behoben werden kann, da eine ausführliche Behandlung den Rahmen dieser Arbeit sprengen würde und deshalb späteren Publikationen vorbehalten bleiben muß. Wir unterscheiden in dieser Abhandlung nur zwei Typen von Container-Kulturen: solche mit geschlossenen und solche mit zu öffnenden Türen. 'Geschlossene' Container-Kulturen sind die bekannten holistischen Kulturen, die unter anderem in Form von ethnographischen Monographien die Regale der ethnologischen Institute füllen. 'Offene' Container-Kulturen sind diejenigen Kulturen, die sich interkulturellen Beziehungen aussetzen und in sie eingehen, ohne ihre kulturelle Identität zu verlieren. Sie sind identisch mit den 'reflexiven' Kulturen bei Habermas (1985) und Cesana (1996). Transkulturen sind demgegenüber weder offen noch geschlossen, sie sind etwas ganz anderes, nämlich 'virtuell'. Das angesprochene Manko besteht darin, daß diese Kulturtypen in sich sehr unterschiedlich konstituiert sein können. In der Literatur werden unter anderem segmentäre, hierarchische, ausdifferenzierte und postmoderne Kulturtypen unterschieden. Wir unterscheiden in Anlehnung an Don Beck (1989, 1990) mindestens acht Typen: 'Band, Tribe, Empire, Authority Structure, Strategic Enterprise, Social Networks, Systemic Flow und Global Flow'. Diese Typen von Kulturen sind ganz unterschiedlich geschlossen oder offen. Besonders die letzten zwei Typen können überhaupt nicht als geschlossen erscheinen. 'Global Flow' etwa ist schon transkulturell konstituiert. Insofern können diese Kulturtypen sehr unterschiedliche interkulturelle Beziehungen eingehen. Wir reduzieren die empirische Vielfalt der Kulturbeziehungen in dieser Abhandlung jedoch auf die Grundtypen: Intra-, Inter- und Transkulturen. Es wird sich ergeben, daß auch unter diesen Voraussetzungen eine allgemeine Theorie konstruiert werden kann, die trotz der erwähnten Einschränkungen empirisch adäquat ist. Zum besseren Verständnis der Dynamik von Kulturen und ihrer Grenz-überschreitung soll folgende Tabelle als grobes Modell der Entwicklung der Kulturtypen in der Geschichte dienen:

Staatenlose Gesellschaften	
Kultur	lokal isoliert
Religion	Lokal
Wissenschaft	erscheint als (elaboriertes) Handwerk, magisches Rezeptwissen
Kunst	erscheint als pragmatisierte Ästhetik (der Macht)
Ökonomie	lokale Subsistenzwirtschaft
Recht	lokal
Politik	lokal

Patrimoniale Herrschaft	
Kultur	lokal
Religion	lokal – regional – territorial
Wissenschaft	erscheint als elaboriertes Handwerk, magisches Rezeptwissen
Kunst	erscheint als Ästhetik der Macht – Panegyrik
Ökonomie	Subsistenzwirtschaft –Kommandowirtschaft
Recht	lokal – regional – territorial
Politik	lokal – regional – territorial
Staat	territorial
Kultur	territorial – 'gleichgültiges' Nebeneinander

Absolutismus – Erste Moderne	
Religion	(inter-)national
Wissenschaft	(inter-)national
Kunst	(inter)-national
Ökonomie	national
Recht	national
Politik	national
Staat	territorial – national
Kultur	nationale Inkorporation

Staat der Moderne – Erste Moderne	
Religion	international
Wissenschaft	international
Kunst	international
Ökonomie	(inter-)national - z. B. internationaler Vertragsschutz
Recht	national
Politik	national – internationale Bestandsgarantie der Nationen – internationaler Kolonialismus
Staat	national
Kultur	national – homogene Einbindung der Subkulturen – interkulturelle Dichotomie: zivilisiert versus primitiv

Postmoderne	
Religion	transnational
Wissenschaft	transnational
Kunst	transnational
Ökonomie	transnational – inter-/transnationaler Vertragsschutz
Recht	(inter)-national
Politik	(inter-/trans-)national
Staat	(inter-/trans-)national
Kultur	(inter-/trans-)kulturell – multikulturelle Gesellschaften

Zweite Moderne	
Religion	transnational
Wissenschaft	transnational
Kunst	transnational
Ökonomie	transnational
Recht	transnational
Politik	transnational
Staat	transnational
Kultur	transkulturell – Ethnoscape

Abb. 1: Dynamik und Entwicklung von Kulturtypen

Anhand der Tabelle wird deutlich, daß in der Veränderung der Container von 'Lokal' (=Intra) über 'Inter' zu 'Trans' für alle gesellschaftlichen Dimensionen der physische 'Raum' schwindet (Werlen 1995, 1997). Nicht sichtbar wird ein weiteres Phänomen, nämlich daß auch die 'Zeit' schwindet, indem sie vergesellschaftet wird (Großklaus 1995).

Kultur und Differenz

'Inter'- und 'Trans'-Beziehungen von Kulturen sind nur über **Differenzen zwischen Kulturen** möglich. 'Differenz' beinhaltet hier ein radikales 'Trennen'. Das theoretische Problem besteht in der Beantwortung der Frage: wie können Beziehungen, die gewöhnlich als 'Gemeinsamkeiten', 'Identitäten' oder 'Innen'-Beziehungen erscheinen, als Differenzen oder 'Trennen' gedacht werden? Normalerweise stellt man sich unter Beziehungen etwas vor, was wie ein Band von A zu B reicht. Was aber, wenn wie angesichts einer inkommensurablen Beziehung, kein derartiges Band vorliegen kann? Eine Theorie dieser Differenzen oder Trennungen der Kulturen in inter- oder transkulturellen Beziehungen ist alles andere als einfach. Um eine Lösung dieses 'Relationsproblems' hat sich die Philosophie seit Jahrhunderten bemüht. Leisegang hat 1969 eine, wenn auch sehr abstrakte, Lösung vorgeschlagen. Da wir in dieser Abhandlung eine Theorie dieser 'inter'- und 'trans'-kulturellen Differenzen entwickeln, die sich über einzelne Strecken als sehr anspruchsvoll erweisen wird, ist es zweckmäßig, zuvor die Relevanz dieser 'Differenz' im beschränkten Rahmen einer Einführung verständlich zu machen.

Bereits mit der Aufklärung in der Philosophie Kants, in der Politik mit der 'Gewaltenteilung' von Montesquieu, in den Sozialwissenschaften mit Comte und Emil Durkheim, in der Linguistik besonders mit Ferdinand de Saussure (1967), trat die 'Unterscheidung' oder 'Differenz' als Grundelement moderner Theoriekonstruktionen in Erscheinung. Das hatte sehr viel mit den Demokratisierungsbewegungen in vormodernen Staaten und der Arbeitsteilung im Gefolge der zunehmenden Industrialisierung zu tun. Deutlich kommt das Differenz-Moment in den pluralistischen modernen Gesellschaft zum Ausdruck. Vielfalt kann nur in einer Vielheit von Unterscheidungen oder Differenzen bestehen. Deshalb wird von Prozessen der Ausdifferenzierungen moderner Gesellschaften gesprochen. Es ist sinnvoll, an dieser Stelle etwas auszuholen, um auf Defizite moderner Gesellschaftstheorien aufmerksam zu machen, die bisher adäquate Theoriekonstruktionen über internationale und interkulturelle Beziehungen geradezu verhinderten.

In der Frühphase der Modernisierung in Europa wurden neben den handelskapitalistischen Stadtstaaten wie Florenz, Venedig, Amsterdam zentralistisch strukturierte Territorialstaaten geschaffen, denen die meisten modernen Nationen entstammen. Mit Ausnahme Englands, welches die Entwicklung vorwegnahm, führten die Demokratisierungsbewegungen in den Territorialstaaten zu einer Vielfalt der politischen Interessenvertretungen.

Es entstand der politische Pluralismus, das heißt politische Differenzen wurden in die ehernen Gehäuse der zentralistischen Territorialstaaten eingeführt. In der politischen Grundordnung wurde die zentrale 'eine' Gewalt – l'état c'est moi – geteilt, was als politische 'Gewaltenteilung' bekannt ist. Überall sind also radikale Unterscheidungen oder Differenzen feststellbar. Nun geschah etwas, was im Hinblick auf diesen Prozesses der Ausdifferenzierung oft übersehen wird. Je mehr die Gesellschaften sich modernisierten und ausdifferenzierten, also je mehr die Differenzen in Arbeitsteilung und politischer Demokratisierung und damit Pluralisierung zunahmen und um so mehr sie internationale 'Differenz'-Beziehungen eingingen, um so intensiver bildeten sich die modernen Nationalstaaten als kohärente und sich wechselseitig ausschließende und ausgrenzende Entitäten heraus. Es bildeten sich also trotz aller – oder aufgrund der - internen Ausdifferenzierung und externen Internationalisierung über Differenzen 'geschlossene' Nationen-Container heraus. Man hat es hier mit einem elementaren Paradox der Moderne zu tun.

Nach dem Zweiten Weltkrieg führten die Ausdifferenzierung und National-staatenbildung zu den politischen und wissenschaftlichen 'Systemen' der Gesellschaft. Gesellschaften wurden intern nicht nur hochdynamisch differenziert, sondern zugleich auch zu selbstregulatorischen autopoie-tischen Systemen. Luhmann (1987) hat mit seiner systemtheoretischen Gesellschaftstheorie das Konzept der in und auf sich selbst bezogenen autopoietischen Systeme in extremer Weise vollendet. In sich hoch-differente moderne Gesellschaften stehen nun extern oder international nicht mehr bloß in Differenzbeziehungen zueinander, sondern befinden sich als absolut geschlossene Container vor unendlichen Abgründen, in denen sogar das Licht verschwindet, mit dem sie sich wechselseitig wahrnehmen könnten. So absurd diese Systemtheorie der modernen Gesell-schaft erscheinen mag, wir werden in Kapitel 4, 5, und 6 darlegen, daß hier eine grundlegende Lösung für die Differenz in 'inter'- und 'trans'-kulturellen Beziehungen zu finden ist. Deshalb ist das Räsonieren über inter- und transkulturelle Beziehungen alles andere als ein gedanklicher Sonntags-spaziergang (siehe Drechsel 1994).

Relevant ist demnach folgendes: Differenzen oder Unterscheidungen haben in den Modernisierungsprozessen zugenommen, während sie zugleich in immer kohärentere Systeme eingebunden wurden. Heraus kamen intern immer komplexer konstellierte systemische Ganzheiten – oder Identitäten. Luhmanns autopoietische Gesellschaftssysteme – ebenso die konstrukti-vistische Medienkulturtheorie von Schmidt, bedeuten einen theoretischen Abschluß dieser Entwicklung. Scheinbar im völligen Gegensatz zum Sinn-

gehalt der Ausdifferenzierungen moderner Gesellschaften, die ja unbe-
schränkte Vielfalt und Offenheit versprechen, führte diese Realität, die uns
letztlich die Globalisierung erbrachte, in der Theorie zu den geschlossen-
sten Gesellschafts-Containern, die man sich nur denken kann: radikal nur
auf sich selbst bezogene fensterlose autopoietische Monaden. Es liegen
zwar noch andere Theorien vor, jedoch keine, die dieses Problem der
Ausdifferenzierung zu lösen vermag; normalerweise wird dieser paradoxe
Zustand überhaupt nicht zur Kenntnis genommen.

Das Differenzkonzept führte demnach zu einem universellen Paradigma
autopoietischer Systeme, wobei die realen Gesellschaften wie berührungs-
lose Kugeln nebeneinander aufgereiht erscheinen. Zwischen diesen Ganzheiten als modernen Industriegesellschaften bestehen wiederum radikale
Differenzen. Diese sind nirgendwo – von Beck abgesehen - in die modernen Gesellschaftstheorien eingegangen. Es ist, als existierten die modernen
Gesellschaften wie 'eine' universelle Monade ohne Fenster und Türen; sie
erscheinen alle wie ein und dieselbe Monade. Wie sie sich wechselseitig
konstituieren und austauschen, bleibt ihr Geheimnis, die Theorien sagen
darüber nichts aus. Ihre Differenzen bilden in der Realität jedoch die
Elemente von Gebilden, die jenseits dieser universellen monadischen
Nationen-Container wie 'Regenschirme' existieren – zum Beispiel Gebilde
der 'Balance of Power', des 'Constructive Engagement', der Vereinten
Nationen, NATO und EU. Was diese Gebilde mit den nationalen Monaden
verbindet, entzieht sich jedoch der theoretischen Erkenntnis und bleibt den
Beschreibungen überlassen.

Heute, im Zeitalter der Globalisierung, bildet sich gegenüber dieser Phase
der monadischen Modernisierung etwas neues heraus. Die systemidentisch
ihre Differenzen organisierenden Nationengebilde lösen sich auf, d.h. die
ehemals nur internen Differenzen der 'Ausdifferenzierungen' beginnen frei
zu 'floaten'. Die Differenzen zwischen den Nationengebilden, die zunächst
eine bloße 'Trennung' der Systeme beinhalteten und nur in den zuvor erwähnten 'Regenschirm'-Gebilden Eingang fanden, beginnen nun die systemischen Gesellschaftsformationen zu durchdringen, ohne deren Trennungen oder Differenzen völlig aufzulösen. Mit anderen Worten: Mit der
Globalisierung kehrt sich alles um, ohne alles aufzulösen. Ein Beleg dafür
ist die Europäische Gemeinschaft. Theoretisch ist diese Freisetzung von
Differenzen und die fast schon komplementäre Umkehr der Differenzbeziehungen zwischen den Nationen nicht einfach zu verstehen.

Analog zu den angesprochenen Prozessen der Ausdifferenzierungen der
Moderne vollzog sich die Herausbildung des modernen Kulturkonzepts. Es

ereignete sich jedoch etwas eigentümliches, was bis heute die Konstruktion von adäquaten Kulturtheorien behindert. Während sich in den Gesellschaften des Nordens die modernen Nationalkulturen in Ausdifferenzierungen herausbildeten, schufen diese Nationen des Nordens in den Kolonialreichen des Südens ein reichhaltiges Panoptikum nicht ausdifferenzierter Kulturen, denen die Modernisierung vorenthalten wurde. In Nord und Süd wurden jedoch die gleichen Herder'schen Kultur-Kugeln konstruiert, nur mit jeweils anderem Inhalt. Die 'globale' Unterscheidung oder Differenz zwischen Nord und Süd wurde im Hinblick auf Kultur schon zu Beginn binär codiert und ontologisiert. Man unterschied zwischen 'zivilisierten' und 'primitiven' Kulturen. Heute spricht man verhaltener vom 'Nord-Süd'-Verhältnis. Die gegenwärtige Globalisierung bringt nun auch diese frühe globale asymmetrische Differenz zwischen Nord und Süd in das Spiel der globalen Differenzen ein. Seitdem haben die Kultur- und Sozialwissenschaften, die bisher diese globale Differenz paradigmatisch voraussetzten, ihren Kerninhalt verloren. Dennoch werden die alten Kulturparadigmen munter weitergepflegt, zumal die Medien, angefangen vom Museum bis zu den virtuellen Medien des Internet, die schönen Geschichten der traditionellen Kulturen in endloser Simulation am Leben erhalten (Großklauß 1995). Für die Theoriebildungen zur Inter- und Transkulturalität hat diese globale Dichotomisierung in 'zivilisierte' und 'primitive' Kulturkonzepte fatale Folgen. Auch wenn behauptet wird, daß man längst nicht mehr diesen 'überholten' Paradigmen anhängt, ist unschwer demonstrierbar, daß diese Paradigmen noch längst nicht in Kuhn'scher (1969) Revolution überwunden sind. Der Lackmustest ist gerade die Interkulturalität.

Sogenannte 'primitive' Kulturen wurden als die reinsten geschlossenen Container in der Moderne konstruiert, gleich ob die Menschen des Südens in solchen kulturellen Reinformen lebten oder leben wollten. Zwischen ihnen gab es nichts, noch nicht einmal Differenzen. Gab es sie doch, waren sie störend und sind es bis heute geblieben. Kultureller Wandel, Modernisierungsprozesse, interkulturelle Netzwerke in den Gesellschaften des Südens werden von den Kulturwissenschaftlern negativ bewertet, weil sie den Verlust der äquilibrierten 'autochthonen' Kultur zur Folge haben könnten. Schon drollig sind in dieser Hinsicht die Diskussionen über die negativen Einflüsse des Tourismus auf die Kulturen des Südens oder über die 'abscheuliche' Airport-Art in den Ländern des Südens zu nennen, die nichts mit der 'wahren' Kunst der 'wahren' Kulturen zu tun hätte. Es ist jedoch nicht unser Anliegen, uns mit diesen kulturwissenschaftlichen Einsichten zu befassen. Nachteilig ist einzig, daß man mit derartigen Paradigmen isolierter holistischer Kulturen über deren interkulturelle Beziehungen nichts zu sagen weiß. Aber nicht, weil es empirisch nicht vorliegen würde, sondern weil man wegen des 'zeitlosen' holistischen Kulturparadigmas dazu theoretisch nicht in der Lage ist.

Dieses Paradigma der zeitlosen kohärenten isolierten Kulturmonaden der Menschen des Südens infiltriert über die Nord-Süd-Asymmetrie fortwährend die kulturtheoretischen Diskussionen des Nordens. Es besteht nämlich trotz unterschiedlicher Modernisierungsrichtungen ein Gleichklang des Kulturparadigmas: hier wie dort autopietische Kulturcontainer, jedoch, und das wird in der Theorie – aber nicht in der Praxis - notorisch übersehen, völlig unterschiedlichen Inhalts. Da die unterschiedlichen Inhalte ausgeblendet werden, die abstrakten Kulturcontainer aber identisch erscheinen, bestimmt das Kulturparadigma des Südens die Kulturkonzeptionen des Nordens. Ein Beleg dafür ist einfach zu erbringen. Soziologische Kulturkonzeptionen – u.a. Beck, Hansen und Schmidt ausgenommen - basieren weitgehend auf ethnologischen Kulturkonzeptionen. Sinnigerweise, so stellt Dieter Kramer (1996, 1997) fest, haben sich Volkskunde – zuständig für die Kulturen des Nordens - und Ethnologie – zuständig für die Kulturen des Südens - nichts zu sagen. Dennoch basieren volkskundliche Kulturkonzeptionen weitgehend auf ethnologischen Kulturdefinitionen (Welz 1996, Wiegelmann 1991).

Sonderbarerweise sind jedoch interkulturelle Beziehungen schon lange ein Thema der Kulturwissenschaften, ohne daß es theoretisch aufgefallen oder eine adäquate Theorie zur Interkulturalität konzipiert worden wäre. Zum Beispiel sind Phänomene der Assimilation und Akkulturation theoretisch und empirisch ausführlich behandelt worden (Herskovits 1938). Hier handelt es sich um interkulturelle Beziehungen, jedoch um eine quasi negative Erscheinungsform der Interkulturalität, denn sie wird in beiden Prozessen aufgelöst. Allerdings sollte man anerkennen, daß sie vorausgesetzt wurde. Interessanter sind die Konzeptionen zum sogenannten 'kulturellen Relativismus'. Die Interkulturalität wurde in den Diskussionen zum Kulturrelativismus zwar nicht zu einem theoretischem Thema, doch sie wurde anerkannt und vorausgesetzt. Wir möchten an dieser Stelle nicht in die seit Jahrzehnten wogende Debatten zum kulturellen Relativismus eingreifen (Rudolph 1968), sondern nur seine interkulturellen Voraussetzungen kurz beleuchten.

Kultureller Relativismus besagt, daß jede Kultur ein gleiches Recht auf sich selbst, auf Selbständigkeit, Anerkennung und Unverletzlichkeit hat. Man kann schon an diesen Voraussetzungen die Stimmen der autopoietischen Systeme vernehmen. Wie immer man dazu stehen mag, es werden im positivem Verständnis interkulturelle Beziehungen vorausgesetzt. Positiv deshalb, weil keine Veränderung, Auflösung oder Vernichtung der anderen Kulturen angestrebt ist. In gewisser Weise gleicht der kulturelle Relativismus den internationalen politischen Beziehungen der souveränen Nationalstaaten. Wie diese setzt er Autonomie und Souveränität der Kulturen voraus, ebenso ein 'Rühr-mich-nicht-an'-Prinzip. Eigenschaften der Container wie Autonomie, Souveränität etc. übertragen sich auf die interkulturellen Beziehungen, denn sie sollen diese Eigenschaften im wechselseitigen Interaktionsverhältnis garantieren. Dadurch gewinnen die Beziehungen zwischen diesen Kulturen konstituierende Kräfte, die die Inter-Beziehungen als bloß formal gegebene und als leer gedachte und vorausgesetzte Beziehungen transzendieren. Die Inter-Beziehungen sind es deshalb, die den autonomen und souveränen Containern ihren autonomen und souveränen Gehalt vorgeben und garantieren, nicht umgekehrt. Da dies im kulturellen Relativismus für alle Kulturen gelten soll, sind diese die kulturelle Autonomie und Souveränität induzierenden und garantierenden Inter-Beziehungen nicht länger inter, sondern transkulturell. Wendet man dies auf die Differenzen an, so erweisen sich die als leer vorausgesetzten Differenzen nun als konstitutiv für ihre Pole, eben die Kulturen. Damit wird aber die Voraussetzung des kulturellen Relativismus, die Autonomie und Souveränität der Kulturen, zwar nicht hinfällig, doch umgepolt. Kulturen sind nur so lange in interkulturellen Beziehungsverhältnisse autonom und souverän, wie die Beziehungsverhältnisse es zulassen und vorgeben. Da diese Beziehungsverhältnisse alle Kulturen betreffen, wird in dem Trans-Netz der kulturellen Beziehungen über jeweilige singuläre kulturelle Autonomie und Souveränität entschieden. Das heißt, der kulturelle Relativismus setzt, positiv verstanden, einen Wettbewerb der Kulturen voraus und nicht nur exklusive Autonomie, Souveränität und das 'Rühr-mich-nicht-an'-Prinzip. Das ist es, was die Vertreter des kulturellen Relativismus bisher übersehen haben, weil sie die Voraussetzung der Interkulturalität nicht explizit in ihre Theorien eingebunden haben. Das haben statt dessen Theoretiker in der Diskussion zu Menschenrechten und demokratischen Grundrechten in multikulturellen Gesellschaften wie etwa Kymlicka (1995, 1996), besonders jedoch Cesana (1996) in bezug auf die Inkommensurabilitäten aufgegriffen.

Differenzlogische Kulturtheorie

Wie man bisher ersehen konnte, spielen Differenzen in und zwischen Nationen oder Kulturen eine sonderbare Rolle. Man hat Differenzen als Abgründe der Inkommensurabilitäten vorliegen und sie generieren als Ausdifferenzierungen in autopoietischen Gesellschaftssystemen die holistischsten Entitäten, die man sich nur denken kann. Wir werden im folgenden ein Beispiel eines Tennisclubs aus dem Buch von Klaus P. Hansen (1995, 1999) übernehmen, um uns diesen paradoxen Eigentümlichkeiten der Differenzen zu nähern. Hansen hat eine Kulturtheorie entworfen, die statt kohärente Ganzheiten im Sinne Herders vorauszusetzen auf Differenzen beruht, die grundlegender als die Prozesse der Ausdifferenzierung zu verstehen sind. Als Beispiel führt er vier Mitglieder eines Tennisclubs in einer Stadt im Süden Deutschlands an. Alle vier Personen treffen sich nach dem Tennisspiel zum Kaffee an einem Tisch. Keiner der Teilnehmer ist wie der andere, auch verhalten sie sich nicht gleich. Alle vier Personen fühlen sich jedoch in die Kultur des Tennisclubs eingebunden, die durch die Vereinssatzung und den gewachsenen 'common sense' festgelegt wird (Feilke 1994). Wie Hansen es beschreibt, scheinen die vier Mitglieder einzig durch die Kultur des Tennisclubs zusammengehalten zu werden. Das ist aber nur die Hälfte der Wahrheit. So wie die vier Mitglieder des Tennisclubs untereinander verschieden sind, so sind sie ebenso in der umfassenden Kultur des Tennisclubs verschieden oder unterschiedlich eingebunden. Die Kultur des Tennisclubs muß deshalb derart konstituiert sein, daß sie die unterschiedlichen Kulturen der Mitglieder auf ganz unterschiedliche Weise und nicht, wie gewöhnlich gedacht wird, 'identisch' einbindet. Wenn man deshalb die Frage stellt, was die Kultur der vier Mitglieder im Rahmen der Tennisclubkultur ausmacht, dann sind es die Gemeinsamkeiten ihrer Differenzen! Das ist ungewohnt zu denken, dennoch empirisch gegeben. Man kann dies auch paradox formulieren: die kulturellen Gemeinsamkeiten der vier Mitglieder bestehen in ihren Differenzen. Das überträgt sich ebenso auf die Kultur des Tennisclubs: die Kultur des Tennisclubs besteht in der Gemeinsamkeit der kulturellen Differenzen der Mitglieder. Demnach haben wir schon immer in und mit Differenzen gelebt, scheinbar ohne ihr Wirken zu bemerken.

Um diesen Sachverhalt an einem anderen Beispiel zu verdeutlichen: Als Deutscher, das wissen wir aus eigener Erfahrung, fällt man im Ausland immer auf, sei es positiv oder negativ. Man wird sein Deutschtum einfach nicht los, ebensowenig wie ein Engländer seine 'Englishness' oder ein Amerikaner sein 'American way of life' hinter sich lassen kann, wenn er die Grenzen seines Landes überschreitet. Wenn man nun die Frage stellt, was dieses Deutschtum oder die deutsche Kultur ausmacht, wird man kaum eine sinnvolle Antwort erhalten und sie sich selbst nicht sinnvoll beantworten können. Dennoch wissen die anderen Menschen im Ausland meistens genau, daß ein Deutscher vor ihnen steht, wenn er ihr Land und dessen Kultur aufsucht. Man kann nun ein Gedankenspiel durchführen, um die Frage nach der deutschen Kultur empirisch angemessen beantworten zu können. Es wird nicht schwerfallen, darüber eine Übereinstimmung zu erzielen, daß die Bayern über eine spezifische bayrische Kultur verfügen; ebenso wie die Hessen, Pfälzer, Schwaben, Berliner etc. ihre spezifischen Kulturen leben. Niemand würde dagegen der Behauptung zustimmen, daß die bayrische Kultur die gesamte deutsche Kultur ausmacht, ebensowenig die hessische oder pfälzische Kultur mit der gesamtdeutschen Kultur gleichzusetzen ist. Es würde auch niemand behaupten wollen, daß die bayrische mit der hessischen und die hessische mit der schwäbischen Kultur identisch ist. Feststellbar ist demnach, daß die deutsche Kultur, was immer sie sein mag, weder mit den vielfältigen Subkulturen, die in ihr enthalten sind, identisch ist, noch die Summe dieser Subkulturen ausmacht. Die deutsche Kultur steht zu diesen Subkulturen in spezifischen Differenzen, ansonsten wäre sie ja mit jeder Subkultur identisch. Ebenso bestehen zwischen den Subkulturen Differenzen, die eine Identität aller Subkulturen miteinander ausschließt. Was immer also die deutsche Kultur mit den Subkulturen und diese untereinander gemein haben mögen, das Gemeinsame der deutschen Kultur wird empirisch gleichermaßen durch die Differenzen der Subkulturen und deren Differenzen zur gemeinsamen Kultur konstituiert. Oder: das Gemeinsame der deutschen Kultur und ihrer Subkulturen sind auch ihre Differenzen. Das widerspricht nun allen gängigen Annahmen zur deutschen Kultur und zur Kultur im Allgemeinen. Das entspricht jedoch der Logik der Ausdifferenzierung moderner Gesellschaften. Was soll sie anders zusammenhalten als ihre Differenzen? Nur das Gemeinsame der Differenzen kann die Luhmann'sche autopoietische Systemidentität generieren. Gleiches gilt für Kulturdifferenzen. Nur lassen sich interkulturelle Differenzen nicht ohne weiteres in Systemidentitäten umwandeln. Dazu bedarf es Kräfte - gewöhnlich politischer Art, die die Systemidentitäten erzwingen.

Genau genommen fällt hinsichtlich der Theorien zu Gesellschaft und Kultur gewöhnlich die Hälfte der empirischen Realität unter den Tisch: die Differenzen. Wenn man Menschen in Freundschafts-, Liebes- oder Ehebeziehungen fragt, ob ihre Beziehung immer von 'Friede, Freude, Eierkuchen' getragen ist, wird man vorwiegend zur Antwort erhalten: 'Um Gottes willen, das ist ja der Tod jeder Beziehung'. Nimmt man dieses empirische Faktum ernst, bestehen also schon innerhalb dieser elementaren Lebensbereiche neben den Gemeinsamkeiten ebenso relevante Differenzen bis hin zu Antagonismen. Jeder weiß das. Rätselhaft bleibt jedoch, weshalb dann für die Theorie nicht konsequent gefolgt wird, daß derartige positiv empfundenen Beziehungen neben Gemeinsamkeiten und Identitäten ebenso grundsätzlich aus Differenzen bestehen.

Gehen wir aber einen Schritt weiter nach Europa. Wir wissen, daß trotz Wegfall der Grenzen und Einführung des Euro die Kulturen Europas alles andere als zu einem 'melting-pot' oder einer Salatschüssel mit beliebigem Gemisch der kulturellen Zutaten geworden sind. Die Kulturen gleichen sich nicht an und nehmen nicht ab, im Gegenteil, je mehr sich Europa vereint um so intensiver besinnen sich die Kulturen auf sich selbst und um so mehr nehmen die Kulturen zu. In anderen Worten: Je mehr Europas Kulturen im Prozeß der Europäisierung miteinander interagieren, um so mehr verstärken sich ihre jeweiligen Kulturalitäten und um so mehr erscheinen unterschiedliche Kulturen. Man betrachte nur die starken Tendenzen zu Regionalisierungen in England und Italien, ebenso in Frankreich oder Deutschland. Regionalisierung bedeutet Ausdifferenzierung, ergo Differenzenbildung und Intensivierung von Differenzen. Beispielsweise wurde in der Frankfurter Allgemeinen Zeitung (FAZ) vom 16. Mai 1998 der französische Innenminister Chevènement mit folgenden Worten zitiert: "Heute besteht der größte Dienst, den Franzosen und Deutsche Europa erweisen könnten darin, 'äußerst französisch' und 'äußerst deutsch' zu sein." Ebenfalls in der FAZ vom 15. Mai1998 äußerte der Vorsitzende der CDU/CSU-Fraktion im Deutschen Bundestag, Dr. Wolfgang Schäuble: "Europa als gemeinsames Erbe begreifen, heißt unser Auftrag, und dazu gehört Vielfalt: Vielfalt der Sprachen, Gebräuche und Lebensformen, Unterschiede sind oft interessanter als Gemeinsamkeiten. Aus den Unterschieden erwächst die Dynamik, eine Dynamik, auf die Europa dringend angewiesen ist." Der Ministerpräsident Wolfgang Clement von Nordrhein-Westfalen hat in der FAZ vom 22. März 1999 zur interkulturellen Zukunft Europa folgendes geäußert: "Der Förderalismus in seinen unterschiedlichen Varianten ist das einzig passende Gewand für die Vielfalt und den Pluralismus, der Europa so konstitutiv auszeichnet. Und der Förderalismus ist auch die staatliche Ordnung, die die 'Gleichzeitigkeit des Ungleichzeitigen' politisch und institutionell aushält. Daher bin ich davon überzeugt, daß die EU des einundzwanzigsten Jahrhunderts föderal sein muß und sein wird." Der Ansicht von Schäuble und Clement, die sich mit diesen Äußerungen übrigens als Differenzendenker par excellence ausweisen, werden wohl viele zustimmen, doch was Chevènement geäußert hat, sprengt für viele den Rahmen der gewohnten Logik. Wie kann eine umfassende Einheit gebildet werden, wenn die Teile derart radikal auseinander driften?

Um die von Chevènement vorausgesetzte kryptische Differenzen-Logik der interkulturellen Beziehungen verstehen zu können, folgendes: Stellen wir uns zwei reflexive Kulturen A und B vor. Menschen beider Kulturen sind bemüht, mit Menschen der jeweils anderen Kultur interkulturelle Beziehungen einzugehen, ohne jedoch ihre unterschiedlichen kulturellen Identitäten A oder B aufgeben zu wollen. Die unterschiedlichen kulturellen Identitäten werden durch ihre Differenzen konstituiert und garantiert. Wenn nun, wie es Chevènement hinsichtlich des Vereinigten Europa empfiehlt, die interkulturellen Gemeinsamkeiten zwar zunehmen, dennoch und die Differenzen bestehen bleiben sollen, damit die jeweiligen kulturellen Identitäten erhalten bleiben, dann folgt, daß mit den Gemeinsamkeiten auch die Differenzen intensiviert werden und sogar zunehmen müssen, weil sonst A in B oder B in A aufgehen würde, was wider die Voraussetzungen ist. Also kann Chevènement von seiten der Logik bestätigt werden. Jedoch, muß man hinzufügen, gilt dies nur unter friedlichen Bedingungen. Wir werden sogleich darauf zurückkommen.

Diese verquere Logik interkultureller Beziehungen erlaubt eine Umkehrung, die für die zukünftige friedliche Gestaltung einer interkulturellen Welt sehr hilfreich sein könnte. Wenn bei einer Zunahme der Gemeinsamkeiten oder Identitäten zwischen Kulturen die kulturellen Differenzen zunehmen müssen, damit diese sich nicht auflösen, dann kann ebenso argumentiert werden, daß eine Zunahme der Differenzen eine Zunahme der Gemeinsamkeiten oder Identitäten induziert. Wiederum gilt dies nur unter friedlichen Bedingungen. Dieser Aspekt interkultureller Logik widerspricht der normalen Identitätslogik völlig, ist aber empirisch belegbar und alles andere als neu. Zur Therapie eingeschlafener Ehebeziehungen wird genau dieses Verfahren empfohlen, zur Stärkung von Pluralismus und demokratischen Wettbewerbsstrukturen ist es sogar eine Verfassungsvoraussetzung. Es gilt der Slogan: Unity in Diversity! Wie soll die 'Unity' bestehen, wenn nicht durch Differenzen erzeugt? Je mehr Differenzen, um so mehr 'Unity'!

Gewöhnlich fürchtet man jedoch die antagonistischen Differenzen, weshalb wir zunächst friedliche Bedingungen vorausgesetzt haben. Am Beispiel des ehemaligen Jugoslawiens sind die negativen Seiten von Chevènement's Empfehlung deutlich zu erkennen. Bekanntermaßen war Jugoslawien einmal eine hochgradig multikulturelle und interkulturelle Gesellschaft. Politiker haben sich während des Zerfalls des sozialistischen Staates aus Gründen schnöder Machterhaltung und Machtgewinnung ausschließlich auf die Differenzbeziehungen zwischen den Kulturen versteift und zur Neukonstruktion von exklusiven holistischen Kulturen exakt die Gemeinsamkeiten zwischen den Kulturen aufgelöst; selbst multikulturelle Ehen blieben davon nicht verschont. 'Ethnic cleansing' wurde diese 'Rückwärtsstrategie' zur

Auflösung interkultureller Beziehungen genannt. Am Ende blieben nur noch radikale, rein antagonistische Beziehungen übrig. Die ehemals vorhandenen Identitätsbezüge verlagerten sich in die monadischen Kultur-Container. Je mehr die Gemeinsamkeiten also dem Gemisch mit den Differenzbezügen entzogen werden, um so reiner erscheinen die geschlossenen Kulturen als Pole der Beziehungen und um so geschlossener werden die zuvor durchlässigen Kultur-Membranen. In Bosnien haben die Europäer bisher versucht, diesen agonistischen Zustand aufzubrechen und die Menschen wieder in moderne interkulturelle Gesellschaftsverflechtungen einzubinden, indem auf sehr mühsame Weise kontinuierlich neue Gemeinsamkeiten zwischen den monadischen Kulturen hergestellt werden. Es scheint zu gelingen, obwohl keine der betroffenen Kulturen bereit ist, ihre jeweilige echte oder eingebildete Identität aufzugeben. Das wäre jedoch nur dann erneut von Übel, wenn neue interkulturelle Gemeinsamkeiten verhindert würden.

Interkulturelle Identitäts- und Differenzbeziehungen scheinen 'zwischen' Kulturen eine ganz andere Rolle zu spielen als 'in' den jeweiligen Kulturen. Zwischen Kulturen garantieren sie die Grenzen zu unterschiedlichen Kulturen, in den Kulturen erzeugen sie die kulturellen Identitäten. Sie erzeugen jedoch auch zwischen den Containern neue Entitäten, unter anderem Inter- und Transkulturen, analog den internationalen Gebilden wie EU oder UNO und den transnationalen Gebilden wie Greenpeace oder Amnesty International. Interessant ist allerdings, daß sich ausgehend von inter- und transkulturellen Beziehungen in bezug auf die Frage nach den Identitäten der Kulturen etwas umkehrt. Derartige kulturelle Identitäten sind nicht länger als in sich ruhende Herder'sche Kugeln oder Monaden vorauszusetzen, im Gegenteil, sie müssen sich nun in ihren interkulturellen Verhältnissen, denen sie im Zeitalter der Globalisierung nicht mehr entrinnen können, als Identitäten erweisen und rechtfertigen. Die hergebrachten Kulturtheorien müssen deshalb 'auf den Kopf gestellt werden'. Das haben wir gemeint, als wir davon sprachen, daß sich mit der Globalisierung alles umzukehren scheint.

Im Anschluß an die zuvor angesprochene kryptische Logik der Interkulturalität soll die Verwirrung intensiviert werden. Ohne Kommentar wollen wir einige Paradoxe der Globalisierung auflisten, die in dem Buch 'Global Paradox' des Zukunftsforschers John Naisbitt (1994) identifiziert werden. Diese Paradoxien lassen sich direkt auf inter- und transkulturelle Verhältnisse übertragen. Eine Auswahl aus seinen Formulierungen:

"Je größer die Weltwirtschaft, um so mächtiger ihre kleinsten Akteure."
(1994:12) Oder: Je intensiver und durchdringender die Inter- und Transkulturalität, um so eigenständiger sind die kleinsten Kulturen.

"Im Prozeß der weltweiten wirtschaftlichen Integration werden die Teil-
komponenten zahlreicher, kleiner und wichtiger zugleich." (1994:18)

Oder: Im Prozeß der weltweiten inter- und transkulturellen Integration
(Vernetzung) werden die Kulturen zahlreicher, kleiner und wichtiger zugleich.

Naisbitt beruft sich explizit auf Kultur, wenn er von 'tribes' spricht. "Die
'Volksstämme' sind zurückgekehrt" (1994:27), verkündet er voller Freude.
"Die Demokratie verstärkt und multipliziert die ethnischen Bindungen."
(1994:27)

Ein Postulat, welches auch für unsere Abhandlung von zentraler Bedeutung
ist, lautet: "Was die Menschen miteinander verbindet, ist ihre Unterschiedlichkeit." (Naisbitt 1994:27) Das erinnert an die zuvor zitierten Äußerungen
von Chevènement und Schäuble. Ähnlich hat es schon einmal Gotthold
Ephraim Lessing (1729-1781) ausgedrückt: "Die Menschen sind nur durch
Trennung zu vereinigen."

Weitere 'Goldstücke':

"Je universeller wir werden, desto tribalistischer [kultureller] unser Handeln." (1994:31)

"Da Englisch sich weltweit zur Zweitsprache entwickelt, wird die erste, die
Muttersprache, um so leidenschaftlicher kultiviert." (1994:32)

"Überall in Westeuropa gewinnen die Sprachen der Minderheiten an Bedeutung, weil die Menschen sich wieder auf ihr historisches Erbe als Ge-
gengewicht zur Bildung eines größeren und ökonomisch homogeneren Europas besinnen." (1994:35)

"Die Bedeutung der Nationalstaaten nimmt ab, gleichzeitig werden mehr
Nationalstaaten [Kulturen] gebildet." (1994:37)

"Je mehr Demokratie, um so mehr Länder [Kulturen] wird es auf unserer
Welt geben." (1994:42)

"In der neuen Welt wähle ich zwischen global oder tribal – und zwar weniger sich gänzlich ausschließende Alternative als vielmehr sowohl als
auch." (1994:61)

"Heute heißt es: 'Lokal denken, global handeln.' In ethnischen Kategorien
denken. Universal handeln." (1994:65) Das ist mit dem Motto einer Konfe-
renz identisch: "The Art of Being Local World-Wide".

'Cross-cutting Identities' und 'Cross-cutting Cleavages'

Bisher wurde davon ausgegangen, daß interkulturelle Beziehungen in einem ungewohnten Verhältnis von Identitäts- und Differenzbeziehungen bestehen. Wenn die Äußerung von Chevènement zutrifft, ist noch unklar, wie zum Beispiel Deutsche und Franzosen Identitäten oder Gemeinsamkeiten erzeugen können, ohne ihre kulturelle Identität zu verlieren. Es gibt mehrere Möglichkeiten, die die Autoren Schmidt und Drechsel in der multikulturellen Gesellschaft Südafrikas über mehrere Jahre untersucht haben. Die Südafrikaner sind es bei allen interkulturellen Distanzen gewohnt, kulturell zu 'switchen' oder zu 'jumpen' (Horowitz 1991). Es ähnelt ein wenig dem 'zappen' zwischen Fernsehprogrammen. Welsch (1994) hat es emphatisch eingefordert. Laßt uns alle Mischlinge werden, schreibt er. Laßt uns Kulturen als Durchkreuzungen, Mischungen und Durchdringungen leben, laßt uns 'Cross-Culture People' werden. Wir nennen es 'cross-cutting identities'. Robert Thornton hat hierfür passende Umschreibungen gefunden:

"South African identities cross-cut each other in multiple ways and in multiple contexts. There is no fundamental identity that any South African clings to in common with all, or even most other South Africans. South Africans have multiple identities in multiple contexts, depending on factors of expedience, recruitment and mobilisation, and the company one keeps. In many multi-cultural countries or 'hetero-nationalist' states, the same condition applies. In South Africa, however, South Africans have multiple identities in common contexts, and common identities in multiple contexts. A person might be a Zulu, or an Afrikaner, or a Jew in a context of a common political party ... A Muslim, or a Coloured, may span many religious, political, social and cultural contexts and thus link them together into a social universe. These identities, then, can be said to be multiply cross-cutting, in that, each overlaps a range of contexts, or a common context, or an institution may contain many identities within it. On the other hand, these differences are also seen as the principle source of conflict in South Africa." (1994:8)

Nicht nur liegen permanenter Wechsel und Übergänge vor, sie scheinen ebenso fortwährend vielfältige Identitäten zu kreieren und zugleich zu stabilisieren. Die Grenzen und ihr Wechsel stabilisieren eine Vielfalt von Identitäten, diese Grenzwechsel und Übergänge bedeuten aber auch permanente Konflikte. Eigentlich ein altes Phänomen in Demokratien als 'Streitkulturen'. Thornten umschreibt es in bezug auf Südafrika: "[it] is one of the fundamental ironies of South Africa that the endemic conflict that characterized South African history, and that continues today, is the source of both stability and disintegration. " (1994:8)

Die Welt der Globalisierung und Cross-cutting Identities ist anscheinend nicht immer und überall völlig kostenlos zu haben. Ein Fall für 'cross-cutting identities' hat vor einigen Jahren in der Presse Südafrikas Aufsehen erregt.

In der südafrikanischen Wochenzeitung Mail & Guardian vom 5. Mai 1995 schrieb der Journalist Mark Gevisser einen Bericht über Dr. Sibongile Zungu und ihren Werdegang zu einer 'Zulu Chieftainess' - einem weiblichen Zulu-Chief. Im patrilinearen System der traditionellen Zulu war bisher nicht vorgesehen, daß Frauen Chiefs werden konnten. Sibongile Zungu wuchs in der anti-traditionalistischen Umgebung der Inanda-Missionsstation auf. Ihre Mutter war Krankenschwester, ihr Vater Lehrer. Sie erhielt eine 'civilised' christliche Erziehung. Später studierte sie Medizin. Eines Tages wurde sie von einem Bekannten gefragt, ob sie nicht dessen Freund heiraten könnte, da er dringend heiraten müßte, um das Erbe seines Vaters, ein Zulu Chief, antreten zu können. Wie sie selbst berichtete, wurde ihr zum ersten Mal bewußt, daß Zulu-Frauen Macht besitzen können. Der Freund ihres Bekannten konnte nicht Chief werden, wenn er nicht eine bestimmte Frau heiratete. Sie entschloß sich, diesen Freund ihres Bekannten zu heiraten, damit er Chief werden konnte. Beide zogen in das 'tribal area' KwaZulu. Sie arbeitete dort als Ärztin in einem Hospital.

Während sie mit dem zweiten Kind schwanger war, starb ihr Mann infolge eines Autounfalls - sie verlor ihr ungeborenes Kind. Entsprechend dem Zulu 'customary law' hätte sie nun den Stiefbruder ihres Mannes heiraten müssen. Traditionsgemäß sollte hierdurch die Witwe und ihre Kinder einen Versorger finden, außerdem wäre der Halbbruder neuer Chief geworden. Dr. Sibongile Zungu verweigerte sich dieser Tradition mit dem Argument, daß sie das nicht nötig hätte, weil sie sich als Ärztin selbst versorgen könnte. Außerdem wäre sie in der Lage, ebenfalls einen Chief repräsentieren zu können. Sowohl Familienmitglieder als auch die KwaZulu Authorities billigten, daß sie der erste weibliche 'nkosi' in der Geschichte der Zulu werden konnte. Der Halbbruder focht diese Entscheidung vor dem Supreme Court an, verlor jedoch 1991 den Prozeß nach zweijähriger Verfahrensdauer, Dr. Sibongile Zungu wurde Tribal Chief über 70000 Menschen. Sie ist seitdem wohlgelitten und wird von den Menschen ihres Chiefdom allgemein anerkannt.

Wie Mark Gevisser das Leben von Dr. Sibongile Zungu als 'moderne' Ärztin und zugleich 'traditionelle' Zulu-Chieftainess beschreibt, erscheint ihm - und ihr selbst - als 'something of a cultural shizophrenia'. Sie muß fortwährend zwischen zwei nicht kompatiblen Welten switchen: der des modernen demokratischen Südafrika und der einer traditionellen Ethnizität der Zulu. Sie vollzieht einen Spagat oder wechselt fortwährend die Grenzen. Derartige Beispiele und Zustände lassen sich in aller Welt finden. Ohne dieses Beispiel aus Südafrika überzubewerten, sollte man es paradigmatisch ernst nehmen. Die interkulturelle Beziehungswelt erscheint als eine derartige 'schizoide Situation'. Man muß sich nur vor Augen führen, wie interkulturelle Interaktionen möglich sein sollen, wenn es zutrifft, was Chevènement gefordert hat. Deutsche und Franzosen können sich nur noch 'treffen', wenn sie in die Welt der anderen 'switchen' oder 'zappen', wenn also der Deutsche französische und der Franzose deutsche Mimikry durchführen. Das muß überhaupt nicht zu Identitätsverlust führen, sondern kann ebenfalls so vollzogen werden, wie es uns Umberto Eco am Beispiel des Dr. Dobu de Dobu auf seiner Feldforschungsreise in Mailand vorgeführt hat.

Es ist demnach möglich, interkulturelle Beziehungen zu stabilisieren und Gemeinsamkeiten zu erzeugen, ohne daß die jeweilige kulturelle Identität verloren geht, indem man je nach Umständen zwischen den Kulturen 'switcht'. Es handelt sich um eine Art von realer Simulation des Anderen. Etwas, was man gewöhnlich von Schauspielern erwartet. Es scheint, daß wir im Zeitalter der Globalisierung nicht nur die physische Wirklichkeit durch Virtualisierung und Simulation ersetzen, wie es Großklaus (1995), Schmidt (1996), Gabler (1999) oder Ulrich Beck (1997) darlegen, sondern daß darüber hinaus inter- und transkulturelle Verhältnisse ebenfalls über Simulationen und Virtualisierungen der Anderen in Interaktionen produktiv zu gestalten und zu stabilisieren sind.

Eine Konstellation der interkulturellen Beziehungen, die Identitäts- und Differenzbeziehungen in einer Weise verknüpft, die die von Thornton angesprochenen Konflikte auffangen könnte, sind die sogenannten 'cross-cutting-cleavages'. In Südafrika ermöglichen sie im interkulturellen Kontext ein optimales Konfliktmanagement. Mitglieder unterschiedlicher Kulturen sind über Konflikt- und Konsensbeziehungen derart in Netzen von Konflikt-/Konsensbeziehungen einbezogen und verknotet, daß sie zu keinen gewalttätigen Konfliktaustragungen oder bi-polaren Konfliktbeziehungen in der Lage sind. Sicherlich gab und gibt es immer wieder gewalttätige Konflikte, doch ein Bürgerkrieg der Kulturen ist aufgrund dieser vermaschten Konsens- und Konfliktbeziehungen in Südafrika kaum vorstellbar. Für den Politologen Douglas Rae (1970) sind diese 'cross-cutting cleavages' deshalb Voraussetzung für stabile und friedliche demokratische Systeme. Man hat sie bisher kaum auf die Beziehungsverhältnisse der Menschen unterschiedlicher Kulturen übertragen. Doch sie sind auch bei uns allgegenwärtig. Guy Kirch schreibt über die Wirkungen von 'cross-cutting cleavages' in der schweizer Bevölkerung: "Die Schweiz ist ein in Religion, Sprache und Kultur heterogenes Gemeinwesen. In einem ersten Ansatz möchte man annehmen, daß sich die Schweizer unentwegt über die Verfassung streiten. Das Gegenteil ist der Fall; wie kaum irgendwo sonst ist die Verfassung in der Schweiz kein wichtiger Streitgegenstand ... Die Schweizer stehen ihrer Verfassung mit leicht gelangweilter Indifferenz gegenüber, **nicht obschon, sondern weil** die Eidgenossen untereinander sehr verschieden sind. Es ist von symptomatischer Bedeutung, daß Revolutionäre, also Menschen, denen es um die Zerstörung eines existierenden Verfassungskonsens geht, regelmäßig alles daransetzen, den politischen Diskurs auf eine Dimension zu beschränken, nur einem 'cleavage' politische Relevanz zuzubilligen und zu belassen. So gab es für *Marx* nur die Dimension der Klasse (Proletarier – Kapitalisten), für *Eldridge Cleaver* nur die Dimension der Rasse (schwarz – weiß), für *Khomeini* nur die Dimension der Religion (gläubig – ungläubig)." (Kirch 1993:134.)

Was Kirch zuletzt anspricht, haben wir weiter oben im Zusammenhang mit der Situation in Jugoslawien angedeutet. Eindimensionale Differenzbeziehungen (binäre Kodierungen) sind deshalb radikal und absolut, weil sie für alle möglichen interkulturellen Beziehungen nur noch ein absolutes 'Ja/Nein' zulassen, das 'Ja' für sich selbst und das 'Nein' für die Anderen.

Interkulturalität, Differenzlogik und 'strukturelle Kopplung'

Diese Abhandlung ist theoretisch orientiert. Es geht uns darum, Inter- und Transkulturalität im Übergang in das 21. Jahrhundert auf hohem abstrakten Niveau verständlich zu machen. Es handelt sich nicht nur um die Konstruktion eines neuen Paradigmas, das neue Paradigma folgt darüber hinaus auch nicht mehr den übersichtlichen Regeln der Identitätslogik der Kultur-Container. Die Logik der Differenzen ist eine Herausforderung, nicht nur für das Handeln sondern mehr noch für das Denken. Damit nachvollziehbar wird, weshalb wir im folgenden Kapitel mit der komplexen Materie der 'Logik der Relation' beginnen, möchten wir zunächst einige relationale Grundverhältnisse besprechen und sie in graphischer Form darstellen:

Abb. 2: Grundverhältnis interkultureller Beziehungen

Diese Abbildung entspricht einem Grundverhältnis interkultureller Beziehungen. Die Linie ohne Pfeilenden soll Gemeinsamkeiten oder Identitäten bedeuten, die Linie mit Pfeilenden Unterschiede oder Differenzen. Das von Chevènement angesprochene interkulturelle Verhältnis beinhaltet, so widersinnig oder kryptisch es auf den ersten Blick erscheinen mag, nur eine Erweiterung dieses Grundmodells.

Abb. 3: Gemeinsamkeiten und Differenzen

Je intensiver Deutsche und Franzosen in der Europäischen Union interagieren und beide 'deutsch' und 'französisch' bleiben wollen, um so mehr müssen den Gemeinsamkeiten Differenzen hinzugefügt werden; andernfalls würden sich Deutsche und Franzosen über die Gemeinsamkeiten ineinander auflösen. Es werden dem interkulturellen Verhältnis also einfach mehr Identitäts- und Diversitäts-Beziehungen hinzugefügt. Automatisch wird man hierbei 'äußerst deutsch' und 'äußerst französisch'. Das ist es, was Chevènement im Sinn hatte, wie wir gute 'interkulturelle' Europäer werden können. Es hängt natürlich sehr davon ab, ob die Kulturen A und B im Sinne Cesanas 'reflexiv' sind. In diesem positiven Sinn ist mit Inkommensurabilitäten zu leben, es gibt keine Alternative. Weiterhin kann man sich nun vorstellen, daß unter positiv friedlichen Bedingungen zunehmende Differenzen tatsächlich zunehmende Gemeinsamkeiten oder Identitäten induzieren müssen. Sicherlich werden sich hierbei komplexe cross-cutting identities und cross-cutting cleveages herausbilden. Einfach deshalb, weil es unter Bedingungen des friedlichen interkulturellen Zusammenlebens keine anderen Optionen gibt. Die Politiker im ehemaligen Jugoslawien haben demgegenüber folgendes durchgesetzt:

Abb. 4: Differenzbeziehungen

Sie haben Identitätsbeziehungen gekappt und damit Differenzbeziehungen in polare bis antagonistische Beziehungen modifiziert. Das ist ein extremes Resultat interkulturellen Zusammenlebens unter unfriedlichen Bedingungen. Hinsichtlich unserer Immigranten und Asylanten, die sich den jeweiligen europäischen Kulturen assimilativ nicht beugen wollen, schwanken wir in Europa fortwährend zwischen der Lösung Chevènements und der Lösung des ehemaligen Jugoslawiens.

Angesichts der Option Jugoslawien besteht nun eine überraschende Analogie zur erkenntnistheoretischen Position des Empirismus. Wenn A der Empiriker und B ein empirisches Objekt ist, so sollen zur Erkenntnisgewinnung über B methodisch nur Differenzbeziehungen bestehen und jede Einflußnahme über eine Identitätsbeziehung zu B vermieden werden. Dem entspricht auch die Feldforschungsmethode der Ethnologen, wenn sie in ferne Kulturen reisen, um sie zu studieren. Jede Einflußnahme von seiten des/der Ethnologen/in auf die Gastkultur ist verpönt. Wie das allerdings vermieden werden kann, verrät kein Handbuch zur empirischen Forschung. Wir wollen nun nicht behaupten, die Beziehungskonstellation des Politikers Milošević in Serbien gleicht der Beziehungskonstellation der Empiriker und der ethnologischen Feldforscher, diese erkenntnistheoretische Konstellation wurde jedoch in den Sozialwissenschaften genau aus den Gründen der Machtausübung auf das Objekt B durch den Empiriker A kritisiert; unter anderem von Adorno und Habermas.

Von der Sichtweise interkultureller Verhältnisse ist diese empirische Grundkonstellation, soweit sie Kulturen betrifft, auf den ersten Blick höchst problematisch, gleicht sie doch der zuvor behandelten Negativvariante interkultureller Beziehungen. Um die Logik der Differenz besser zu verstehen, ist es jedoch notwendig, auch dieser Variante positives abzugewinnen. Die Konstruktivisten, unter ihnen Siegfried Schmidt und ebenso der Systemtheoretiker Niklas Luhmann, wählen diese Variante als Grundverhältnis ihrer Theoriekonstruktionen, kappen alle Identitätsbeziehungen zwischen A und B und lassen die Differenz leer und rein bestehen. Sie begründen dies damit, daß humane Lebewesen A und B überhaupt nicht in der Lage sind, Beziehungen, die irgendwie von A nach B und von B nach A reichen, derart zu etablieren, daß sie 'in' A oder B hinein reichen würden. A und B bleiben, gleich welche Beziehungen bestehen, autopoietisch geschlossene, fensterlose Monaden.

Abb. 5: Geschlossene Entitäten, Monaden

Damit bestreiten sie radikal die Grundannahme des Empirismus, gehen, im übertragenen Sinne, noch weit über Milošević hinaus. Zwischen A und B waltet der absolute Abgrund, die Umwelt für A und B, die weder mit der Monade A noch mit B etwas gemeinsam hat, und wenn, dann beide Monaden nur 'stört'. A und B können nur über die abgründige Umwelt, ihr absolutes 'zwischen', miteinander in Beziehung treten. Wie ist das zu verstehen?

Wenn man damit ansetzt, daß jenseits der monadischen Kulturen Differenzen bestehen müssen, weil ansonsten keine 'begrenzten' Container existieren können, sind diese Differenzen, wenn sie den 'Berührungen' zweier Kulturen an ihren Grenzen als 'Identitätsbeziehungen' gegenüberstellt werden, nicht mit diesen Berührungen als Identitätsbeziehungen gleichzusetzen. Als Diagramm:

Abb. 6: Identität und Grenzbeziehungen

Die Differenzen sind nicht vom selben Gehalt wie die identischen Berührungen, sie beinhalten statt dessen Berührungen als Differenzen. 'Sind' die Identitätsbeziehungen, dann 'sind' die Differenzbeziehungen 'nicht'. Man kann beide nicht in einen Topf werfen. Differenzbeziehungen 'sind' deshalb nicht, sie **wirken**. Genau das behaupten der Konstruktivist Schmidt und der Systemtheoretiker Luhmann. Um zu erklären, wie A und B unter der Voraussetzung absoluter Differenzen in Beziehung gebracht werden können, berufen sich beide auf das Modell der 'strukturellen Kopplung' des Biologen Humberto Maturana (1998). Wir werden dies in Kapitel 3 besprechen. An dieser Stelle genügt es sich vorzustellen, daß die 'wirkende' Differenz zwischen A und B, A und B in Unruhe versetzt, ohne A und B während dieser 'störenden' Wirkungen zu berühren. A und B oszillieren so lange für sich selbst, bis sie eine Bewegung für sich selbst gefunden haben, die mit der störenden Wirkung der Differenz oder Umwelt irgendwie zusammenpaßt. Maturana bemüht hierfür das Beispiel eines Seiltänzers. Als Diagramm:

Abb. 7: Strukturelle Kopplung

Das Modell einer 'stehenden Welle' scheint für eine gelungene strukturelle Kopplung angemessen. Doch weshalb beinhaltet dieser ungewohnte Ansatz eine Lösung für die Konstruktion inter- und transkultureller Beziehungen? Die Antwort ist einfach: weil man nun nicht länger von der Identitätsseite, die sich ja wegen der Container-Problematik als nicht haltbar erwiesen hat, sondern von der Differenzseite ausgehend eine inter- und transkulturelle Theorie konstruieren kann. Die 'strukturelle Kopplung' ist die Lösung, wie eine absolute Differenz als Beziehung '**wirken**' kann. Dies bedeutet nicht, daß damit die Identitätsbezüge hinfällig wären, sie sind nur nicht länger dominant. Das Resultat gelungener struktureller Kopplungen sind Identitätssysteme aller Art. Dieses Konstrukt erlaubt es nun, konsequent von der Differenzseite ausgehend eine neue Kulturtheorie zu entwickeln. Hierfür muß nichts mehr erfunden werden, es liegt schon vor und kann von der Warte der Globalisierung interpretiert werden.

Ein Unbehagen könnte bleiben, da der angesprochene Fall des 'ethnic cleansing' im ehemaligen Jugoslawien genau diese differenzlogische Grundvoraussetzung, mit der Schmidt und Luhmann ansetzen, zu erfüllen scheint. Es sollte deshalb nachgetragen werden, daß sowohl Luhmann als auch Schmidt absolute Differenz niemals ohne Identitätsbezüge denken. Sie setzen jedoch für sozialwissenschaftliche Theoriekonstruktionen nicht länger nur Identitätsbezüge voraus, sondern versuchen letztere von der Differenzseite ausgehend neu zu bestimmen. Insofern vertreten sie nicht die Position des 'ethnic cleansing', sondern eher die von Chevènement. Andererseits, und das ist ein weitaus grundlegenderer Einwand, sind in den autopoietischen Systemen A und B als absolute Identitäten schon vorausgesetzt. Dies hat zur Folge, wie in Kapitel 4 dargelegt wird, daß erneut Interkulturalität theoretisch noch nicht bewältigt wird. Konsequent wäre, auch diese identitätslogischen Voraussetzungen der autopoietischen Systeme differenzlogisch aufzulösen. Auf sehr abstraktem Niveau wird dies im nächsten Kapitel zum Relationsproblem geleistet. Derrida hat unserer Meinung nach mit der Différance die Lösung gefunden. Differenzen sollen als prozessierende Wirkungen gedacht werden, aus denen Identitäten emanieren. Damit wären auch die autopoietischen Systeme/Kulturen relativiert. Die Differenzen als interkulturelle Beziehungen zwischen ihnen würden sie ebenfalls durchdringen und mit den durch die Differenzen generierten Systemen/Kulturen als autopoietische Identitäten erscheinen. Sie würden in der Sprache Derridas Supplemente bilden. Das mag an dieser Stelle merkwürdig erscheinen, würde aber das vielbeschworene Paradox der Globalisierung, nämlich das intrinsische Verhältnis des 'Global and the Local - Glocal', erklären können. Das 'Global', als Différance überall an jedem Ort zu jeder Zeit gegeben, erscheint überall an jedem Ort zu jeder Zeit als absolut originär autopoietisches 'Local'. Oder: Ist das 'Global' die Differenz par excellence – genauer die Différance – generiert sie zugleich in unbeschränkter Vielfalt voneinander unterschiedene Identitäten als 'Local'. Im Falle der interkulturellen Differenzen erscheinen genau diese interkulturelle Differenzen als Kulturen A, B, C etc. Oder: Die interkulturellen Beziehungen (global) **sind** in den Kulturen in unterschiedlichen

Erscheinungsformen (lokal) **als** A **oder** B etc. gegeben. Auch hier erweist sich erneut, die Globalisierung zwingt zum radikalen Umdenken. Wie es neu und anders gedacht werden sollte, kann man sich an folgender Graphik veranschaulichen:

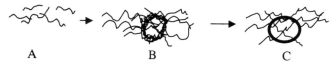

A   B   C

Abb. 8: Globale Vielfalt und lokale Synchronisation

Angenommen, es lägen nur Differenzen im Sinne der 'strukturellen Kopplungen' vor (A), die zunächst in unbeschränkter – globaler - Vielfalt mit nichts anderem koppeln als mit sich selbst – Spuren der Différance bei Derrida. In der Gemengelage dieser strukturellen Kopplungen bilden sich über 'Pfropfungen' – ebenfalls eine Schöpfung Derridas – lokale Synchronisationen (B), die sich – dritte Skizze – in lokale autopoietische Systeme stabilisieren (C) – Supplemente bei Derrida. Alle drei Erscheinungsformen sind durch Differenzen konstituiert, die, wie in C, in systemische Identitäten umschlagen können.

Angenommen, es liegen Kulturen wie in der nachfolgenden Graphik als Polygone vor, könnte man sich die interkulturellen Beziehungen folgendermaßen vorstellen:

Abb. 9: Polygone

Denkt man sich Kulturen wie in der vorletzten Graphik dargestellt als geronnene strukturelle Kopplungen, die kurzen rechteckigen Balken als Inkommensurabilitäten, so können die durchgehenden verdickten Linien als interkulturelle Beziehung gedeutet werden. Jedesmal handelt es sich um Differenzen in anderer Erscheinungsform und auf anderer Dimensionsebene. Die letzte Graphik in anderer Version:

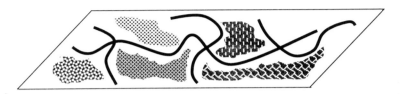

Abb. 10: Beziehungen 'zwischen' Kulturen

Die interkulturellen Beziehungen operieren 'zwischen' den Kulturen (graue Polygone). So denkt man es gewöhnlich. Die vorherige Graphik präsentiert das 'inter' adäquater. Die 'inter'-kulturellen Beziehungen gehen durch die Beziehungen hindurch, konstituieren sie als Kulturen und beziehen sie als differente Kulturen.

Die interkulturellen Beziehungen müssen auf einer über den Kulturen angesiedelten Ebene operierend gedacht werden, die die differenten Kulturen induziert/generiert. Interkulturelle Beziehungen sind den Kulturen eigen und operieren, sie durchdringend und beziehend, in ihnen und zwischen ihnen. Das induziert ihre Reflexivität und Offenheit zueinander, löst jedoch nicht ihre monadische Eigenheit und mögliche Inkommensurabilitäten auf. Transkulturalität operiert dagegen auf einer Ebene über den interkulturellen Beziehungen. Sie läßt die interkulturellen Beziehungen auf sich selbst operieren und überwindet damit sowohl die Container-Kulturen als auch ihre Inter-Beziehungen. Umgekehrt induziert/generiert diese Trans-Ebene jedoch die Inter-Beziehungen und die eigenständigen Kulturen. Von daher erklärt sich das Verhältnis des 'Glocal'.

Abb. 11: Transkulturelle Welten

Derart könnte man sich die transkulturellen Welten vorstellen. Die Interkulturalitäten sind in Transkulturalitäten transformiert worden. Transkulturen sind topologische Räume ohne Ränder, sie durchdringen sich, ohne sich zu überschneiden, sie gehen über ohne Übergang. Dies läßt sich, wie gesagt, graphisch nur andeuten. Soll die transkulturelle Welt der kulturellen Globalisierung entsprechen, gibt es diese jedoch nicht ohne Lokali-

sierung. Führt man diese ein, erhält man wieder die zuvor graphisch darge-
stellten Ebenen. Angemessen wäre folgendes Komplexionsgefüge:

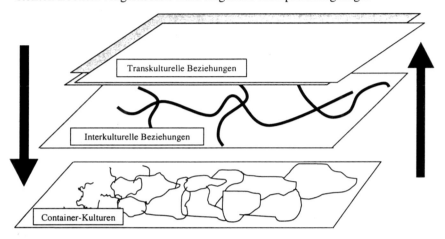

Abb. 12: Transkulturelle Beziehungen

Es ist schwierig, die Ebene der transkulturellen Beziehungen graphisch darzustellen. Es handelt sich um eine Dimensionsebene, es sind jedoch unendlich viele transkulturelle Beziehungen möglich.

Ein naheliegendes, jedoch zu Mißverständnissen verleitendes Modell ist
folgendes vierdimensionales geometrisches Modell:

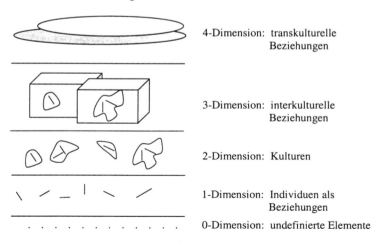

Abb. 13: Dimensionen tanskultureller Beziehungen

Das obige Dimensionsmodell kann andeuten, worum es geht, es ist jedoch, wie das nächste Kapitel zur Logik der Relation erweisen wird, problematisch und in gewisser Weise irreführend. Andererseits werden die Konstitutionsverhältnisse sichtbar. Die Autoren konnten bisher kein geeignetes graphisches Modell ausfindig machen.

Betrachtet man jedoch trotz aller Mängel das obige Modell als vierdimensionalen projektiven Raum, kann über dessen intrinsische Dualität das Verhältnis des 'Glocal' plausibel gemacht werden. Die 4-Dimensionsgebilde können ohne weiteres in 1- oder 2-Dimensionsgebilde umschlagen. Global als 'Trans' kann in Local als 'Intra' umschlagen.

Das Verhältnis des Globalen zum Lokalen ist jedoch kein duales, es ist ein paradoxes Verhältnis. Das wechselseitige Konstitutionsverhältnis ist komplexer, als es identitätslogisch erfaßt werden kann.

Kultur, Rationalität und Vernunft

Die Konstruktion einer neuen Kulturtheorie im Zeitalter der Globalisierung bedeutet in Reflexion dieser weltweiten Umwertung aller Werte die Konstruktion eines neuen Rationalitätstyps. Hierbei ist die Vernunft involviert. Wir gehen davon aus, daß unser okzidentales Verständnis von Vernunft immer schon kulturdeterminiert war und es noch ist. Diese Sichtweise ist nicht neu und wurde uns schon oft von Denkern aus dem Osten und Afrikas zum Vorwurf gemacht. Im Zeitalter der Globalisierung stehen unser Meinung nach deshalb nicht nur Kulturen, sondern ebenso Konzeptionen der Vernunft im Wettbewerb. Weshalb das erst jetzt aufscheint, kann Abbildung 14 veranschaulichen helfen.

Der Historiker Wim Blockmans (1998), hat in seinem Buch zur 'Geschichte der Macht in Europa' analog zu unserer Abbildung (Abb. 14) der vier Dimensionen der Macht - Ökonomie, Religion, Politik, Kultur – behandelt. Er hat Denken und damit Vernunft einbezogen, sie jedoch nicht explizit diskutiert. Auch er stellt im Verlauf der zurückliegenden Jahrhunderte eine zunehmende gesellschaftliche Verfügbarkeit und individuelle Machbarkeit hinsichtlich dieser Dimensionen der Macht fest.

Denkkategorien			STRUKTURELLE KOPPLUNG	
SUBSTANZ	FUNKTION	SYSTEM	STRUKTUR	DIFFÉRANCE
Handlungskategorien				

Kultur — Kultur

Vernunft — Vernunft — Kultur — Kultur

Politik — Politik — Vernunft

Religion

Sozialstruktur

Ökonomie

	Religion Sozialstruktur Ökonomie	Politik Religion Sozialstruktur Ökonomie	Vernunft Politik Religion Sozialstruktur Ökonomie	Kultur Vernunft Politik Religion Sozialstruktur Ökonomie

Zunahme der gesellschaftlichen Verfügbarkeit und individuellen Machbarkeit

	Handelskapitalis- mus, seit 16. Jhdt. Säkularisierung Erste Moderne	Industriekapitalis- mus, 18/19. Jhdt. Demokratisierung Erste Moderne	Spätkapitalismus ab 1970 Pluralisierung Postmoderne	Globaler Kapitalismus vor/nach 20. Jh. Hybridisierung Zweite Moderne
Zoon Politikon 'Barbaren'	Fremde/Wilde Sklaven Adel=Kultur	Primitiv/ Zivilisier Volk/Nation	Folklore/ Ethnizität Regionalismus	Stil/Milieu Bewegungen Lokal-Global
	Asymmetrisch 'Interkulturalität'	Asymmetrisch 'Interkulturalität'	Interkulturalität/ Multikulturalität	Transkulturalität/ Interkulturalität Multikulturalität

Abb. 14: Geschichte und gesellschaftliche Ausdifferenzierung

Ronen (1986) hat auf ähnliche Weise fünf Phasen unterschieden: die vom Handelskapitalismus geprägte 'commercial era' von 1500-1850, die vom Industriekapitalismus geprägte koloniale 'explorative era' von 1850-1914, die 'concessionary era' von 1914-1945, die 'national era' von 1945-1970 und eine 'global era' von 1970 bis heute. Es liegen in der Literatur noch weitere derartige Phasenmodelle vor, was für unser Vorhaben jedoch nicht relevant ist.

Im Unterschied zur Abbildung 1, welche die Dynamik der 'Beziehung' in bezug auf ihre Pole, die Gesellschafts-Container, von 'Lokal' über 'Inter' zu 'Trans' nachzeichnet, wird mit Abbildung 14 deutlich, welche Auswirkungen diese Dynamik auf die Kategorien oder Dimension des Gesellschaftlichen in den letzten fünfhundert Jahren gehabt hat. Beck unterscheidet hinsichtlich dieser Dynamik eine Erste und Zweite Moderne, wobei er die rezente Stufe der Dynamik der zweiten Moderne zuordnet. Die dynamischen Prozesse in der Ersten Moderne und der Übergang zur Zweiten

Moderne sind nicht nur so zu verstehen, als hätten sich zum Beispiel Nationen-Container zunächst in 'Inter'-Beziehungen nur verbunden und würden sich anschließend in 'Trans'-Beziehungen auflösen, sondern es haben ebenso grundlegende Wandlungsprozesse innerhalb der jeweiligen 'Container' stattgefunden, die durch die 'Inter'- und 'Trans'-Beziehungen ermöglicht wurden und rückwirkend durch diese Beziehungen wiederum zum dynamischen Wandel beigetragen haben.

Abbildung 14 zeigt deutlich die Umwandlung gesellschaftlicher Kategorien als quasi Transzendentalkategorien in die Verfügung der autonomen Individuen. Im Spätmittelalter waren Kultur, Vernunft, Politik und Religion den Menschen in ihrer jeweiligen Gesellschaftsordnung und Wirtschaftsweise hierarchisch-transzendental vorgeordnet. Das änderte sich in der Renaissance und mit den protestantistischen Strömungen. Sonderbarerweise wurde zuerst die Religion und nicht so sehr die Politik – abgesehen von den stadtstaatlichen Zentren des Handelskapitalismus wie Venedig, Florenz, Genua, Antwerpen, Amsterdam und der Ausnahme England – ihrer transzendentalen Vorordnung enthoben und den Menschen oder Gläubigen überantwortet - eine erste Demokratisierung und Individualisierung im Glauben. Im 18. und 19. Jahrhundert wurde anschließend die Politik ihres transzendentalen Charakters entbunden. Mit dem Wahlrecht wurde sie zwar individualisiert, mit der Repräsentation entzog sie sich jedoch immer noch dem direkten Zugriff der Bürger. Ab den siebziger Jahren dieses Jahrhunderts wurde die transzendentale Vorordnung der Vernunft und Rationalität endgültig entzaubert. Paul Feyerabend (1983) und Thomas Kuhn (1969) wären zu nennen, ebenso die postmodernen Philosophen wie Lyotard (1986) oder Derrida (1976, 1983). 'Anything goes' gilt nun auch für die Vernunft und Rationalität jedes Individuums, falls es davon Gebrauch machen will. Das wurde jüngst von Welsch (1995), dem Philosophen der 'transversalen Vernunft', bestätigt. Noch deutlicher wird diese 'Machbarkeit' von Vernunft und Rationalität bei den Radikalen Konstruktivisten vertreten.

Sonderbarerweise beginnt erst jetzt im Übergang zur Zweiten Moderne die Kultur als letzte gesellschaftliche Transzendentalbestimmung der Verfügung der Individuen zugänglich zu werden. Kultur wird erst jetzt, befreit von nationalstaatlicher Politik und Vernunft, nicht nur, wie Cesana mit Habermas bemerkt, dezentriert und reflexiv, sie wird darüber hinaus, weil ihr vorheriger unbegriffener Kern der Kultur-Monaden hinfällig geworden ist, individuell 'verfügbar' und 'machbar'. Wer dies bezweifelt und argumentiert, daß Kultur schon lange Manipuliermasse der privatkapitalistischen Kulturindustrie gewesen sei, übersieht die transzendentale Definitionsmacht des modernen Nationalstaates. Wie lange hat es gedauert und welchen Kampf hat es erfordert, bis tatsächlich die Nachkriegskultur des modernen Nationalstaats gebrochen war. Erst heute entzieht sich der Nationalstaat seiner kulturschöpferischen Potenzen; nicht freiwillig, sondern weil er im Prozeß der Globalisierung – auch durch die Kulturindustrie – die Individualisierung der Kultur und damit ihre Vielfalt in inter- und transkulturellen Wirklichkeiten nicht mehr verhindern kann.

Diese 'Machbarkeit' des Kulturellen, die ja eine Voraussetzung für gestaltbare Inter- und Transkulturalität ist, kann man sich mit Hilfe der Kulturtheorie von Hansen vor Augen führen. Angenommen, Standardisierungen wären für jedes Mitglied des Tennisclubs vorgegeben. Dann können die Mitglieder ihre Differenzen nur noch in dieses Set der Standards einpassen. Wer nicht hineinpaßt, kann kein Mitglied werden. Wenn aber die Mitglieder in Kombinationen ihrer jeweiligen kontingenten Unterschiede oder Differenzen kulturelle Gemeinsamkeiten generieren und diese standardisieren, könnten sie je nach Belieben verschiedene Kulturen ein und desselben Tennisclubs erzeugen. Genau dies findet in der Gegenwart statt, weshalb wir eine Explosion der Kulturen, Stile und Milieus feststellen. Daß hier das Denken und die Vernunft involviert sind ist nur für diejenigen neu, die beides bisher transzendental voraussetzten. Diejenigen, die sich in ihrem transzendentalen Besitz wähnen, können deshalb die Gegenwart und Zukunft nur als Vernunftsverlust beklagen.

Es wird, wenn wir in den folgenden Kapiteln eine Theorie der Inter- und Transkulturalität konstruieren, implizit eine Philosophie der neuen Vernunft der Globalisierung behandelt, die sich in der Gleichung: Medien=Kultur=Vernunft artikuliert. Die These, daß die neuen virtuellen Medien 'denken', findet mehr und mehr Akzeptanz. So wie das Zeitalter der Globalisierung virtuelle Medien und Kulturen erzeugt, so setzt es seine 'virtuelle Vernunft' voraus (Schmidt 1994a).

Vorgehensweise

Damit sind ausreichend Vorbereitungen getroffen, um eine Kulturtheorie konzipieren zu können, die den Realitäten der Zweiten Moderne gerecht wird. Dies kann nur gelingen, wenn die Kulturen nicht länger als monadische Entitäten, sondern als spezifische 'Wirk-lichkeiten' inter- und transkultureller Beziehungsnetze und Verflechtungen verstanden werden. Dieses Denken und Handeln 'in Beziehungen' wird überall eingefordert, doch es mangelt an Einsichten in die kryptische 'Logik' der Identitäten und Differenzen, oder allgemein der 'Beziehung'.

Es ist selbstverständlich, wenn ein neues inter- und transkulturelles Kulturparadigma konstruiert werden soll, welches auf Differenzen aufbaut, daß
nicht länger auf Kulturparadigmen Bezug genommen werden kann, die dies
gerade nicht tun. Insofern ist es unser Anliegen, konzeptionelle Ansätze zu
übernehmen, die un   ... für die Konstruktion einer neuen K   ır
hatten Glück, es m   n
den folgenden Kap   t.
Vor allem, wie zu   ın
Siegfried J. Schmi   ır
Globalisierung. Vc   P.
Hansen, der uns ve   ch
zu denken. Es bec   fi-
niert er, besteht in   3).
Wie hierbei Diffe   )ie
Kohäsion der Kc   ıre
Identitätsbestimm   cht
virulent werden la   eis,
den man für die K   ıgt,
Kulturen bestehe   ıts-
differenzen von]   tra-
kulturelle Virule   ten.
Darüber wird in den folgenden Kapiteln noch zu sprecnen sein.

Um den Ansatz von Schmidt und Beck zu vervollständigen, haben wir auf
das Paradigma der 'transversalen' Vernunft Wolfgang Welschs zurückgegriffen. Das mag im Kontext der Konstruktion einer neuen Kulturtheorie
wie eine Verwechslung von Äpfeln mit Birnen erscheinen, doch, wie zuvor
hinsichtlich des Zusammenhangs von Kultur mit Vernunft formuliert, wird
sich auch die Philosophie den 'Wirkungen' der globalen Différance nicht
länger entziehen können. Uns interessierte hier weniger die Vernunfttheorie
von Welsch als sein Modell der Paradigmen und Paradigmenvernetzungen,
welches umstandslos mit dem Modell der Kollektive bei Hansen
(1999:193f.) gleichgesetzt werden kann. Auf Kultur übertragen hat Welsch
ein vorzügliches Modell für interkulturelle Beziehungen, ja sogar für transkulturelle Netzwerke konzipiert.

Die Konstruktion einer Theorie der Differenz im Kontext der Inter- und
Transkulturalität ist unser Thema. Zu diesem Zwecke werden wir in den
folgenden Kapiteln Schritt für Schritt vorgehen, zunächst aber sehr abstrakt
das Verhältnis von Differenz zu Identität in der Beziehung oder 'Relation'
selbst gründlich beleuchten.

Das nachfolgende Kapitel 2 zur 'Logik der Relation' wird vielen Lesern vermutlich als eine Herausforderung erscheinen. Es ist möglich, das Relationskonzept kurz zu überfliegen und sich anschließend den nachfolgenden Kapiteln zu widmen. Später kann wieder auf das Relationskapitel zurückgekommen werden.

In Kapitel 3 wird der Radikale Konstruktivismus und das Prinzip der 'strukturellen Kopplung' von Maturana (1998) vorgestellt. Es wird sich als eine geniale Lösung des Relationsproblems und als ein Grundprinzip der Interkulturalität erweisen. Dennoch überwindet dieses Konzept die Container-Logik nicht vollständig

In Kapitel 4 wird mit Siegfried Schmidt (1987, 1996), dem wohl bekannteren Vertreter unter den Radikalen Konstruktivisten, aufbauend auf der strukturellen Kopplung von Maturana eine Kulturtheorie als Medientheorie konzipiert. Jedoch gelingt es auch Schmidt noch nicht vollständig, die Container-Logik endgültig zu verabschieden. Er hat jedoch mit den 'virtuellen Medien' die Wirklichkeiten der transkulturellen Globalisierung erfaßt (Schmidt 1994a).

In Kapitel 5 wird die schon angesprochene 'Transversale' Vernunft von Welsch (1995) behandelt. Welsch hat eine topologische Theorie der paradigmatischen Rationalitätstypen konzipiert, die wir in eine neue topologische Theorie der Kollektive und Kulturbeziehungen umdeuten. Mit Hilfe der vernetzten Paradigmen/Kollektive ist es möglich, die Medienkulturtheorie von Schmidt in eine interkulturelle Medienkulturtheorie zu erwietern. Diese topologische Kulturtheorie muß erweitert werden, da Welsch mit der 'transversalen Vernunft' zwar die 'Container-Vernunft' in eine Vernunft der Beziehungen auflöst, sie aber nur 'leer' und 'rein' wieder entlang den Prinzipien der Identitätslogik formal operieren läßt.

In Kapitel 6 wird mit Beck (1997, 1998, 1998a) auf die Globalisierung, Transnationalität und Transkulturalität eingegangen. Ihm ist es gelungen, die Container-Logik radikal zu überwinden. Dadurch wird es möglich, die Medienkulturtheorie von Schmidt in die Ebene der 'Trans'-Beziehungen einzubinden. Einzig die 'transversale Vernunft' von Welsch ist nicht in diese 'Trans'-Ebene zu übertragen. Beck hat jedoch keine kohärente neue Kulturtheorie konzipiert, sondern sie als Zukunftsprojekt eingefordert.

In Kapitel 7 wird die mit Beck und Schmidt konzipierte neue 'virtuelle' Vernunft mit der 'Différance' von Derrida als die 'Vernunft' der Transkulturalität, oder besser der Globalisierung, behandelt. Nicht Welsch, sondern Derrida hat unserem Verständnis nach die Vernunft der Zukunft eruiert. Keine transversale, sondern eine 'traversale' Vernunft.

Kapitel 2
Die Logik der Relation 'aRb'

In der Einleitung argumentierten wir, daß Kulturen oder Nationen ohne Berücksichtigung der Beziehungen zwischen ihnen nicht länger zu denken sind. Das gilt um so mehr für das anstehende Zeitalter der Zweiten Moderne mit den inter- und transnationalen, inter- und transkulturellen Vergesellschaftungsprozessen. Um die Logik dieser neuen Prozesse verstehen zu können, müssen die Container-Paradigmen der Ersten Moderne durch Beziehungs-Paradigmen der Zweiten Moderne überwunden und abgelöst werden. Worum handelt es sich, wenn von Beziehungs-Paradigmen gesprochen wird?

Abstrakt lassen sich die Kultur- oder Nationen-Container im einfachsten Fall als 'a' und 'b' in einem elementaren Beziehungsverhältnis durch die Relation 'aRb' darstellen. 'aRb' sei hierbei allgemeinster Ausdruck für Inter- und Transnationalität, Inter- und Transkulturalität. Die folgende Analyse der Logik des Relationskonzepts soll – unabhängig vom materialen Inhalt der Begriffe Kultur und Nation – die differierende kategoriale Bedeutung so wie die kategoriale Unterscheidung zwischen Inter- und Trans-Beziehungen einer Klärung zuführen.

Es wird sich zunächst herausstellen, daß in der Relation 'aRb' Aporien vorliegen. Sie lassen sich auf zwei, jedoch jeweils einseitige Weisen einer Lösung zuführen: einer einseitigen identitätslogischen Systemlösung, die sich seit Nicolaus Cusanus unter anderem über René Descartes, Baruch Spinoza, Blaise Pascal, Georg Wilhelm Friedrich Hegel und einer einseitigen differenzlogischen Lösung, die sich unter anderem über Jean-François Lyotard, Gilles Deleuze und Ludwig Wittgenstein verfolgen läßt. Eine Kombination dieser einseitigen identitäts- und differenzlogischen Lösungen zum vollständigen Relationskonzept 'aRb' der ersten Stufe, der 'Inter'-Relationalität, ist den Radikalen Konstruktivisten Maturana und Schmidt, ebenso dem Philosoph der postmodernen Moderne Welsch mit der von ihm konzipierten 'transversalen Vernunft' gelungen. Die Kombination der identitäts- und differenzlogischen Einseitigkeiten zum vollständigen Relationskonzept 'aRb' zweiter Stufe, der 'Trans'-Relationalität, ist unter anderem dem Soziologen Ulrich Beck und dem De-Konstruktivisten Jacques Derrida gelungen. Das soll im folgenden dargelegt werden.

Relationskonzept

Im einfachsten Fall besteht eine Relation aus den Elementen (Relata) 'a' und 'b' und der Beziehung (Relation) 'R': 'aRb'

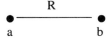

Abb. 15: Relation 'a' und 'b'

Als Voraussetzung gilt: Ohne Relata keine Relation und ohne Relation keine Relata. Es stellt sich die Frage: was verbindet die Relata 'a' und 'b' mit der Relation 'R' und vice versa?

Zum einen verbindet die Relation 'R' die Pole 'a' und 'b', bedeutet somit ihr 'Innen', 'Einen' oder 'Identität', zum anderen trennt sie zugleich die Pole 'a' und 'b', bedeutet ihr 'Außen', 'Trennen' oder 'Differenz'. Wie sich an obigem Diagramm verdeutlichen läßt, übt die Relation zweierlei Funktionen aus: Einen und Trennen, Innen und Außen, Identität und Differenz. Dieses Zusammenwirken – nicht Zusammenfallen (coincidentia im eigentlichen Sinn von Nikolaus von Kues) - der sich wechselseitig aus- und einschließenden Momente der Relation macht es so schwierig, sie zu denken. Man hat es - was im Diagramm, ebenso aber auch im Denken und Handeln, schlicht und voraussetzungslos erscheint - mit einer fundamentalen Widersprüchlichkeit zu tun, die sich in einer Hinsicht aufheben läßt, jedoch in einer anderen Hinsicht unlösbar erscheint.

Um die Frage zu beantworten, was 'a' und 'b' mit 'R' verbindet - und vice versa -, oszilliert das Denken zwischen zwei Lösungen, die bisher in der okzidentalen Philosophie als getrennt einseitige Lösung des Relationsproblems gedacht und vorausgesetzt wurden:

1.) entweder läßt man die Beziehung 'R' zu einem dritten Relata 'c' von derselben Qualität und Quantität wie 'a' und 'b' gerinnen, oder

2.) man löst die Relata 'a' und 'b' in der Beziehung 'R' auf, das heißt 'a' und 'b' werden selbst zu Beziehungen 'R1' und 'R2' in bezug auf 'R'.

Leisegang (1969) nennt die Lösung 1) die 'Relation erster Potenz' und die Lösung 2) die 'Relation zweiter Potenz'. Beide Lösungen parallel verknüpft nennt er die 'Relation dritter Potenz'. Die Lösungen 1) und 2) führen zu unlösbaren Aporien. Beide erweisen sich demnach als einseitige Nicht-Lösungen. Die Relation dritter Potenz verweist auf eine Lösung, die jedoch mit kryptischen Tücken verbunden ist.

a) Relation erster Potenz

Angenommen, ein Buch liegt auf dem Tisch. Die 'Beziehung', die 'zwischen' Buch und Tisch besteht, wird durch 'liegt auf' ausgedrückt. Buch und Tisch werden durch die Beziehung nicht berührt oder prädiziert. Sie bleiben dieselben, ob das Buch im Regal oder der Tisch im Garten steht. Die Beziehung 'liegt auf' scheint unabhängig von Buch und Tisch zu sein. Sie ist eine 'äußere Beziehung', die schlicht ein 'Trennen' artikuliert, das für das 'Auseinander' von bereits gegebenen Gegenständen charakteristisch ist.

Es scheint als gäbe es zwei in sich ruhende Gegenstände: Buch und Tisch. Zwischen ihnen gibt es etwas – 'liegt auf' –, mit dem die Gegenstände scheinbar nichts zu tun haben. Doch ohne die Beziehung 'liegt auf' können die beiden Gegenstände in keinem Verhältnis stehen.

Dieses 'liegt auf' ist nicht sinnlich wahrnehmbar. Wahrnehmbar sind nur Buch mit Tisch, Tisch mit Buch. Die Beziehung 'liegt auf' muß demnach andere Eigenschaften besitzen als die Gegenstände, die sie in Beziehung setzt. Sie ist übergegenständlich und existiert, da sie zu den Gegenständen im Negatverhältnis steht, 'außer'-halb der Gegenstände. 'Außer' ist der allgemeinste Ausdruck für diese Relation erster Potenz. Man muß sich dieses 'Außer' radikal vorstellen: es ist ein absolutes 'Außer', jedes Denken des 'Außer' setzt es wiederum als dasselbe voraus.

Es ist offensichtlich, daß dies nicht die letzte Antwort sein kann. Wir leben in Beziehungen, nicht in Welten mit unüberwindbaren Abgründen. Dennoch ist dieses radikale 'Außer' Voraussetzung aller Beziehungen. Philosophiegeschichtlich beinhaltete dieser Relationstyp des radikalen 'Außer' ein gravierendes Problem. Es lassen sich zwei Basisvarianten von Lösungen unterscheiden:

A) In einer Variante erklärt man die Beziehung zu einem Gegenstand. Anstatt dem Verhältnis 'Ding – Beziehung – Ding' hypostasiert man 'Ding – Ding – Ding'. Die Beziehung 'liegt auf' des Beispiels kann aber kein Ding sein, denn wäre es eines, müßte dieses dritte Ding wieder eine Beziehung zum Buch und einen Beziehung zum Tisch besitzen. Diese nun verdoppelte Beziehung 'liegt auf' muß erneut zu 'Dingen' hypostasiert werden, die wiederum neue Beziehungen des 'liegt auf' induzieren, die erneut hypostasiert werden müssen und das wiederholt sich ad infinitum. Man opfert die Vielheit der Gegenstände und erhält schließlich eine unendlich gediegene Substanz. Die Beziehung selbst geht zugrunde, da sie ohne Ende fortwährend zu 'Dingen' hypostasiert wird. Diese Lösung der Hypostasierung des 'R' als 'Inter', 'Zwischen' oder 'Außer' zu einer dritten Entität führt zu keinem sinnvollen Ergebnis. Statt einer Lösung erhält man einen unlösbaren Widerspruch.

B) In einer anderen Variante hofft man der Aporie der Lösungsvariante A) zu entkommen, indem die Beziehungen den Substanzen inhäriert werden, d.h. die Beziehung 'liegt auf' wird als 'Akzidens' der Substanz Buch oder Tisch definiert. Man unterstellt, daß es von einer Substanz zur anderen etwas gibt, was die beiden Substanzen verbindet, zugleich soll aber diese Verbindung eine Eigenschaft der Substanzen sein. Die Vergeblichkeit dieser Lösung kann an der Vater-Sohn-Beziehung erläutert werden. Der Vater steht dem Sohn im Verhältnis der Vaterschaft gegenüber, der Sohn umgekehrt im Verhältnis der Sohnschaft. Für jeden ist der jeweils andere die conditio sine qua non. Die Beziehung soll nun in den Substanzen selbst enthalten sein. Der Vater kann jedoch keine Beziehung zum Sohn haben, die bis in die Substanz des Sohnes reicht, denn dann wäre die Beziehung 'Vaterschaft' auch die des Sohnes. Zusätzlich ist der Sohn für die 'Vaterschaft' auch noch der terminus ad quem; ohne ihn gäbe es diese Beziehung nicht. Das Resultat: die Beziehung als Akzidens der Substanz kann nicht erklären, wie sie funktioniert. Diese Lösung ist entweder sinnlos oder sie erscheint erneut als Aporie.

Trotz oder gerade wegen dieser Aporien der Relation erster Potenz findet man in der Geschichte der Philosophie zwei Lösungsmodelle, die zwar keine Lösungen bieten, doch als solche behauptet werden. In einem Modell werden die Beziehungen nur nominalistisch gedacht, das heißt ihnen wird keine substanzielle Realität unterstellt, sondern sie werden als reine Bestimmungen der Ratio ausgegeben. Man spricht der Beziehung per dictum reale Existenz ab. Was nicht mehr existiert, kann auch nicht länger als Aporie stören. Ein anderes Modell postuliert: die reale Welt ist derart geordnet, daß die Substanzen zu ihren Beziehungen passen, wie sie es gemäß der Akzidenzien – den Beziehungen – sollen. Mit anderen Worten: eine prästabilisierte Harmonie der hierarchischen Weltordnung des feudalen Mittelalters.

Beide Varianten erweisen sich als gleichermaßen fehlerhaft. Weder können Substanzen an sich völlig beziehungslos sein, insofern sie dann, völlig isoliert, genau ihre Dinghaftigkeit oder Substanzialität einbüßen würden, noch können ihnen die Beziehungen wie ein Akzidens inhärieren, weil Akzidenzien niemals reale Ordnung zu leisten imstande sind. Ordnung bewirkt aber stets und setzt Bezüglichkeit voraus. Die nominalistische Lösung ist auch deshalb nicht schlüssig, weil Beziehungen die Welt real ordnen, und sei es auch nur von links nach rechts, von oben nach unten etc. Schon gar nicht einzusehen ist, wie in scholastischen Modellen behauptet wird, daß der Welt eine ewig stabile Ordnung zugrunde liegt.

Fazit: die Relation erster Potenz kann im Versuch der Erklärung ihrer Wirkungsweise als 'Trennen' nur hypostasiert, hierarchisiert oder nominalistisch in ihrer Tatsächlichkeit aufgehoben werden. Gleich welche Variante man wählt, jede führt in eine Aporie. Will man sie vermeiden, bleibt die Relation erster Potenz als eine radikal 'äußere' Beziehung bestehen. Sie postuliert die absolute Getrenntheit der beteiligten Pole, kann deshalb nichts zusammenfügen. Die Relation erster Potenz beinhaltet das absolute 'Trennen', daß sich als absolute 'Differenz' äußert.

b) Relation zweiter Potenz

Wenn die Relation als 'Außen von' zu unbrauchbaren Lösungen führt, kann man sich zurückbesinnen, daß Relation auch 'Verbinden von' bedeutet und die Umkehrung des 'Außen' zum 'Innen' vielleicht sinnvollere Lösungen anbietet. Da das 'Außen' der Relation erster Potenz weder den Gegenständen als Akzidenz selbst zukommen noch bloße rationale (nominalistische) Konstruktion sein kann, ermöglicht es erst die Gegenständlichkeit der Pole 'a' und 'b', zum Beispiel von Buch und Tisch in der Beziehung 'liegt auf'. Zugleich ermöglicht das 'Außen' darüber hinaus, daß die Gegenstände 'a' und 'b' überhaupt miteinander bezogen sind. Also ist es Bedingung der Diskretion der Pole und Gegenständlichkeit überhaupt, insofern das 'Außen' allererst 'gegenstehen' läßt. Die Konsequenz: Als solches kann es nicht länger sich selbst gegenüberstehen, weil es die Bedingung des Gegenüberstehens selbst ist. Es wird deshalb zum 'Innen' der Gegenstände 'a' und 'b'.

Das 'Außen' der Relation erster Potenz stellt sich nun als ein 'Innen' oder als Relation zweiter Potenz heraus. Das 'Außen' wird nicht länger wie ein 'dritter Gegenstand' behandelt, vielmehr ist es die umfassende Beziehung, die sich in ihre Pole 'a' und 'b' ausstrukturiert. Das 'Außen' als 'Grenze' - 'zwischen' - ist den Polen nur so lange äußerlich, als diese in die Isolation gesetzt und aus dem Zusammenhang herausgerissen werden. Der Sachverhalt 'Das Buch liegt auf dem Tisch' ist jetzt, unter der Voraussetzung der Relation zweiter Potenz, ein Gesamtgegenstand mit der Binnenrelation 'Außen', denn die Grenze zwischen Buch und Tisch ist eben 'nichts' an gegenständlichem Sein; sonst hätte man wieder die Relation erster Potenz mitsamt ihren Aporien. Die Separierung von 'Buch', 'Tisch' und 'liegt auf' wird nachträglich vollzogen. Die drei Elemente - Buch, Tisch, liegt auf -

bilden lediglich die 'innere' Struktur des Gesamtgegenstands 'Das Buch liegt auf dem Tisch'.

"Eine fortschreitende Grenzbetrachtung, welche die Grenzen zwischen vorläufig selbständig gesetzten Entitäten als bloße Strukturmomente durchschaut, wird schließlich bei der Totalität alles Seienden, die selbst nicht mehr als Gegenstand, insofern sie sich nicht mehr gegenüber stehen kann, angesehen werden darf, enden." (Leisegang 1969:34) Die Relation zweiter Potenz, die ein 'Innen' meint und zu keiner Trennung mehr fähig ist, kann nur noch die Struktur eines Ganzen erzeugen, das seinen Momenten geltungsmäßig vorausgeht. Vom Standpunkt dieser Relation zweiter Potenz ist aber nicht mehr auszumachen, was Struktur und Moment wovon ist? Unter dem Wirken der Relation zweiter Potenz kann es keine 'Sachen' mehr geben, die sich verhalten, da hier der Gegenstandsbegriff aufgelöst wird. Sein ihn definierendes Charakteristikum der Selbständigkeit entfällt, da das 'Außen' kein trennendes Gegenstehen mehr zuläßt, sondern ein absolut verbindendes 'Innen' darstellt. Wenn überhaupt, läßt sich nur noch von der Tatsache sprechen, daß das Buch auf dem Tisch liegt. Diese Tatsache stellt aber keine Relation der Form 'aRb' mehr dar, sondern sie ist nichts mehr und nichts weniger als eine reine Beziehung.

Die Relation zweiter Potenz erlaubt demnach keine Träger der inneren Beziehungen, da sie keine Differenzen mehr zuläßt, was für die Relation erster Potenz Voraussetzung war. Insofern vernichtet die Relation zweiter Potenz ihre Pole. Pole der Relation zweiter Potenz sind nur noch Momente, Knotenpunkte, obwohl auch diese Bestimmungen zuviel versprechen. Da jede Differenz im totalen Innenbezug eingeebnet wird, läßt sich nichts mehr bestimmen. Alle Bestimmungen, Gegenstände oder Relata schrumpfen auf ein umfassendes panrelationales X zusammen. Dieses panrelationale X bezeichnet nur noch die Stelle, auf welche Bestimmungen gehäuft werden. Fortwährend müssen aber Differenzen vorausgesetzt werden, die es wieder zu überwinden gilt. Deshalb besteht die Welt aus der Sicht der Relation zweiter Potenz aus einem panrelationalen Zusammenhang von allem mit allem, ohne noch zu Differenzierungen in der Lage zu sein, zugleich aber auch aus einer Mannigfaltigkeit von immergleichen Atomen, da die Differenzen des 'Außen' als unbestimmte, nicht eingeholte Bruchstellen die panrelationistische Identität X fortwährend durchbrechen.

Fazit: Die Relation zweiter Potenz führt ebenfalls zu einer Aporie des gleichgültigen Umschlags von Panrelationismus zu Atomismus und vice versa.

Da man die Relation 'aRb' nur im Hinblick auf die Momente des 'Einen' oder 'Trennen' hin zerlegen kann, dies jedoch in beiden Fällen zu Aporien führt, kann es nur noch die Lösung geben, die beide Momente zusammenfaßt, ohne die Widersprüche erster und zweiter Potenz zu erzeugen.

c) Relation dritter Potenz

Wenn beide Momente des Relationskonzepts – Innen und Außen - nicht geleugnet werden sollen, und das ist unmöglich, da man sonst sein eigenes Denken leugnen müßte, also die Problematik realiter besteht, kann die Lösung nur in Verbindung mit 'beiden' Inhaltsteilen gesucht werden. Das Relationskonzept ist weder erweiterungsfähig in dem Sinne, daß es vielleicht doch noch widerspruchsfreie Lösungen geben könnte, noch ist es sinnlos, das heißt nach positivistischer, rationalistischer oder nominalistischer Sichtweise inhaltsleer, denn diese Prädikate drücken selbst wieder das aus, was sie leugnen, nämlich Relationen zwischen Denken und Gedachtem. Man kann dem Relationsproblem nicht entrinnen.

Die Relationen erster und zweiter Potenz bestimmen sich dadurch, daß bei der einen das 'trennende' und bei der anderen das 'einende' Moment überwiegt. Beide Typen lassen das jeweils andere Moment offen. Daraus lassen sich Konsequenzen ziehen: 'Einen' und 'Trennen' sind nicht mehr hintergehbare Bedingungen jeder Relation. Die Relation stellt nun aber keine Einheit beider Bedingungen dar, denn sonst fiele sie wieder in eine ihrer Aporien zurück. Die Relation 'aRb' im vollen Sinne der Relation dritter Potenz meint deshalb weder Einheit noch Getrenntheit der Momente 'Einen' und 'Trennen', vielmehr operiert sie in Parallelität der aporetischen Momente oder in 'absoluter Unverbundenheit absoluter Verbundenheit'.

Die Relation dritter Potenz ist Bedingung der Erscheinungsform ihrer Momente 'Einen' und 'Trennen'. Daher bedeutet 'Einen' keine Beziehung, sondern absolute Identität, und 'Trennen' ebenfalls keine Beziehung, sondern absolute Differenz. Doch dies sind Metaphern. Sobald man den Versuch wagt, sich vorzustellen, was damit gemeint sein könnte, unterliegt man schon dem Wirken der Relation, oder man befindet sich in einer ihrer Hypostasen erster oder zweiter Potenz. Leisegang verfällt dennoch der Versuchung, die Relation dritter Potenz in der identitätslogischen Variante, die wir weiter unten behandeln, denken zu wollen. Für ihn führt die Relation dritter Potenz zwangsläufig zur Totalität alles Seienden, die nichts mehr 'außerhalb' ihrer stehen läßt. Die nicht mehr hintergehbare Relation dritter Potenz, die das absolute 'Einen' und 'Trennen' umfaßt, stellt als Totalität alles Seiende und Nicht-Seiende dar. Sie ist für ihn, da sie sich auf sich auf sich selbst nicht mehr beziehen kann, das Absolute par excellence. Zeigt sich die Relation erster Potenz als konstituiert, da sie von nachträglicher Natur ist, die Relation zweiter Potenz als konstituierend, so muß die Relation dritter Potenz konstituierend und konstituiert zugleich sein: "Sie soll ..., indem sie konstituiert, von dem 'was' ihres Konstituierens konstituiert sein werden und sich sogleich dimensional von diesem 'was' unterscheiden." (Leisegang 1969:73) "Sub specie relationis transcendentalis zerfällt jene Gesamtheit alles Seienden und Nicht-Seienden in die beiden Dimensionen: erste Potenz und zweite Potenz, Konstituens und Konstitutum. Von hier aus betrachtet kann ein Vorrang des einen vor dem anderen nicht zugegeben werden. Die dritte Potenz bezeichnet nämlich gerade das dauernde Ineinandersein, die stetige gegenseitige Fundamentierung der beiden ersten Potenzen, deren Unwahrheit sich nur im totalen gegenseitigen Ausschluß etabliert, dem Behaupten des Vorrangs vor dem je anderen, zumal ein solcher Vorrang, wie nachgewiesen wurde, stets nur das Vorspiel zur völligen Vernichtung des gegenteiligen Moments darstellt." (Leisegang 1969:79)

Wir werden im folgenden, besonders jedoch im Kapitel 8 mit Jacques Derrida darlegen, daß dieses 'dauernde Ineinandersein' nicht wiederum in ein 'Absolutes par excellence' zurückfallen kann. Leisegang verfällt hierbei wieder den Sirenenklängen der Metaphysik, deren Voraussetzungen er destruiert hat. Dieser Rückfall ergibt sich durch eine schon 'natürlich' zu nennenden Lösung des Relationsproblems.

Die im Zitat erwähnte 'dimensionale' Unterscheidung der Momente der Relation 'Einen' und 'Trennen' verweist auf einen Weg, den man beschreiten kann, will man die Aporien umgehen und damit die Grundannahmen einer überholten Metaphysik retten. Diese dimensionale Differenzierung führt letztlich jedoch zu keiner ungebrochenen Welt, da mit den Ausdrücken 'dimensionale Unterscheidung' oder 'Differenzierung' erneut die Relationalität erster Potenz angesprochen wird. Die 'vorherrschende' okzidentale Geschichte der Philosophie hat jedoch diesen 'dimensionalen' Weg beschritten und die fortwährend aufscheinende radikale Differenz des Relationskonzepts in 'identitätslogischer' Wohlordnung betäubt.

Dimensionsordnungen

Stellen wir uns ein dreidimensionales mathematisches Raummodell mit Punkten, Linien, Flächen und Räumlichkeiten in wohlgeordneter Abfolge der Dimensionen vor. Die 0-Dimension besteht aus den Punkten, die zueinander in 'Außen'-Beziehungen stehen. Wie sich mit Bleistift und Lineal bestätigen läßt, bildet die gezeichnete 'Außen'-Beziehung zweier Punkte eine Linie, in der die Punkte enthalten sind. Das 'Außen' zweier Punkte ist die Linie, die das 'Innen' unendlich vieler Punkte ausmacht: 1-Dimension.

Weiter: das 'Außen' zweier Linien bildet die Fläche, die aus unendlich vielen Linien besteht und das 'Innen' der Linien ausmacht: 2-Dimension. Das 'Außen' zweier Flächen bildet ein Raumgebilde, welches aus unendlich vielen Flächen besteht und das 'Innen' der Flächen ausmacht: 3-Dimension. Normalerweise endet hier das Gedankenspiel, doch es läßt sich beliebig fortsetzen, auch ohne Entsprechung zur Realität. Die 'Außen'-Beziehung zweier Raumgebilde erzeugt das 'Innen' als 4-Dimension und so weiter.

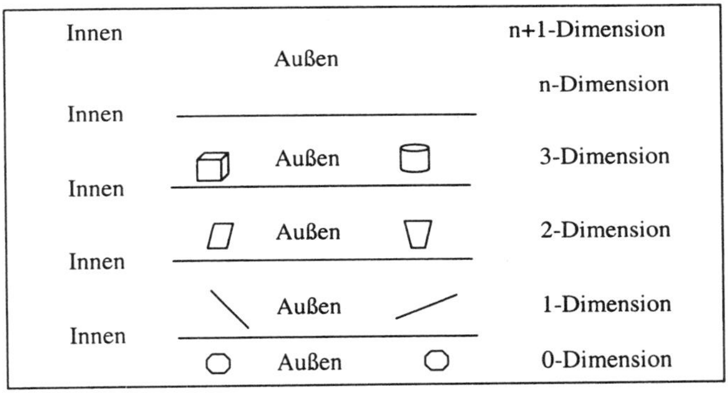

Abb. 16: Außen-Innen Beziehungen

Das 'Außen' zweier n-Dimensionalitäten ist die n+1-Dimension. Die Berücksichtigung der unterschiedlichen Dimensionalitäten der beiden Relationsmomente 'Innen' und 'Außen', 'Einen' und 'Trennen', 'Identität' und 'Differenz' führt zu einer Dimensionsordnung. Sie entspricht einer spezifischen, aber immer noch einseitigen Lösung des Relationsproblems. Das untrennbare, wechselseitige Konstitutionsverhältnis beider Relationsmomente bleibt gewahrt, denn so wie zwei n-Dimensionalitäten durch ihr Außeneinandersein die n+1-Dimension konstituieren, konstituiert diese gleichzeitig eine potentielle Unendlichkeit von n-Dimensionalitäten. Das 'Außen' setzt 'außerhalb', das heißt jede Dimension außerhalb ihrer selbst an. Es bleibt deshalb nicht als Binnenstruktur der jeweiligen n-Dimensionalitäten 'in' deren Dimensionalität, sondern drängt diese aus sich selbst heraus. Das 'Außen' zwischen n-Dimensionalitäten ist selbst ein 'Außen' an sich. Es ordnet nicht lediglich die Dimensionsgebilde, sondern es setzt zur immer größeren Verallgemeinerung seines Begriffs an und differenziert die Dimensionalitäten, die es überschreitet mit. "Es erneuert sich fortwährend aus der Vielheit, die es begründet, die es setzt, um sich von ihr setzen zu lassen. Das 'außer' als Gesetztes ist das Vorausgesetzte." (Leisegang 1969:91) Bleibt man auf dieser Abstraktionsstufe stehen, die die identitätslogische Variante der Relation dritter Potenz als Dimensionsordnung hervorhebt, ist es durchaus naheliegend, dem Reiz der Logik und Mathematik zu verfallen. Die dimensionale Unterscheidung der Momente 'Einen' und 'Trennen' läßt die Momente ja nicht zusammenfallen, sondern ermöglicht ihre Kombination, sei es in n-Dimensionsgebilden, sei es in anderer Form. Man kann beispielsweise, wie es von Freytag-Löringhoff (1966) ausgeführt wurde, statt von 'Einen' und 'Trennen' von 'Identität' und 'Diversität' sprechen und Kombinationsregeln aufstellen, die eine Ableitung des aristotelischen Logikkalküls und der bekannten Aussagenlogik erlauben. Michael Drieschner (1970) hat ähnliches im Kontext der sogenannten 'Quantenlogik' mit einem Alternativkalkül geleistet. Ebenso könnte man aus dem Dimensionsmodell eine Variante der n-dimensionalen projektiven Geometrie herleiten (Drechsel 1978).

Für die im nächsten Kapitel behandelte Konzeption des Radikalen Konstruktivismus – ebenso für die moderne Systemtheorie à la Luhmann – ist folgendes relevant. N-Dimensionsgebilde sind in sich n-stellig komplementär. N-Dimensionsgebilde sind aber noch mehr, sie sind in sich 'dual'. Das erscheint am deutlichsten in der projektiven Geometrie. Auf einer abstrakteren Ebene ermöglicht dies Dichotomienbildungen, oder die sogenannten 'Binär-Codierungen', wie sie uns im Radikalen Konstruktivismus oder in der Luhmann'schen Systemtheorie begegnen. Diese Dichotomien werden jedoch nicht länger strikt identitätslogisch im vorgestellten Dimensionsmodell gedacht. Sie beziehen sich ebenso auf die differenzlogische Seite der Relation dritter Potenz.

Insgesamt führte das abstrakte Relationskonzept, in seinen beiden aporetischen Potenzen dimensional getrennt, in der Mathematik zu einer schon unüberschaubaren Vielfalt von Modellen. Bertrand Russel (1938) demonstrierte mit der nach ihm benannten 'Russel'schen Antinomie' in der Mengenlehre, über welchem Abgrund man hierbei schwebt. Die von ihm behandelte aporetische Problemlage der Beziehung eines Elements zu seiner Menge bildet eine andere Variante des zuvor behandelten Relationskonzepts. Russel fand analog zu Leisegang mit einer 'Typentheorie' zu einer Lösung der Antinomie, die dem oben vorgestellten n-Dimensionsmodell entspricht.

Die dimensionale Trennung der Momente 'Einen' und 'Trennen' der Relation dritter Potenz überblendet die Aporien, die entstehen, wenn man die Momente isoliert betrachtet. Mit der dimensionalen Trennung der Momente sind aber weder die Momente noch ihre Trennung aufgehoben. Sie bestehen nur in dimensionaler paralleler Gegenüberstellung. Solange dies beibehalten wird, strahlt die Ordnung, die Logik und die Reinheit der Mathematik. Die dimensionale Trennung überbetont die konstituierende Seite der Relation, das 'Einen', die 'Identität'. Das 'Trennen', die 'radikale Differenz' ist nur noch dienstbare Magd, allzeit bereit, dem kombinatorischen Klöppelspiel der Identitätsseite Stoff zu liefern. Mit Identitätslogik, Identitätsphilosophie, Systemtheorie und Strukturalismus wurde diese Orientierung bisher in der Philosophiegeschichte artikuliert. Dies muß weder als notwendige Konsequenz der Lösung des Relationsproblems verstanden werden, noch war die bisherige Geschichte der Herausbildung dieser Lösungen einseitig auf die Identitätsseite orientiert. "[...] die europäische Philosophie seit Platon [hat sich] überwiegend auf das Eine, Identische gerichtet [...] und das Viele, Verschiedene von diesem aus zu erfassen [ge]sucht. Gewiß gibt es auch dualistische und pluralistische Systeme, und es gibt ganz antisystematische Bestrebungen in dieser philosophischen Tradition. Aber das 'ad unum vertre' (auf Eines hin wenden) bezeichnet doch die vorherrschende Tendenz [...] Die Begrifflichkeit der Philosophie erweist sich als so tiefgehend geprägt vom Denken der Identität, daß die Differenz damit nicht zu fassen ist." (Kimmerle 1997:18) Die Differenzseite wurde bis in die jüngste Vergangenheit ignoriert. Erst um die Jahrhundertwende und besonders in den zurückliegenden Dekaden gelang es, auch der anderen Seite der Relation dritter Potenz zur Stimme zu verhelfen, weil sich die Wirklichkeit nicht mehr der bisherigen Identitätslogik beugen läßt.

Die andere Seite der Relation dritter Potenz, das Trennen oder die Differenz, ist nicht einfach zu denken. "Die Differenz denken, heißt danach: nicht identifizieren, das Andere und das verschiedene nicht zurückführen auf dasselbe und das Gleichartige. Deshalb wäre es auch widersinnig, das Differenzdenken als einheitliche, als solche ausweisbare philosophische Strömung zu kennzeichnen. Das Denken der Differenz kann nur selbst different, differierend sein und nicht stets wieder dasselbe." (Kimmerle 1997:17) In dieser Differenz artikuliert sich gerade das, was in dieser Abhandlung zur Diskussion steht, nämlich die Trennungen, die in Inter-Nationalismus, Trans-Nationalismus (Globalität) so wie Inter-Kulturalität und Trans-Kulturalität vorausgesetzt werden. Es lassen sich keine wohlgeordneten Dimensionsordnungen als Systeme und prästabilisierte Strukturen mehr behaupten, weil sich die radikalen Trennungen derartigen Wohlordnungen widersetzen. Es ist eigentlich das erstaunlichste an der gegenwärtigen Situation im Übergang zu einer Zweiten Moderne, daß die Differenzen die Identitäten zu überlagern beginnen.

Internationalismus, Transnationalismus, Interkulturalität und Transkulturalität als Artikulationen des Differenzgehalts der postmodernen Moderne und Zweiten Moderne sind das Motto dieser neuen Zeit. Es liegen jedoch kaum Modelle zur Erklärung und Praxis der Inter- und Transkulturalität vor, weil bisher fast ausschließlich Modelle bevorzugt wurden, die auf der Identitätslogik basieren. Es müssen deshalb – unter den zuvor mit Kimmerle formulierten Vorbehalten - differenzlogische Modelle entwickelt werden, um mit einer angemessenen Theorie der gesellschaftlichen Praxis der inter- und transkulturellen Verhältnisse begegnen zu können.

Um im folgenden nicht den Faden zu verlieren und das bisher Diskutierte mit dem Nachfolgenden besser verbinden zu können, eine weitere Abbildung:

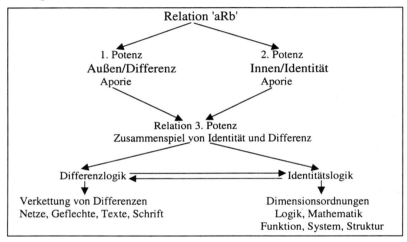

Abb. 17: Differenz- und Identitätslogik

Soweit die bisherigen Argumentationsstränge. Die wechselseitig verweisenden Pfeile zwischen den Strängen der Differenz- und Identitätslogik besagen, daß die eine Seite die jeweils andere Seite voraussetzen muß. Die Identitätslogik ignoriert jedoch ihre Voraussetzung der Relation dritter Potenz und bevorzugt, mit der prästabilisierten Differenz ihr Klöppelspiel zu betreiben. Die Differenzlogik leugnet dagegen nicht die andere Seite, nötigt sie jedoch, mit ihr auf einem Seil ohne stabile Stützen zu tanzen. Die Modelle Verkettung von Differenzen, Netze und Geflechte auf der differenzlogischen Seite werden weiter unten noch erläutert.

Um angemessener verstehen zu können, was sich mit der Zweiten Moderne ankündigt, werden wir im folgenden in einem Exkurs zunächst eine kurze Geschichte der Identitätslogik in der Geschichte der Philosophie vorstellen, anschließend als Kontrast Modelle der Differenzlogik thematisieren.

Exkurs: Identitätslogik - Funktion, System, Struktur

In der Scholastik des ausgehenden Mittelalters wurde das Relationskonzept zum Problem. Die Substanzenontologien der Scholastik konnten die 'Beziehungen' der Dinge und Substanzen nicht sinnvoll in ihre Modelle einbeziehen. Grundsinn des Seins war 'Selbstand', das diesen Sinn erfüllende die 'Substanz'. Der Inhalt, der diese Erfüllung erlaubte, die Abgetrenntheit und Etwasheit, war das 'Wesen'. Die Welt der Substanzen entsprach einer Klötzchenwelt, jedoch in hierarchischen Ordnungen. Scholastische Philosophien setzten hierarchische Dimensionsordnungen der Substanzen voraus, denen sich die Beziehungen als Akzidenzien zu beugen hatten. Die hierarchischen Modelle der Scholastik sind ein Beispiel dafür, wie man die Relation dritter Potenz als Dimensionsordnung voraussetzen kann, die Innenseite der Relation betont und die Relation selbst nicht zu erfassen braucht.

Der Nominalismus bedeutet den ersten Aufbruch des Relationsdenkens und zugleich den Angriff auf die Substanzenontologie. Nikolaus von Kues erschloß sich die Relation in Gestalt der 'Funktion'. Die Welt wurde bei ihm zu einem totalen Funktionszusammenhang. Die Mondstellung ist beispielsweise nicht nur ein Zustand des Weltalls, sondern sie 'ist' auch der Zustand der Welt im Ganzen. Unschwer wird man hier die Wirksamkeit der Relation zweiter Potenz erkennen. Sein war seitdem nur noch Relationalität, In-Bezug-Gesetzsein. Kontinuum wurde zum neuen Weltbegriff. Man verstand das Einzelne, die Substanzen, nicht mehr aus einem Inneren heraus, sondern von seinen Relationen her. Funktion wurde zum Sein in anderem. Damit war der Wesensbegriff aufgelöst. Welt wurde zum alles durchdringenden Relationskomplex, als solcher zur Einheit, zum 'Universum unum perfectum continuum'. Die Identitätsseite der Relation dritter Potenz kommt als Logik der Dimensionsordnung voll zum Durchbruch. Dies hatte, wie Heinrich Rombach formuliert, Konsequenzen: "Die Sachlichkeit liegt jetzt in der Äußerlichkeit der Relationsbestimmungen. Äußere Relationen sind nichts anderes als Proportionen, Größenbestimmungen und Vergleichsverhältnisse ... die Wissenschaften werden von innen heraus mathematisch, nicht erst durch Anwendung einer allgemeineren Disziplin auf sie." (Rombach 1965:213)

Man kann das als die Geburtsstunde der rationalen Vernunft der Moderne bezeichnen. Bevorzugt wurde die Identitätsseite der Relation dritter Potenz, die Differenzseite war zum Schweigen verurteilt. Die 'mathesis universalis' war das Leitmodell dieser Moderne. Mit dem Panrelationsmus oder dem Funktionskonzept bei Nikolaus von Kues war aber noch keine stabile Ordnung von Innen und Außen gefunden worden. Das gelang erst Spinoza und Descartes, beide entdeckten das 'System' – die vollendet in sich kreisende Dimensionsordnung.

Für Spinoza geht das Ganze weder dem Einzelnen voraus, noch ist es nur im Einzelnen sichtbar, sondern es ist eine Einbindung des Einzelnen in eine Ordnung, die den Dingen nicht nachträglich überlagert ist, sondern diese erst als so und so bestimmte auseinandertreibt. Diese Ordnung ist 'System'. "System ist weder das Ganze, unabhängig und abgelöst von den Dingen, noch die Summe der Dinge, unabhängig und abgelöst von der Ordnung; System ist die Einheit von beiden, das Ganze als entwickelt in die Einzelheiten, die Einzelheiten als hervorgetrieben aus dem Kerngedanken einer notwendigen Einheit. System ist die neue ontologische Grundlage für das Verständnis von Wirklichkeit." (Rombach 1966:35) System wird nun zu einer neuen Fassung von Wesen. Ab Spinoza versteht sich die Philosophie als System.

Als 'Innen'-Bestimmtes ist das System immer Gesetz. Das Ganze ist Gesetz, wenn es nicht für sich genommen wird, sondern sich im System artikuliert. In dieser Selbstartikulation als Gesetz stimmt alles mit allem überein, denn das drückt ja das Gesetz aus: notwendiger Zusammenhang. Das System bleibt erhalten, auch wenn Systemteile in sich variieren. Es muß nur der gesetzliche und funktionale Zusammenhang gewahrt bleiben. Das wird anders, wenn es sich nach außen auf andere Systeme bezieht. Hier kann es auseinanderbrechen, wenn es seine Identität verliert, die sich im Gesetz ausdrückt.

Der Unterschied zum heutigen Systembegriff, zum Beispiel dem von Luhmann (1987), besteht darin, daß in dieses rezente identitätsbestimmte System 'Differenzen' oder Dichotomien eingefügt wurden. Am deutlichsten artikuliert sich dies im System/Umwelt-Verhältnis, systeminternen Differenzierungen und Basisdichotomien als Konstituens von Systemen – wahr/falsch für das Wissenschaftssystem, Recht/Unrecht für das Rechtssystem etc. Es handelt sich hier um ein Aufbrechen der reinen Innenbestimmtheit des Systemkonzepts, beinhaltet insofern einen Ausbruch aus dem Gehäuse des identitätslogischen Systems und einen Einbezug der Differenzlogik, bleibt jedoch der überholten Terminologie verhaftet.

Die Dimensionsordnung wurde erst von Descartes explizit in das Systemmodell eingefügt. Seine 'Mathesis universalis' war die Wissenschaft von 'Ordnung und Maß'. Er entwickelte die Lehre der Ausdehnung, die 'res extensa'. Die Dinge der Welt unterscheiden sich für ihn nur noch in Größe und Gestalt. Über die mathematisierte 'Ausdehnung 'fand er zur Dimensionsordnung. Für eine ausführliche Darstellung kann auf Rombach verwiesen werden. Es ist interessant, daß Descartes als Begründer der analytischen Geometrie gilt, die per se Dimensionsordnungen voraussetzt. Seine Vorarbeiten ermöglichten die Entwicklung der n-dimensionalen Geometrie und Mathematik. Pascal entwarf in diesem Kontext das Systemmodell der Ordnung der Ordnungen, das für den Physiker Schrödinger in diesem Jahrhundert Vorbild war; ebenso für viele Vertreter der Systemtheorie nach dem Zweiten Weltkrieg.

Der Philosoph Gottfried Leibniz übernahm fast alle Ergebnisse seiner Vorgänger. Er erkannte, daß Descartes die Rationalität zu sehr auf die Quantitäten als 'res extensa' reduzierte. Nach Leibniz mußte die Ordnung der Ordnungen um die Qualitäten, die 'res intensa', erweitert werden. Die Qualitäten bildeten für ihn eine stufenartige Ordnung, die jeweils eine Regelhaftigkeit für quantitative Verhältnisse darstellte. Ihm wurde die 'Grenze' und der Übergang von einer Dimension zur anderen zum Problem. In diesem Zusammenhang fand er - neben Newton - zur Differential- und Integralrechnung.

Damit war das dimensionale Systemmodell als Ausdruck der Innen-Seite der Relation dritter Potenz in einer Hinsicht vollendet. Kant entdeckte wieder die Außen-Seite des Relationskonzepts in diesem Systemmodell. Hegel versuchte erneut die Rettung der Innen-Seite, indem er die andere Seite der Medaille, die Außen-Seite, im Konzept des dialektischen Ordnungsaufbaus des Weltgeistes einbezog. Er steigerte somit die Identitätslogik des Systems bis in die n-dimensionale Totalität (Leisegang 1969). Nebenbei sei erwähnt, daß Hegel in seinen zwei Werken zur Logik (1972) eine vollendete n-dimensionale Begriffslogik entwickelt hat, in der er ähnlich wie Leibniz die Grundprinzipien des Infinitesimalkalküls ableitete. Das ist weitgehend bekannt und muß hier nicht neu vorgestellt werden, weniger bekannt dürfte sein, daß sich im Funktionalismus, Strukturalismus und der Systemtheorie des 20. Jahrhunderts dieser identitätslogische Modellbildungsprozeß, wie er sich in der Geschichte der Philosophie herausgebildet hat, wiederholte.

Erst mit Nietzsche begann sich die vernachlässigte andere Seite der Relation dritter Potenz lauthals zu artikulieren; seine Anti-Metaphysik war jedoch seiner Zeit voraus. Um kein Mißverständnis aufkommen zu lassen: Diese Stimmen hat es auch schon vorher gegeben, sie wurden jedoch mundtot gemacht oder gelegentlich auf dem Scheiterhaufen zum Schweigen gebracht. Die Bedeutung Nietzsches kann man sich an folgender Problemstellung verdeutlichen: Was ergibt sich, wenn System-Innen und System-Außen - oder System und Umwelt - in dem Sinne zusammengedacht

werden, daß die Relation erster und zweiter Potenz gleichberechtigt und
parallel zusammenwirken, ohne daß die Identitätsseite wieder Priorität gewinnt? Eines steht fest, es kann sich nicht länger um ein System handeln.
Es muß absolute Identität und absolute Differenz zusammengedacht werden, ohne daß wiederum eine dimensionale Trennung dieser Momente für
Wohlordnung sorgt. Die Konsequenz ist: Es können sich Einen und Trennen nur im Modus der leeren Ordnung gegenüberstehen, da ja die Dimensionsordnung nicht mehr gelten soll. War diese bisher 'Ordnung überhaupt',
können sich Einen und Trennen nur noch in 'dynamischer Un-Ordnung'
gegenüberstehen. So radikal hat Nietzsche gedacht. An Rombachs Struk-
turphilosophie kann dagegen gut sichtbar gemacht werden, wie beide
Relationsmomente parallel zusammengedacht werden können, aber nicht
bis zur letzten Konsequenz einer 'wirkenden Un-Ordnung'. Er findet wieder
zu Ordnungen, jedoch nicht mehr im Sinne der vorherigen Systemordnung,
sondern auf höherer Stufe. Rombach nennt diese höhere Stufe als Überwindung des Systemkonzepts 'Struktur'.

"Der Struktur steht nicht eine Wirklichkeit 'gegenüber', sondern die Struktur ist die Aufarbeitungsform einer Wirklichkeit, die in Sequenzen, und
zwar in unendlichen, korrektiv in sich zurücklaufenden, erfahren wird. Das
Außen liegt nicht ontisch um das Innen 'herum', sondern es ist eine Bezei-
gungsweise der Momente voreinander und 'gegenüber' dem Struktur-
gesamt. Die Struktur ist nicht ein Vorkommnis 'innerhalb' der ihr
gegebenen Wirklichkeit, sondern ist das Vorkommnis dieser Wirklichkeit
selbst, die Verarbeitungsform eines bestimmten Wirklichkeitszusammen-
hangs in sich selbst." (Rombach 1971:112)

Wie sehr Rombach Struktur noch auf der identitätslogischen Seite denkt,
machen seine Bemerkungen zum Verhältnis von Struktur zu System deutlich: "Strukturen kommen und gehen 'von selbst'; Systeme bestehen auf
zerbrechen hin. Das Ende des Systems ist immer die Struktur. Die Häufung
bestimmter Unfälle an einer Stelle des Systems beweist, daß das System
dort nicht der verborgenen Struktur (dem 'Verkehrsfluß') entspricht. Der
Unfall korrigiert das System nicht, aber er gibt Anlaß und Hinweis für eine
mögliche Korrektur des Systems. Korrekturen sind Anmessungsvorgänge
von Systemen an Strukturen." (1971:170)

"Alle Systeme bestehen aus Strukturen.

Alle Systeme stehen innerhalb von Strukturen.

Alle Systeme zielen auf Strukturen.

Alle Systeme zerfallen in Strukturen.

Der Übergang von System in Struktur reguliert sich nach Strukturgesetzen, erscheint jedoch in Systemphänomenen.
Der Übergang von Strukturen in Systeme reguliert sich nach Strukturgesetzen und erscheint als Strukturphänomen.
Systeme sind im Grunde Strukturen.
Systeme können in Strukturen aus strukturellen Gründen notwendig sein.
Die Systemverfassung muß aus der Strukturverfassung verstanden werden, nicht die Strukturverfassung aus der Systemverfassung." (Rombach 1971: 172)

Resümierend läßt sich festhalten, daß die Lösung des Relationsproblems auf der identitätslogischen Seite Seinsordnungen hervorbringt, die durch nichts gebrochen sind. Insofern sind sie die reine und ewige Präsentation ihrer selbst; in der Terminologie Hegels ist es der Weltgeist, der in sich selbst omnipräsent erstrahlt. Diese durchgehende Sinnhaftigkeit und Präsenz der systemischen Seinsordnung wird im Strukturmodell Rombachs nur scheinbar aufgebrochen, denn auch die Strukturen bleiben immer noch sinnhaft präsent; sie sind nur in bezug auf ein Zentrum denkbar. Was aussteht, um die radikale Differenz oder die andere Seite der Relation dritter Potenz zu Wort kommen zu lassen, ist die Auflösung dieses 'in bezug auf ein Zentrum' und dieser 'Präsenz' der identitätslogischen Seinsordnung. Das hat, wie wir noch sehen werden, Derrida bisher am radikalsten ausgeführt. Kimmerle schreibt: "Die Metaphysik leitet alles aus 'einem' Ursprung. Die Differenzphilosophie will bei der Vielheit stehenbleiben, in der Einheiten (in der Mehrzahl) möglich sind. Wie kann sie das? Indem sie – nach Derrida – einen Ursprung denkt, der kein Ursprung (mehr) ist." (1997:79-80)

Das folgende Diagramm rekapituliert die wichtigsten Modelle der identitätslogischen Seite der Relation dritter Potenz in der Philosophiegeschichte:

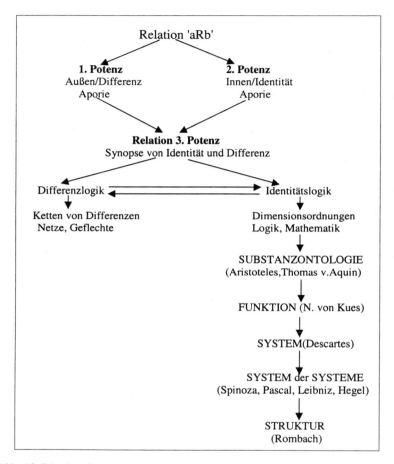

Abb. 18: Identitätslogische Seite der Relation dritter Potenz

Exkurs: Differenzlogik - Netze, Rhizome, Sprachspiele

Mit dem Sprachwissenschaftler Ferdinand de Saussure (1967) trat die 'Differenz' im Sinne radikaler Unterscheidungen in das Bewußtsein der Moderne. Sprechen ist 'Unterscheiden' – daraus folgt: Denken ist operieren in Unterscheidungen. In den Sozialwissenschaften wurde Max Webers 'Ausdifferenzierung' zum Schlüsselbegriff der Moderne. Dieses Bewußtsein der Differenzen kann jedoch in einem epistemologischen Dualismus aufgehoben sein, der an der identitätslogischen Systematik nichts wesentlich verändert. Das war bei Saussure der Fall, in gewisser Weise ebenso bei Weber. Erst in den letzten Dekaden wird das Verhältnis von Differenz, Heterogenität, Inkommensurabilität und Pluralität zunächst vom wohl bekanntesten postmodernen Philosophen François Lyotard konsequent weitergedacht. Er tut es auf derart konsequente Weise, daß es auf der Differenzseite der Relation dritter Potenz wie ein Pendant zur vollständig dimensional durchgeordneten Identitätslogik des Hegel'schen Weltgeistes erscheint.

Lyotard ist der Vielheitsdenker par excellence. "Er verteidigt die Pluralität radikal gegen jegliches Einheitsansinnen – selbst wenn dieses moderate Züge trägt. Lyotard vermutet hinter der Fassade der Einheit stets neue Herrschaftsstrategien und Keime von Terror. Uneingeschränkt bejaht er Vielheit und lehnt er Einheit ab." (Welsch 1995:304) Lyotard ist jedoch nicht blind, er sieht und anerkennt die Probleme, die aus der Vielheit ohne Einheit entstehen. Er verweist auf das Recht und die Unvermeidlichkeit von Konflikten pluraler Wirklichkeits- und Rationalitätsformen und schreckt auch vor dem schwierigsten Aspekt radikaler Pluralität – dem Widerstreit – nicht zurück.

Lyotard operiert mit dem Gedanken unterschiedlicher Ordnungen und mit dem Verbot ihrer Vermengung. Die 'Großen Erzählungen' der Aufklärung - die identitätslogischen Systeme - haben seiner Ansicht nach zur Vernunftvernichtung beigetragen, weil sie dem traumhaften Wahn von einer Metasprache – mathesis universalis - verfallen waren. Lyotards Kritik richtet sich gegen die Vermischung von Ordnungen aller Art, er beharrt auf den Differenzen.

Lyotard macht sein Anliegen an Diskursarten deutlich. Er unterscheidet zwischen Satz-Regelsystemen und Diskursarten. Satz-Regelsysteme sind beispielsweise: argumentieren, erkennen, beschreiben, erzählen oder fragen etc. Sie geben Regeln für Sätze und Sprechhandlungen vor. Beispiel von Diskursarten sind: einen Dialog führen, unterrichten, Recht sprechen, werben. Sie sind komplexer als Satz-Regelsysteme gebaut. In ihnen kommen jeweils Sätze unterschiedlicher Satz-Regelsysteme vor. Satz-Regelsysteme und Diskursarten sind nicht nur dem Anschein nach, sondern wirklich grundverschieden. 'Heterogen', bilden sie jeweils eine andere Art oder Gattung. Deshalb sind sie weder aufeinander reduzierbar noch ineinander übersetzbar. Zeigen bleibt etwas anderes als argumentieren, selbst wenn es in der gleichen Diskursart, etwa der Jurisdiktion, auftritt.

Gemäß Lyotard vertreten heterogene Diskursarten unterschiedliche Ansprüche und haben eine eigene und unsubstituierbare Logik. Ein und dieselbe Satzgruppe kann, je nachdem welcher Diskursart man sie zuordnet, entweder einsehbar legitim oder – gleichermaßen einsehbar – illegitim sein. Die Entscheidung, welche der beiden Diskursarten angebracht sein mag, ist unmöglich. Dafür ist wiederum eine Metaregel nötig, die die Angemessenheit einer Wahl festlegt. Eine solche Metaregel ist jedoch wegen der Heterogenität der Diskursarten ausgeschlossen. Der Widerstreit ist unlösbar: dis-cours.

Dieser unhintergehbare 'Widerstreit' in einer heterogen Welt war für Lyotard derart zentral, daß er darüber ein Buch geschrieben hat (Lyotard 1987). "Ein Widerstreit [ist] ein Konfliktfall zwischen (wenigstens) zwei Parteien, der nicht angemessen entschieden werden kann, da eine auf beide Argumentationen anwendbare Urteilsregel fehlt. Die Legitimität der einen Argumentation schlösse nicht ein, daß die andere nicht legitim ist. Wendet man dennoch dieselbe Urteilsregel auf beide zugleich an, um ihren Widerstreit gleichsam als Rechtsstreit zu schlichten, so fügt man einer von ihnen Unrecht zu (einer zumindest, und allen beiden, wenn keine diese Regel gelten läßt)." (Welsch 1995:319) Ein Widerstreit ist also ein Konfliktfall zwischen Diskursarten.

Lyotard tritt für die Arbeit am Widerstreit ein. Dazu gehört die gravierende Einsicht, wenn kein Konsens einer Entscheidung mehr möglich ist, sich legitimerweise nur ein Konsens über den Dissens einstellen kann. Das ist für Lyotard ein Fortschritt der Gerechtigkeit beziehungsweise Gerechtigkeit überhaupt. "Ein falscher, entscheidungsbequemer, aber ungerechter Konsens zugunsten der einen und zu Lasten der anderen Partei wird aufgehoben. An seine Stelle tritt die Artikulation und Anerkennung des Dissenses. Man hat ein Unrecht beseitigt und die Unmöglichkeit einer gerechten Entscheidung eingesehen." (Welsch 1995:323)

Mit dieser 'neuen Gerechtigkeit' als Widerstreit zwischen Diskursarten ist ein Scheitelpunkt der Differenzseite der Relation dritter Potenz erreicht. Man sucht schon zwanghaft nach einer Brücke. Lyotard selbst spricht von einem 'Idiom' für den Widerstreit, wobei er sogleich einräumt, daß es unmöglich ist. Andererseits scheint Lyotard über ein Meta-Idiom zu verfügen, um den Widerstreit, so wie er ihn expliziert, überhaupt denken zu können. Welsch bemerkt hierzu: "Ich stoße hier auf ein Problem, das uns noch länger beschäftigen wird. Offenbar muß es zwischen den Diskursarten – bei aller Heterogenität – auch eine Vergleichs- und Übergangsmöglichkeit geben, sonst könnte man ihre Heterogenität nicht einmal feststellen, ja sonst vermöchten die Vertreter heterogener Optionen gar nicht miteinander zu sprechen. Welcher Art ist diese merkwürdige Verbindungsmöglichkeit, die

Lyotard offenbar in Anspruch nimmt, wenn er einen Übergang vom 'Schlachtfeld' zum 'Gerichtssaal' und von Unterdrückung zur Diskursivität fordert – während er diese Möglichkeit andererseits nicht klären zu können scheint." (Welsch 1995:324)

Welsch formuliert: "Vorläufig läßt sich das Problem so formulieren: Warum muß man bei aller Insistenz und Evidenz, daß es kein Meta-Idiom gibt, gleichwohl auf ein solches Idiom – oder ein funktionelles Äquivalent zu einem solchen Idiom – hinausdenken?" (1995:325) Laut Welsch "gibt es aber auch die Pflicht des Philosophen, vom Widerstreit als solchem Zeugnis abzulegen, und dieser Pflicht kommt der Philosoph nicht nach, indem er den Widerstreit 'behandelbar' macht, sondern indem er sich im Denken dem Undenkbaren aussetzt und im Schreiben das einzuschreiben versucht, was sich eigentlich nicht einschreiben läßt: den Bruch, die Spaltung, das Ereignis. Diese zweite Tätigkeit des Philosophen könnte man die 'Bezeugung des Widerstreits' nennen." (Welsch 1995:325)

Wie kann es gelingen, Verbindungen herzustellen, ohne die Brüche und Spaltungen aufzulösen? Lyotard schlägt zwei Verfahren vor: negativ in der 'Verkettung', positiv in der 'Verbindung'. Die Verkettung analysiert er am Sachverhalt, wie von einem Satz zum anderen ein Anschluß und eine Verbindung möglich ist. Sogar das Schweigen stellt einen Anschluß dar. Man kann nicht *nicht* anknüpfen – aber die Art der Verknüpfung ist offen. Die Verbindungen beinhalten Momente von Arbitrarität und Kontingenz. Man kann auch mit anderen Sätzen fortfahren, zum Beispiel mit anderen Satz-Regelsystemen oder mit Sätzen, die den Übergang zu anderen Diskursarten initiieren. Lyotard macht darauf aufmerksam, daß man diese Anknüpfungen in jedem Fall 'ohne hinreichenden Grund' getan hat, das heißt, daß es 'die eine richtige' Verkettung nicht gibt. Man hat stets andere legitime Möglichkeiten übergangen, unterdrückt und ausgeschlossen. Das betrifft besonders die Übergänge zwischen zwei Diskursarten. Hier gibt es nicht das mindeste Kriterium, das eine Entscheidung für diesen oder jenen Übergang trifft. Der in den Verkettungen aufscheinende Widerstreit hat zur Folge, daß keine Verkettung unbestritten gut, sondern daß jede arbiträr und zugleich unterdrückend, also von unvermeidlicher Ungerechtigkeit ist.

Verbindungen im positiven Sinn nennt Lyotard 'Übergang'. Dazu verwendet er das Modell des Archipels. Jede Diskursart ist mit einer Insel vergleichbar. Das Urteilsvermögen, das den arbiträren und kontingenten Übergang vollzieht, ist gleichsam ein Reeder, Admiral oder Richter, der von einer Insel zur anderen Expeditionen unternimmt, um der einen zu präsentieren, was auf der anderen gefunden wurde. Die Macht, durch Krieg

oder Handel zu intervenieren, hat keinen Gegenstand und keine eigene Insel, aber sie erfordert ein Medium: das Meer, den Archipelagos.
Übergänge werden also durch Figuren wie den Reeder, Admiral oder
Richter vollzogen, ihnen obliegt die Verpflichtung zum Austausch und die
Sorge für gerechte, die Heterogenität und Inkommensurabilität wahrende
Verbindungen. Beides ist im Medium Meer aufgehoben. Das nun paßt
nicht recht zusammen. Ein hin- und herfahrender Händler oder Richter
wäre nur noch Hüter der Heterogenität und Wächter der Inkommensurabilität. Unentwegt müßte er/sie dasselbe sagen und für Einhaltung sorgen:
daß die Diskursarten heterogen sind, daß die Abgründe nicht eingeebnet
werden dürfen, daß Vereinheitlichung das Falsche ist. Wohl vollziehen sie
selbst Übergänge, aber sie tun es, indem der Austausch und Handel unter-
bunden und dadurch Konflikt und Krieg verhütet werden (Welsch
1995:336).
Lyotard gerät mit den Figuren des Reeders und Richters und dem Medium
des Meeres in eine Aporie. Wenn jede Sprache und jeder Diskurs wie eine
Insel verfaßt ist, dann müßte dies auch für die kritischen Diskurse des Reeders und Richters gelten. Es müssen ebenso Inseldiskurse sein, die nicht
aus dem Chor aller Inseln zusammengefügt sein dürfen. Ein derartiger Diskurs, weil er Heterogenität und Inkommensurabilität vernichten würde, ist
in Lyotards Ansatz systematisch unmöglich. Doch Lyotard bedarf dieser
Figuren und ihrer Diskurse. Er kann sie nicht einführen und muß sie zugleich einführen. Welsch hat das passend formuliert: "Bei Lyotard selbst
zeichnet sich ab, daß das Inselmodell die Diskursarten isolierter ansetzt, als
es deren Verfassung entsprechen kann. Die Inseln sind, da getrennt, kon-
fliktunfähig; Diskursarten hingegen geraten in Widerstreit, weil zwischen
ihnen Überschneidungen bestehen. Diese Diskrepanz zwischen Archipel-
Metaphern und Diskursarten-Verfassung gibt den Fingerzeig, daß man den
Aporien eines mythischen Fahrensmannes und der Unverständlichkeit von
Übergängen dann wird entgehen können, wenn man solche Überschneidungen und Verflechtungen von Anfang an zu thematisieren bereit und in
der Lage ist." (Welsch 1995:3449)
Lyotard ist in die Aporien der Relation erster Potenz geraten ist. Von
Interesse ist hierbei, daß er die Diskursarten von Anfang an monadenhaft
und isoliert betrachtet. Die Diskurarten sind atomistische, molekulare
Organismusformationen (in Welsch 1995:346). Welsch setzt dagegen, daß
in Wahrheit jede Diskursart konstitutiv bereits Verflechtungen mit anderen
Diskursarten in sich trägt. Es kommt darauf an, diese Verflechtungen im

Modus der radikalen Heterogenität, des Widerstreits und der Gerechtigkeit denken zu lernen; also keinem neuen Einheitsdenken zu verfallen.

Es ist offenkundig daß Lyotard von der identitätslogischen Variante des Relationskonzepts eingeholt wird. Indem er das 'Trennen' hypertrophiert, muß er fortwährend das 'Einen' voraussetzen, ohne es einholen zu können. Interessant ist eine Fußnote von Welsch, in der er die Aporien der Relation erster Potenz anspricht: Insofern ist Lyotard [...] 'der' Repräsentant des modernen Differentismus. Er ist derjenige Philosoph der Moderne, der sich noch der unterschwelligen Einheitserstellung (à la Nietzsche oder Joyce) zu entziehen sucht – aber eben dadurch in die Aporien erstarrter Differenz gerät (Welsch 1995:361). Andererseits muß man Welsch zustimmen, der Lyotard als den radikalsten Denker der Heterogenität ansieht. Weiter oben haben wir formuliert, daß man Lyotard auf der Differenzseite der Relation dritter Potenz als Pendant zu Hegel auf der Identitätsseite verstehen kann. Mit Lyotard scheinen sich die Einseitigkeiten der Vernunft, wie sie bisher in der Philosophiegeschichte zum Ausdruck kamen, einer Synopse zu nähern – jede isolierte Seite sucht krampfhaft nach der anderen Seite, ohne mit ihr in Kontakt kommen zu wollen. Welsch formuliert es treffend: "[Es] wurde darauf hingewiesen, daß auch bei den engagierten Differenzdenkern sekundär immer wieder Einheitsthesen auftauchen. Jetzt haben wir uns anhand von Lyotard – als dem entschiedensten Differenztheoretiker – klargemacht, daß dieses Auftauchen von Einheitsmomenten gute Gründe hat, daß es nicht einfach falsch, sondern unumgänglich ist [...] Es wird darauf ankommen, Vernunft inmitten der pluralen Rationalität als 'Vernunft im Übergang' zu denken." (Welsch 1995:353) Wir werden noch deutlich machen, daß diese 'Vernunft im Übergang', so wie sie Welsch versteht, nicht die Vernunft ist, die wir suchen.

Um diese 'Vernunft im Übergang' verständlich zu machen, rekurriert Welsch auf Gilles Deleuze. Es geht Deleuze darum, Differenz und Wiederholung zu denken, was er auch Heterogenität und Konnexion nennt. Es handelt sich also immer noch um Übergänge, diese Übergänge aber anders als Lyotard zu denken. Die Einheit soll nicht wieder der pluralen Heterogenität oktroyiert werden, sondern zu einem Element der Vielheit werden – nicht bei 'n' enden, sondern mit 'n-1' leben. Er schlägt damit genau den entgegengesetzen Weg ein, den Leisegang mit seinem Dimensionsmodell gegangen ist: das 'außen' der n-Dimensionen führt zur n+1-Dimension. Als Modell wählt Deleuze das 'Rhizom' – die büschelige Wurzel oder das System der Wurzeln. Der eine Weltbaum wird vom Garten mit vielen unterschiedlichen Bäumen, der Wurzel-Kosmos vom Würzelschen-Chaos abgelöst. Im Rhizom ist jeder beliebige Punkt mit jedem anderen verbunden, weshalb es stets ein 'Gespinst' oder 'Netzwerk' darstellt. "Rhizomatische Konfigurationen weisen ... – im Unterschied zur Perspektive der Moderne, die auf absolute Differenzen zielte – immer zugleich Verbindungen auf, und zwar punktuelle, von Fall zu Fall geknüpfte Verbindungen, die ihrerseits eher zur Komplexifikation als zur Vereinheitlichung beitragen. Was einerseits verbunden ist triftet andererseits auseinander. Die ausdifferenzierten Linien der Entwicklung koexistieren mit 'transversale[n] Verbindungen zwischen differenzierten Linien'. Denkweisen, die sich an diesem rhizomatischen Beziehungstyp orientieren, vertreten daher ein 'Prinzip der Konnexion und der Heterogenität' zugleich." (Welsch 1995:361)

Welsch gelangt nun mit Deleuze und Félix Guattari zu einer Umschreibung des rhizomatischen Denkens: "Sofern das Modell des Rhizoms die angestrebte Verbindung von Vielheit und Einheit bzw. von Heterogenität und Konnexion leistet, bedienen sich Deleuze und Guattari auch der 'magischen Formel' 'PLURALISMUS = MONISMUS'. Sie erklären, dies sei die Formel, 'die wir alle suchen' Natürlich ist diese Formel nicht im Sinn einer simplen Gleichsetzung zu verstehen, sondern als Indiz dafür zu nehmen, daß Differenz wie Einheit nur dann befriedigend gedacht werden können, wenn sie ihren Gegenpol je einschließen, ohne ihn aufzuheben. Die Denkform des 'Rhizoms' befreit uns von den Aporien der absoluten Differenz." (Welsch 1995:362) Es liegt nahe, in der Formel 'Pluralismus=Monismus' die synoptische Parallelität der Relation dritter Potenz 'Trennen=Einen' wiederzuerkennen.

Das Problem der Übergänge lösen Deleuze und Guattari dadurch, indem sie zeigen, daß das Unterschiedliche selbst schon durch Kreuzungen, durch laterale und transversale Operationen 'entsteht', daß die Differenzen also nicht in einem grundsätzlichen Gegensatz zu den Verbindungen stehen, sondern sich mittels ihrer bilden und weiterhin solche Verbindungen einschließen und neue öffnen. "Heterogenität und Konnexion bilden ein Paar" (Welsch 1995:365). Sie achten von vornherein auf die Zusammengehörigkeit von Differenz und Verbindung. Sie betonen, daß sie von einem monadischen zu einem nomadischen Ansatz übergehen. Das Konzept des Rhizoms entwickelt die Perspektive einer 'Nomadologie': RHIZOMATIK = NOMADOLOGIE (Welsch 1995:366). Es geht also darum, daß Vernunft sich in Übergängen realisieren muß und daß solche Übergänge geschehen können, ohne daß die Differenzen aufgehoben werden. Deleuze und Guattari nannten es 'transversal', Welsch wird es 'Transversale Vernunft' nennen.

An dieser Stelle soll abschließend noch auf Wittgenstein und sein Konzept der 'Sprachfamilien' eingegangen werden, da es die bisher diskutierte Differenzthematik voraussetzt. Wittgensteins Hauptthese über Sprache besagt, daß es unzählige Arten von Sätzen gibt und daß unzählige Arten von Sprachspiele möglich sind. Der pragmatische Aspekt des Sprach-spiels und die einschneidende Diversität der Sprachspiele hängen für Wittgenstein zusammen. Den diversen Sprachspielen und ihren verwobenen Netzen versucht er mit dem Konzept der 'Familienähnlichkeit' gerecht zu werden. Tatsächlich hat Wittgenstein detailliert (Sprach)Spiele untersucht. Er fand zu einem komplizierten Netz von Ähnlichkeiten, die einander übergreifen und kreuzen. Die Gemeinsamkeiten sind von der besonderen Art, der 'Verwandtschaft'. Verwandt sind sie, sofern es Gemeinsamkeiten von einer Klasse mit der nächsten und Überschneidungen von einer Gruppe zur anderen gibt. Nicht notwendigerweise hingegen gibt es ein allen gemeinsames Element – gleichsam einen von Anfang bis Ende durchgehenden Faden. Für die Gemeinsamkeiten aufgrund von Überschneidungen von Klasse zu Klasse führt Wittgenstein den Terminus 'Familienähnlichkeit' ein. Spiele bilden eine Familie. Der springende Punkt ist: Es gibt kein einziges Bestimmungselement, das allen Spielen gemeinsam ist. Die Einheit der Sprachspiele verdankt sich nicht einem ihnen allen gemeinsamen Element. Die Einheit gründet allein auf der Überschneidung, besteht allein im Sinn von Verwandtschaft.

Wittgenstein bietet ein anschauliches Beispiel für Verwandtschaft, Übergänge und Familienähnlichkeiten von Sprachspielen. Den Übergang setzt er gleich dem Spinnen eines Fadens, wobei sich Faser um Faser dreht. Die Stärke des Fadens liegt nun nicht darin, daß irgendeine Faser durch seine ganze Länge läuft, sondern darin, daß viele Fasern ineinander übergreifen. Es gibt also Übergänge ohne Transitivität. Welsch folgert daraus: "Wie also die Einheit und Stärke eines solchen Fadens nicht dadurch zustande kommt, daß ein einziges Bestandsstück von Anfang bis Ende durch ihn hindurchläuft, so ist auch für die Einheitlichkeit von Begriffen und Sprache insgesamt kein durchgängig gemeinsames Element erforderlich. Eine partielle Überlagerung von Merkmalen bzw. Merkmalsgruppen ist völlig ausreichend, um Gemeinsamkeiten, Zusammenhänge oder Einheit zu erklären" (Welsch 1995:406). Wittgenstein operiert also mit Vielheiten, die nicht zu reiner Heterogenität stilisiert werden. In gewisser Weise ähneln sie dem Rhizom von Deleuze.

Damit ist die differenzlogische Seite der Relation dritter Potenz in für den Leser nachvollziehbarer Weise behandelt worden. Bevor wir eine Gegenüberstellung mit der identitätslogischen Seite der Relation dritter Potenz 'in Parallelität' versuchen, zunächst ein zusammenfassende Abbildung der bisher behandelten Themen und ihrer latenten Ordnung.

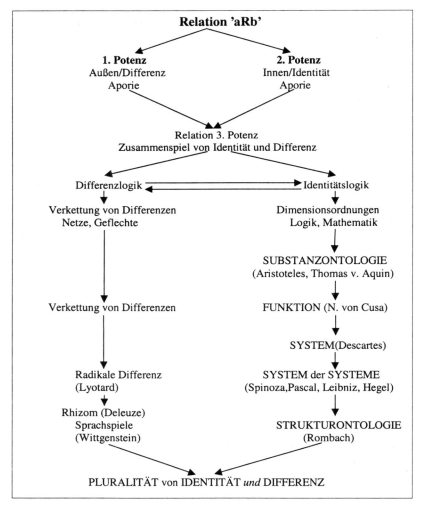

Abb. 19: Identität und Differenz in der Philosophie (1)

Relationale Operatoren

Nach unseren bisherigen Überlegungen ist evident, daß die Logik der Relation dritter Potenz bisher nur in einseitigen identitäts- und differenzlogischen Paradigmen zum Ausdruck gekommen ist. Auf die Frage, was nun die Relation dritter Potenz über ihre zu Beginn diskutierten abstrakten Bestimmungen hinaus ausmachen kann, wird ein offener und unbefangener Geist vermutlich antworten: inhaltlich gesehen immer noch *beides*, die identitäts- und differenzlogischen Erscheinungsformen, wie sie zuvor dargelegt wurden. Doch was ergibt sich daraus? Was etwa könnte eine Synopse des Systemmodells Hegels mit dem Differenzmodell Lyotards ergeben? Schon das erfordert Mut zur Phantasie, die scheinbar alle Phantasie übersteigt. Und handelt es sich überhaupt um eine Synopse? Die Relation dritter Potenz selbst ist Vollzug, der die Kinder, die er gebiert, sogleich wieder vernichtet. 'Vollzug' ist der Schlüssel zum Verständnis des Undenkbaren. Die Relation dritter Potenz operiert fortwährend 'in' und 'auf' sich selbst. Das wird man vom Standpunkt der Hypostasen jederzeit bemerken. Hält man die Differenz in Händen, verflüchtigt sie sich in Identität, hält man die Identität in Händen, verflüchtigt sie sich in Differenz. Metaphysiker waren anscheinend seit mehr als zweitausend Jahre in der Trainingsphase zum Jongleur. Entweder flogen die Bälle ohne Handberührung um sich selbst und die Philosophen bestaunten ihr Wunder, oder die Hände rotierten um die fliegenden Bälle und die Philosophen rotierten im Freiflug mit den Bällen – mindestes aber um sich selbst.

Die Relation dritter Potenz operiert in untrennbarer Parallelität von 'Innen' und 'Außen', ihre Momente operieren in einem paradoxen Doppelspiel. Fixiert man das Innen, operiert das Außen, fixiert man das Außen, operiert das Innen. Das im fixierten Innen operierende Außen kann in erneuter Operation auf sich selbst nochmals vom Innen einzuholen versucht werden, das im fixierten Außen operierende Innen kann in erneuter Operation auf sich selbst nochmals vom Außen einzuholen versucht werden. Um sich als Relation dritter Potenz vollständig in ihren hypostasierten Momenten selbst zu 'vollziehen', muß sie ihre hypostasierten Erscheinungsformen in Parallelität vollziehen. Dieser parallele Vollzug betrifft dann auch ihre hypostasierten 'einseitigen' doppelten Operationen. Der parallele Vollzug der Relation dritter Potenz erscheint erst vollständig im doppeltem Vollzug der Kombination der fixierten einseitigen Operationen als einseitige Vollzüge. Das mag verwirrend erscheinen, weshalb es an den diskutierten Beispielen erläutert werden soll.

Der Vollzug der Relation dritter Potenz in der Hypostase der Relation zweiter Potenz vollzieht sich über alle Differenzen, die der Vollzug der Relation dritter Potenz vorgibt. Dies wurde weiter oben an der Dimensionsordnung demonstriert. Jedes Außen wurde im Vollzug der Relation zweiter Potenz zu einem Innen. Die Dimensionsordnung ist das Grundmodell dieses Identitätsvollzugs. Im System werden in einer ersten Operation auf sich selbst Anfang und Ende dieser dimensionalen Identitätsordnung verknüpft. Der Vollzug des nun im 'Feedback'-Kreis geschlossenen Dimensionsmodells erscheint als endloses in sich kreisen. Das trotz dieser funktionalen Geschlossenheit immer noch bestehende 'Außen' des Systems, die bekannte 'Umwelt' der Systeme, wird in Hypostasen der 'Systeme von Systemen' einzubinden versucht. Die Relation dritter Potenz ist damit auf der identitätslogischen Seite dennoch nicht am Ende ihres Vollzugs. Um auch noch das allerletzte Außen, der absolute Fluchtpunkt aller Systeme von Systemen identitätslogisch einzuholen, kann sich das Feedback-Kreisen der Systeme der Systeme nur nochmals in einer zweiten Operation auf sich selbst mit seinen unendlichen Anfängen und Enden verbinden. Die Systeme der Systeme zerplatzen oder zerstäuben hierbei in 'Strukturen', die auf geheimnisvolle Weisen Ordnungen stiften – das konnte man gut an den Übergängen von Struktur zu System bei Rombach ersehen. Die Strukturen Rombachs operieren auf der identitätslogischen Seite der Relation dritter Potenz mit den Differenzen, indem sie die Systeme übersteigen und ihr durch Differenzen konstituiertes Zusammenspiel vorordnen. Die Strukturen entsprechen zwar keinen durchgeregelten Dimensions- und Systemordnungen mehr, sie sind dennoch Erscheinungsformen der identitätslogischen Hypostasen der Relation dritter Potenz, auch wenn sie wie Differenzmodelle erscheinen. Das macht das Verführerische dieser Modelle aus, gerade in der 'Strukturontologie' Rombachs.

Analog sind die besprochenen Operationen auf der differenzlogischen Seite der Relation dritter Potenz zu verfolgen. Der Vollzug der Relation dritter Potenz unter den Bedingungen der Hypostase erster Potenz ergibt keine Dimensionsordnung, sondern unzusammenhängende Ketten, Netze oder Büschel von Differenzen. Die Relation dritter Potenz in diesen Hypostasen erster Potenz operierend generiert das Inselmodell Lyotards – Operation erster Ordnung. Alles ist verbunden, doch Knoten (Inseln) und Ketten/Netze/Wege (Meer) haben keine Bezüge. Der Außen-Bezug kann den Innen-Bezug nicht einholen. Das entspricht einem Pendant zum Systemmodell. Dort können die ohne Ende im Feedback-Kreiseln sich verknüpfenden Identitäten ihre Differenzen nicht einholen. Das sich 'Nichts-Zu-Sagen-Haben', die letzte leere und uneingeholte Innen-Bestimmung im Lyotard'schen Insel-Meer-Model induziert wiederum die Operation der Relation erster Potenz auf sich selbst, um diese kategorielle leere Identitätsbestimmung differenzlogisch einzuholen. Diese Operation zweiter Stufe auf der differenzlogischen Seite erzeugt die Rhizome oder die Wittgenstein'schen Sprachspiele. Sie bilden ein Pendant zur Struktur auf der identitätslogischen Seite. Hier liegt analog der identitätslogischen Variante im Vollzug der Relation dritter Potenz eine Operation erster und zweiter Stufe auf differenzlogischer Seite vor.

Die wichtigste Erkenntnis angesichts dieser Operationen der Relationen erster und zweiter Potenz für sich und auf sich selbst und ihrer Erscheinungsformen ist die: **es sind je 'ein-seitige' Erscheinungsformen als Hypostasen des Vollzugs der Relation dritter Potenz.** Das heißt, diese Erscheinungsformen entsprechen in keiner Weise einem Vollzug oder der Operation der Relation dritter Potenz selbst. Es handelt sich um unvollständige und einseitige Modelle, auch wenn die Vertreter, die sie konzipiert haben, darüber anderer Meinung sind. Es wurde weiter oben mit Leisegang formuliert, daß die Relation dritter Potenz in ihrem Vollzug nur in ihren Erscheinungsformen der Hypostasen erster und zweiter Potenz auszumachen ist. Man kann dennoch die Frage stellen, ob es nicht eine Möglichkeit gibt, die Einseitigkeit dieser Hypostasen zu überwinden, ohne die Relation dritter Potenz als Bedingung der Hypostasen erster und zweiter Potenz auch noch zu hypostasieren? Es besteht eine derartige Möglichkeit. Man kann zumindest die Hypostasen auf der identitätslogischen und der differenzlogischen Seite parallel operieren lassen. Diese Lösung bietet sich zwingend an. Wenn die Relation dritter Potenz weder eine Synopse noch ein Zusammenfallen noch irgend sonst etwas beinhalten kann, außer das Identität und Differenz sich wechselseitig konstituierend parallel 'vollziehen', dann müßte dies ebenso für die Hypostasen möglich sein und gelten. Operation erster Stufe auf der Differenzseite vollzieht sich in Parallelität mit Operation erster Stufe auf der Identitätsseite; Operation zweiter Stufe auf der Differenzseite vollzieht sich in Parallelität mit Operation zweiter Stufe auf der Identitätsseite. Exakt diese kombinierten Hypostasen der Relation auf der identitäts- wie differenzlogischen Seite 'im Vollzug' wurden in den letzten Dekaden auf den Begriff gebracht. Der sogenannte 'Radikale Konstruktivismus' entspricht einer Kombination der Operationen erster Ordnung im Vollzug, der von uns so genannte Radikale De-Konstruktivismus (Derrida) entspricht einer Kombination der Operationen zweiter Ordnung im Vollzug.

Fassen wir das bisher formulierte nochmals in einer Abbildung zusammen:

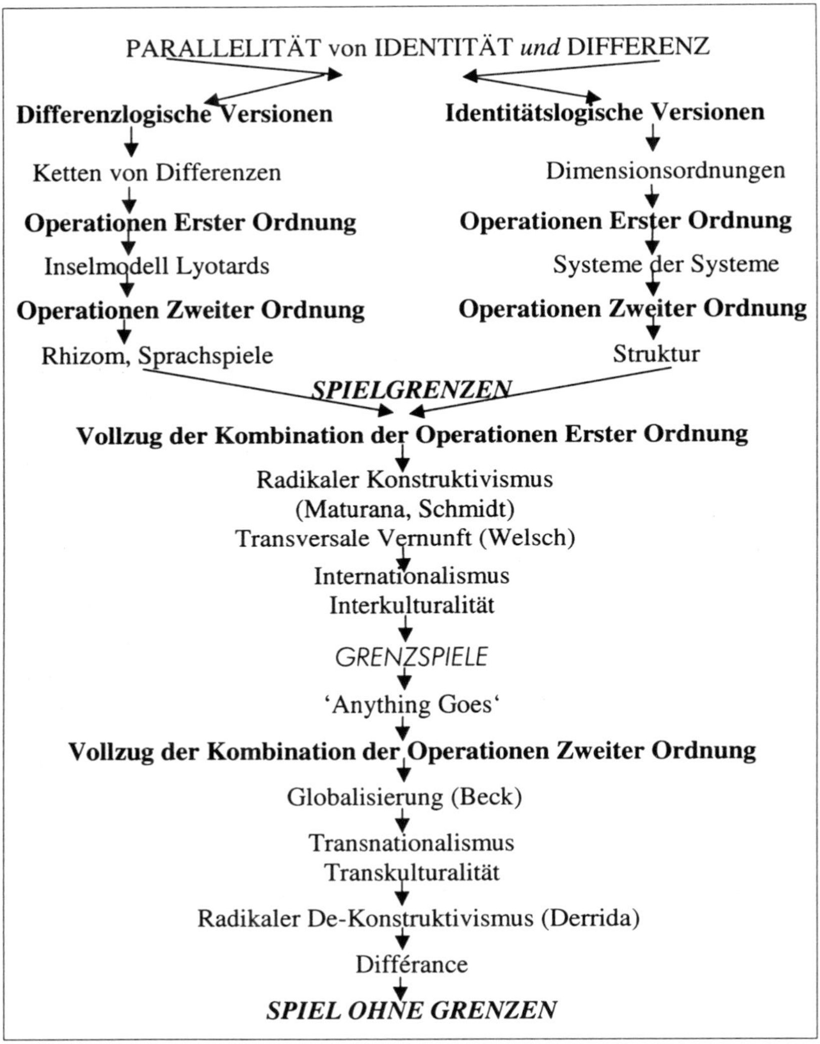

PARALLELITÄT von IDENTITÄT *und* DIFFERENZ

Differenzlogische Versionen   **Identitätslogische Versionen**

Ketten von Differenzen   Dimensionsordnungen

Operationen Erster Ordnung   **Operationen Erster Ordnung**

Inselmodell Lyotards   Systeme der Systeme

Operationen Zweiter Ordnung   **Operationen Zweiter Ordnung**

Rhizom, Sprachspiele   Struktur

SPIELGRENZEN

Vollzug der Kombination der Operationen Erster Ordnung

Radikaler Konstruktivismus
(Maturana, Schmidt)
Transversale Vernunft (Welsch)

Internationalismus
Interkulturalität

GRENZSPIELE

'Anything Goes'

Vollzug der Kombination der Operationen Zweiter Ordnung

Globalisierung (Beck)

Transnationalismus
Transkulturalität

Radikaler De-Konstruktivismus (Derrida)

Différance

SPIEL OHNE GRENZEN

Abb. 20: Identität und Differenz in der Philosophie (2)

Der Radikale Konstruktivismus in der Variante von Humberto Maturana und Siegfried Schmidt, der in dem folgenden Kapitel behandelt wird, entspricht einer Kombination der Operationen Erster Ordnung der Differenz- und Identitätsseite. Es ist beeindruckend, wie im Radikalen Konstruktivismus das Modell der radikal abgeschlossenen autopoietischen Inseln

Lyotards mit dem Modell der Systeme der Systeme gekoppelt wird (Luhmann 1987). Der Radikale Konstruktivismus in der Variante von Schmidt ermöglicht die konzeptionelle Konstruktion von sozialen Beziehungen, Sprache, Kognition, Rationalität, Kommunikation, Medien bis zu Medienkulturen. Ihm gelingt dies, zumindest in der bisher entwickelten Form, bis hin zu einem Modell der in sich komplex ausdifferenzierten Systeme der Systeme oder Kulturen der Kulturen. Dieser Radikale Konstruktivismus ist dennoch nicht vollständig. Es besteht immer noch ein uneingeholtes 'Außen', welches sich als Inkommensurabilität geschlossener Systeme artikuliert. Daher gelingt es nicht, die Interkulturalität der Kultursysteme plausibel in das Paradigma einzubinden. Dafür hat Welsch (1995) eine Lösung zu bieten. Unabhängig vom Radikalen Konstruktivismus hat er mit seiner 'Transversalen Vernunft' ein schon vollständig zu nennendes Modell für diesen 'Vollzug der Kombination der Operationen Erster Ordnung' vorgestellt. Welsch bietet damit Grundlösungen für das Problem der Internationalität und Interkulturalität, die ebenso in der Theorie der Globalisierung von Beck (1997) in Kapitel 6 als Erscheinungsformen der Ersten Moderne behandelt werden.

Beck demonstriert am empirischen Material einer aufscheinenden Zweiten Moderne, wie sich in der Globalisierung und dem mit ihr verbundenen Transnationalismus und der Transkulturalität der 'Vollzug der Kombination der Operationen Zweiter Ordnung' Bahn bricht. Ihm gelingt es jedoch noch nicht, eine kohärente Konzeption zu entwerfen, er verweist nur darauf, daß eine neue Kultursoziologie dieser Globalisierung noch aussteht. Dem kann mit dieser Abhandlung abgeholfen werden.

Derrida hat mit der différance dekonstruierende Operationen vorgestellt, die diesem 'Vollzug der Kombination der Operationen Zweiter Ordnung' gerecht werden und von uns in Gegenüberstellung mit dem Radikalen Konstruktivismus, den sie überwindet, als 'Radikaler De-Konstruktivismus' bezeichnet wird. Damit dürfte der gedoppelte Vollzug der 'Kombinationen der hypostasierten Operationen Erster und Zweiter Ordnung' auf den Begriff gebracht worden sein, soweit es noch Sinn macht, diesen Begriff und seine gleichzeitige Durchstreichung zu denken.

Wir haben für die trivialen einseitigen Operationen der Hypostasen der Relation dritter Potenz die Metapher 'Spielgrenzen' vorgeschlagen. Damit ist gemeint, daß diese Operationen sowohl von der identitäts- wie der differenzlogischen Seite für alle Handlungs-'Spiele' Grenzen voraussetzen müssen, die sie nicht überwinden können. Deshalb sind sie weder zu 'Inter'- noch 'Trans'-Beziehungen in der Lage, denn diese setzen ein Zusammenspiel von 'Innen'- und 'Außen'-Beziehungen voraus. Dies ändert sich mit dem Vollzug der Kombination der Operationen Erster Ordnung. Hierbei werden gerade die Grenzen als Beziehungen des 'Innen' und 'Außen' zu wesentlichen Bedingungen der 'Inter'-Ordnungen. Die Handlungs-'Spiele' müssen deshalb Grenzen nicht mehr voraussetzen, sondern sind selbst 'Grenzspiele', unter anderem als Internationalität und Interkulturalität. Erst der Vollzug der Kombination der Operationen Zweiter Ordnung transzendiert die 'Grenzspiele' zu 'Spielen ohne Grenzen', zu den transnationalen und transkulturellen Wirklichkeiten.

Im Anschluß an diese Überlegungen zur 'Beziehung' wird in den folgenden Kapiteln versucht, in bezug auf die zwei Typen grundlegender Ordnungsvollzüge, den 'Inter-' und 'Trans'-Vollzügen, eine entsprechende Kulturtheorie zu konzipieren. Wir beginnen mit der 'strukturellen Kopplung' des Radikalen Konstruktivismus von Maturana.

Kapitel 3

Radikaler Konstruktivismus - Maturana

Neurologische Untersuchungen über die Funktionsweise von Nervensystemen haben ergeben, daß sie grundsätzlich nicht imstande sind, die äußere Wirklichkeit qualitativ abzubilden. Der menschliche Verstand funktioniert wie ein informationell geschlossenes, selbstreferentielles System, das seine eigenen Regelungen wiederum so regelt, daß eine stabile Systemwirklichkeit entsteht. Eine externe Realität wird nicht in Abrede gestellt, aber als nicht positiv erkennbar ausgeklammert. Konsequent gedacht ist die Wirklichkeit eine Konstruktion des Beobachters, eine Erfindung des individuellen, informationell geschlossenen, menschlichen Denkvermögens. Hinter dieser Einsicht steht eine lange Geschichte von empirischen Forschungen (siehe u.a. Schmidt (1987,1994,1996), von Foerster (1985), von Glasersfeld (1987,1997) und Rusch (1987)).

Mit dem Radikalen Konstruktivismus wird die traditionelle Subjekt-Objekt-Beziehung, bei der immer etwas von der einen zur anderen Seite 'übergehend' gedacht wird, radikal in Frage gestellt, ebenso Dichotomien wie Sprache/Welt, Beschreibung/Objekt, Aussage/Gegenstand, Sein/Bewußtsein. 'Radikal' ist der Ansatz, weil im operativen Konstruktivismus systemtheoretischer Ausrichtung umgeschaltet wird von ontologischen Differenzen wie Subjekt/Objekt, Realität/ Repräsentation zu 'operativen' Differenzen wie System/Umwelt, Selbst-/Fremdreferenz (Schmidt 1996: 55). "Subjekt und Objekt, Wirklichkeit und Erkenntnis lassen sich nicht als Identitäten (Wesenheiten), sondern nur als 'Differenzen' (=Resultat von Operationen) bestimmen" (Schmidt 1996:59). Dies ist die epistemologische Grundposition des Radikalen Konstruktivismus, die den Menschen als individuellen Konstrukteur seiner Wirklichkeit ansieht.

Von der Biologie herkommend setzen die Radikalen Konstruktivisten Lebewesen - Organismen und Menschen - als autopoietisch geschlossene Individuen voraus, die über entwickelte Nervensysteme verfügen. Diese Individuen treffen 'Unterscheidungen', bilden also Differenzen. Sie tun dies als 'Beobachter' in bezug auf eine Umwelt. Laut Humberto Maturana muß davon ausgegangen werden, daß ein Beobachter in 'Unterscheidungen' beschreibt oder praktische bzw. begriffliche 'Unterscheidungen' hinsichtlich einer Umwelt trifft, die er per 'Unterscheidung' ausgegrenzt hat. Wenn ein Beobachter solche Unterscheidungen trifft, hat er laut Maturana in bezug auf diese Ausgrenzungen zwischen 'einfachen' und 'zusammengesetzten' Einheiten unterschieden. "Eine Einheit ist eine konkrete oder begriffliche, dynamische oder statische Entität, die durch Operationen der Abgrenzung bestimmt wird, die sie von einer Umgebung abtrennen und ihr charakteristische Eigenschaften zuweisen." (Maturana 1998:99) Eine ausgegrenzte Einheit, formuliert Maturana, konstituiert eine Ganzheit. Wird eine derartige Einheit als zusammengesetzt definiert, so wird angenommen, daß sie aus Bestandteilen besteht, die durch weitere Abgrenzungsoperationen bestimmt werden können "[...] und außerdem, daß sie durch eine spezifische Organisation realisiert wird, die ihre Eigenschaften festlegt, indem sie die Relationen zwischen ihren Bestandteilen angibt, die den Bereich definieren, in dem die Einheit als einfache Einheit behandelt werden kann." (Maturana 1998:99)

Die 'Organisation' einer zusammengesetzten Einheit, von der Maturana spricht, besteht in der Konfiguration der statischen oder dynamischen Relationen zwischen ihren Bestandteilen, die ein System einer bestimmten Klasse definieren und ihre Eigenschaft als Einheit festlegen. Die Organisation einer zusammengesetzten Einheit bestimmt also die Klasse der Entitäten, zu der diese Einheit gehört. Die 'Struktur' einer zusammengesetzten Einheit bezieht sich auf die Entstehungsprozesse einer zusammengesetzten Einheit wie auf ihre Bestandteile. Sie bezeichnet die konkreten Bestandteile und Relationen, die beim Aufbau einer konkreten zusammengesetzten Einheit zusammenwirken müssen. 'Organisation' und 'Struktur' sind nicht synonym. Die Organisation eines Systems definiert es als singuläre, einfache Einheit oder als Ganzes. Die Struktur eines Systems ist davon unabhängig. Zusammengesetzte Einheiten oder Systeme können die gleiche Organisation, aber unterschiedliche Strukturen haben. Die Identität einer zusammengesetzten Einheit ändert sich solange nicht, wie sich ihre Organisation nicht ändert (Maturana 1998:101).

Es ist für das folgende notwendig, den Strukturbegriff bei Maturana durch 'Konstellation' zu ersetzen. Struktur bei Maturana bedeutet etwas anderes als 'Struktur' bei Rombach, von der im letzten Kapitel die Rede war. Wir befinden uns nämlich trotz Unterscheidungen – Differenzen – noch im identitätslogischen Modell des Systems der Systeme. Die Beziehungen – Abgrenzungsoperationen - konstituieren eine Organisation und befinden sich 'in' dieser Organisation. Die Beziehungen der Merkmale oder Teile — das Trennen - ist in ein 'Innen', als 'Konfiguration' oder 'Konstellation' der

Organisation umgeschlagen. Nur die durch den Beobachter getroffene Unterscheidung gegenüber der System-Umwelt setzt eine radikale 'Differenz' voraus, die nicht in das 'Innen' der Organisation eingeht. Dennoch ist auch diese radikale 'Differenz' im System oder in der Organisation latent enthalten, was sich besonders in komplexen Systemen und in der Varianzbreite eines Prozesses kontinuierlichen Strukturwandels bemerkbar macht. Irgendwann geht das System oder die Organisation durch die Differenzen 'kaputt'. Das wird an den 'stukturdeterminierten Systemen' deutlich. "Strukturdeterminierte Systeme erfahren ausschließlich Veränderungen, die durch ihre Organisation und ihre Struktur determiniert sind. Diese sind entweder Zustandsveränderungen (definiert als Veränderungen ihrer Struktur ohne Verlust ihrer Identität) oder führen zu ihrer Auflösung (definiert als Veränderung ihrer Struktur mit Identitätsverlust)." (Maturana 1998:102) Wichtig ist hierbei, daß Zustandsveränderungen solcher Organisationen aufgrund von äußeren Störeinwirkungen nur 'ausgelöst' werden; das gilt ebenso für ihre Zerstörung. Wenn eine derartige Organisation ihre Zustände verändert oder ihre Identität auflöst, tut sie das nur in und für sich, völlig unabhängig von Außen. Organisation und Struktur eines strukturdeterminierten Systems determinieren daher den Bereich der Zustände eines Systems, den Bereich der Beeinflußbarkeit des Systems, indem sie die passenden Eigenschaftskonfigurationen des Mediums eingrenzen, die auf das System einwirken können so wie den Bereich der Auflösung, indem sie alle Eigenschaften des Mediums angeben, die zur Zerstörung des Systems führen kann (Maturana 1998:103).

Die Systeme oder Organisationen, von denen Maturana spricht, sind autopoietische Systeme. Sie entsprechen aufgrund ihrer radikalen Isoliertheit von ihrer Umwelt den Lyotard'sche Inseln. Es handelt sich um Systeme mit konstellierten Binnendifferenzen, deren Strukturveränderungen ausschließlich auf diese Relationen und die Interaktionen ihrer Bestandteile zurückgeführt werden können und die daher als strukturdeterminierte Systeme operieren. Interaktion mit der Umwelt oder dem Medium, in dem derartige autopoietische Organisationen existieren, bestehen aus Zufallsereignissen oder Perturbationen. Dieses Medium ist ebenso unabhängig und autopoietisch wie das System, welches mit und in ihm operiert. Man hat es offenkundig mit dem Lyotard'schen Meer zu tun.

Lyotard konnte nicht erklären, wie die isolierten Inseln über das isolierte Medium Meer miteinander in Kontakt geraten. Er führte die mythischen Größen des Reeders und Richters ein, ohne ihre Funktionsberechtigung erklären zu können. Maturana setzt Inseln (Organismen) und Meer (Medium) als komplexe Systeme voraus, die intern über Differenzen konfiguriert sind und damit ihr 'Innen' konstituieren, die füreinander Umwelten oder von den Systemen uneingeholte und vorauszusetzende 'radikale Differenzen' ausmachen. Ein Organismus operiert dennoch in dieser radikalen Differenz als seine Umwelt und Medium, welches wie das Lyotard'sche Meer (als ganz anderes System) vorliegt. Statt des Reeders als Vermittler oszillieren bei Maturana nun System und Medium unabhängig voneinander.

Die Struktur des Mediums, in dem das System als unabhängiges dynamisches System operiert und sich aufgrund von Interaktionen mit dem Medium verändert, erzeugt eine Abfolge von Einflüssen, die aus der Menge der möglichen Zustandsfolgen des Systems jene auswählt, welche verwirklicht werden. Wenn daher die Struktur des Mediums, die dem Bereich der Beeinflußbarkeit des strukturdeterminierten Systems entspricht, redundant und rekurrent ist, unterliegt das System rekurrenten Einwirkungen. Wenn die Struktur des Mediums sich ständig verändert, wird auch das System auf sich verändernde Weise beeinflußt. Wenn sich nun die dem System zugeordnete Struktur des Mediums durch das Operieren des strukturdeterminierten Systems verändert, dann wird dieses System sich verändernden Einwirkungen ausgesetzt, die mit der Abfolge seiner eigenen Zustände verkoppelt sind. Wenn darüber hinaus ein strukturdeterminiertes System aufgrund seiner Operationen Zustandsveränderungen erleidet, die zu Strukturveränderungen in seinen Bestandteilen und nicht nur in deren Relationen untereinander führen, liegt eine 'plastische Systemstruktur Zweiter Ordnung' vor, die 'plastischen Interaktionen' des Systems entsprechen. "Ist dies der Fall, dann selektieren die plastischen Interaktionen eines solchen Systems innerhalb des Systems selbst Folgen von Strukturveränderungen zweiter Ordnung, die zur Transformation sowohl des Bereichs seiner möglichen Zustände als auch des Bereichs seiner Beeinflußbarkeit führen. Das Ergebnis der fortgesetzten Interaktionen eines strukturell plastischen Systems in einem Medium mit redundanter oder rekurrenter Struktur kann daher in der fortgesetzten Selektion einer Struktur des Systems bestehen, die einen Bereich möglicher Zustände und ebenso einen Bereich möglicher Einwirkungen auf das System so festlegt, daß das System rekurrent in seinem Medium operieren kann, ohne sich aufzulösen. Ich nenne diesen Prozeß 'Strukturkopplung' oder 'strukturelle Kopplung'. Wenn das Medium selbst ein strukturell plastisches System ist, dann können die beiden plastischen Systeme durch die reziproke Selektion plastischer Strukturveränderungen im Laufe ihrer Interaktionsgeschichte reziprok strukturell gekoppelt werden. In einem solchen Fall werden die strukturell plastische Zustandsveränderungen des einen Systems zu Einwirkungen auf das andere und umgekehrt, und zwar so, daß ein ineinandergreifender, wechselseitig selektiver und wechselseitig Interaktionen auslösender Bereich von Zustandsfolgen entsteht." (Maturana 1998:105) 'Strukturelle Kopplung' beinhaltet die Herstellung einer dynamischen strukturellen Übereinstimmung oder 'die effektive raumzeitliche Abstimmung der Zustandsveränderung des Organismus mit den rekurrenten Zustandsveränderungen des Mediums, solange der Organismus autopoietisch bleibt'. Ist also ein Organismus an eine Umwelt strukturell gekoppelt, kann dies als ontogenetische Anpassung des Organismus an sein Medium bestimmt werden (Schmidt 1996:6).

Der schon genial zu nennende Einfall der 'strukturellen Kopplung' Maturanas entspricht dem 'Vollzug der Kombination der Operationen Erster Ordnung'. Das Lyotard'sche Inselmodell wird mit dem Modell des Systems der Systeme gekoppelt. Die Inseln entsprechen autopoietisch geschlossenen Systemen von Systemen. Das Medium Meer zwischen ihnen ist ebenfalls von autopoietischer Natur, entspricht jedoch der radikalen Differenz. Was Lyotard nicht erklären konnte, wie die Inseln über das Meer Kontakt miteinander aufnehmen, leisten bei Maturana die reziprok rekurrenten Interaktionen. Sie beinhalten, daß alle Elemente – auch die radikale Differenz als Medium - so lange für sich selbst oszillieren, bis eine, um es im Jargon der Optik auszudrücken, 'stehende Welle' als 'strukturelle Kopplung' erzeugt worden ist. Alle Elemente sind weiterhin autopoietisch unabhängig voneinander, sie oszillieren jedoch in dynamischer Kopplung. Maturana führt zur Erläuterung das Beispiel eines Seiltänzers an. Eine Organisation verhält sich in ihrem Medium in struktureller Kopplung wie ein Seiltänzer, der sich den Kräften anpaßt, indem er seine Gestalt (seine Strukturen) verändert (1998:170). Vielleicht kann zum Verständnis auch das von Prigogine (1980) vertretene Konzept der 'dissipativen Strukturen' beitragen. Eine derartige Struktur verkörpert ein nicht-lineares fluktuierendes System, wobei jeweils polar entgegen gerichtete Wirkungseinflüsse simultan miteinander agieren und aus dieser permanenten Verknüpfung ein inhärentes dynamisches Spannungsverhältnis entsteht, welches ohne Kausalkonnex zur Generierung von Ordnung in der Lage ist. Weitaus angemessenere Modelle liefert die Quantenphysik, worauf hier aber nicht weiter eingegangen werden kann.

Die Theoriekonstruktion des Radikalen Konstruktivismus, aufbauend auf der strukturellen Kopplung als 'Vollzug der Kombination der Operationen Erster Ordnung' bedeutet trotz einer Übereinstimmung mit den Operationen der Relation dritter Potenz einen erneuten Rückfall in das Container-Paradigma, der sich bis in die Medienkulturtheorie von Schmidt feststellen läßt. Zwar werden nun über die strukturelle Kopplung von Organismen/ Individuen soziale Systeme konstruiert, die jedoch erneut Umwelten als Medien voraussetzen, mit denen nicht länger strukturelle Kopplungen stattfinden. Es ist zu vermuten, daß die Position des Beobachters, der Unterscheidungen trifft, mit ein Grund dafür ist, weshalb der Radikale Konstruktivismus trotz seiner 'Radikalität' dem Container-Paradigma verhaftet bleibt. Wir werden darauf zurückkommen.

Für den weiteren Verlauf der Theoriekonstruktion sind folgende Überlegungen wichtig: die strukturelle Kopplung, da sie als Beziehung 'zwischen' autopoietischen Systemen operiert, bleibt der Ebene der 'Inter'-Beziehungen verhaftet. Auch wenn darüber soziale Systeme generiert werden, müssen diese immer eine Umwelt als Grenze voraussetzen. Die strukturelle Kopplung kann deshalb das 'Inter' als letzte Außengrenze oder Umwelt der Systeme nicht überwinden. Insofern gelingt es ihr nicht, das 'Inter' in ein 'Trans' zu wandeln. Mit der strukturellen Kopplung ist es jedoch möglich aufzuweisen, daß jedes soziale System und damit jede Kultur sich über interne und externe 'Inter'-Beziehungen konstituiert. In diesem Sinne ist jede Kultur schon interkulturell konstituiert, bevor sie interkulturelle Beziehungen eingeht. Allein diese Einsicht rechtfertigt eine gründliche Beschäftigung mit dem Radikalen Konstruktivismus. Man erinnere sich in diesem Zusammenhang an die zum Ende des Kapitel 1 vorgestellte Definition des 'Kollektivs' von Hansen. Interne Differenzen werden ausbalanciert. Maturana spricht von strukturdeterminierten Systemen, Hansen in Bezug auf Kulturen als Kollektive von 'Virulenzkontrolle'.

Als Medium fungierte bisher eine nicht genauer bestimmte Umwelt, die zugleich eine radikale Differenz beinhaltet. Werden nun zwei Organismen strukturell verkoppelt, dann resultiert daraus als Medium ein 'konsensueller Bereich', das heißt ein Verhaltensbereich, in dem die strukturell determinierten Zustandsveränderungen der gekoppelten Organismen in ineinander verzahnten Sequenzen aufeinander abgestimmt werden. Relevant ist, daß die Interaktion zwischen Organismen und Umwelt bzw. Milieus, solange sie rekursiv sind, füreinander reziproke Perturbationen bilden. Das bedeutet, daß bei diesen Interaktionen die Struktur des Milieus in den autopoietischen Einheiten Strukturveränderungen nur 'auslöst', dieses Milieu als weder determiniert noch instruiert oder vorschreibt, was umgekehrt auch für das Milieu gilt. Das Milieu ist selbst autopoietisch geschlossen. Obwohl die Strukturkopplungen nur als verhaltensändernde Perturbationen wirken können, wirkt die strukturelle Kopplung immer gegenseitig. Organismen und

Milieu in Interaktionen erfahren gleichermaßen Veränderungen. Wenn dann die Interaktion zwischen Organismen im Verlauf ihrer Ontogenese 'rekursiven' Gehalt erlangen, führt das zur Ko-Ontogenese und damit zur Bildung sozialer Einheiten. Es muß hinzugefügt werden: mit Außen-Grenzen als Umwelten oder Medien, mit denen keine strukturellen Kopplungen stattfinden.

Mit Hilfe der strukturellen Kopplung von Organismen läßt sich Gesellschaftlichkeit, Sprache und Denken konstruieren. Zunächst definiert Maturana Handeln als 'Verhalten' in sich wandelnder Beziehungen und Interaktionen der Struktur eines Organismus mit seinem Umweltmedium (1998: 114). 'Kognition' besteht dann in der Angemessenheit dieses Handelns in einem Bereich, der durch das Operieren eines lebenden Systems zustandekommt. Lebende Systeme sind für Maturana insofern kognitive Systeme, Leben heißt Wissen (1998:193f.). Soziale Systeme leitet er folgendermaßen her: Wenn zwei oder mehrere Organismen in rekursiver Weise als strukturell plastische Systeme interagieren und jeder Organismus so zum Medium (=Umwelt) der Verwirklichung der Autopoiese des anderen wird, ergibt sich eine wechselseitige ontogenetische Strukturkopplung als 'soziales System'. Diese darin stattfindenden reziprok ineinandergreifenden Bereiche von Verhaltensweisen definiert Maturara als 'konsensuellen Bereich' (1998:122). Oder anders: Wenn zwei oder mehrere autopietische Systeme rekurrent interagieren, und wenn die dynamischen Systeme sich abhängig vom Verlauf der Interaktionen verändern, dann gibt es eine ko-ontogenetische Drift, die zu einem ontogenetisch entwickelten Bereich rekurrenter Interaktionen zwischen den Systemen führt, der einem Beobachter als ein Bereich konsensueller Koordinationen von Handlungen und Unterscheidungen in einer Umwelt erscheint. Diesen ontogenetisch entwickelten Bereich rekurrenter Interaktionen nennt Maturana den Bereich 'konsensueller Koordination von Handlungen und Unterscheidungen' (1998:197). Aus diesem Bereich leitet er nun Sprache und Kommunikation her: Während der konsensuellen Koordination von Handlungen und Unterscheidungen "kann es zu einer Rekursion [des] konsensuellen Verhaltens kommen, die zur konsensuellen Koordination von konsuellen Koordinationen von Handlungen führt ...[Dann treffen die] Beteiligten in ihrem konsensuellen Verhalten selbst konsensuelle Unterscheidungen [...], das heißt sie machen eine konsensuelle Handlung rekursiv zu einem konsensuellen Zeichen für eine konsensuelle Unterscheidung und überdecken damit das letztere. Genau dieser Prozeß macht unser Sprachhandeln in unserer Lebenspraxis aus. Ich behaupte daher, daß das Phänomen der Sprache in der Ko-ontogenese lebender Systeme entsteht, wenn zwei oder mehr Organismen durch ihre rekursiven konsensuellen Koordinationen von konsensuellen Koordinationen von Handlungen oder Unterscheidungen operieren. Ich behaupte, daß 'Objekte' als konsensuelle Koordination von Handlungen in der Sprache entstehen und für die Beobachter die konsensuelle Koordination von Handlungen (Unterscheidungen), die sie koordinieren, operational überdecken, das heißt für weitere rekursive konsensuelle Koordinationen von Handlungen unsichtbar machen. Im Prozeß des Sprachhandelns sind Objekte konsensuelle Koordinationen von Handlungen, die als 'Zeichen' für die konsensuelle Koordination von Handlungen stehen, die sie koordinieren. Objekte und Gegenstände sind nicht vor der Sprache gegeben." (Maturana 1998:198)

In diesem Sinne ist das Saussure'sche (1967) Signifikat auch immer ein Siginifikant. Nur der Beobachter muß es im Prozeß der bereits im Zeichen geronnenen konsensuellen Koordination wieder als Signifikat voraussetzen, dem er per Unterscheidung, das heißt per Interpretation, ein Signifikant zuordnet. Wir haben hier die Peirce'sche (1983) Theorie des Zeichens vorliegen. Sie wird uns im Zusammenhang mit der 'transversalen Vernunft' bei Welsch erneut begegnen. Andererseits haben wir mit der konsensuellen Koordination nicht nur für den Bereich der Sprache das vorliegen, was Hansen als wesentliche Voraussetzung für Kulturen und Kollektive angibt: Gewohnheiten, Konventionen und Standardisierungen.

Man muß sich hinsichtlich der Theorie des Radikalen Konstruktivismus mit dem Gedanken vertraut machen, daß Kommunikation nur außerhalb der Individuen im Bereich der strukturellen Kopplung existiert: "Handeln als Sprache entsteht als eine Art und Weise der Koexistenz lebender Systeme. Sprache entsteht als ein System rekurrenter Interaktionen in einem Bereich der strukturellen Kopplung." (Maturana 1998:199) Konsequent übersetzt ist damit Sprache schon immer 'interkulturell'; bereits innerhalb der Kulturen, nicht erst zwischen den Kulturen. Ein Kommunikationssystem ist ein ausgebildeter sprachlicher Bereich, der eine Verhaltenshomomorphie kongruent operierender Systeme spiegelt, die durch die Kopplung von Strukturen entsteht. 'In Sprache handeln' ist für Maturana keine 'abstrakte' Tätigkeit. In Sprache handeln bedeutet stattdessen, strukturell – interkulturell - zu interagieren. Sprache ereignet sich im Bereich der Inter-Beziehungen zwischen Organismen in der Rekursion der konsensuellen Koordinationen von konsensuellen Koordinationen von Handlungen. Daraus folgt, daß die sozialen Koordinationen von Handlungen, die Sprachhandeln konstituieren, als Elemente eines Bereichs der rekursiven Operationen in struktureller Kopplung Teil des (interkulturellen) Mediums werden, in dem die beteiligten lebenden Systeme ihre Organisation und Anpassung durch die strukturellen Veränderungen bewahren, die sie abhängig von ihrer Mitwirkung in diesem (interkulturellen) Bereich erfahren (Maturana 1998:203). Ohne es vorerst zu erläutern, postuliert Maturana ferner: Das Selbst-Bewußtsein liegt außerhalb des Körperlichen und gehört zum Bereich der (interkulturellen) Interaktionen als eine Art und Weise der Koexistenz (1998:205). Oder: Die höheren menschlichen Funktionen geschehen nicht im Gehirn, sie sind historisch soziale Phänomene, also ebenfalls interkulturell konstituiert (1998:206). Wir werden später im Zusammenhang mit der Diskussion im Hinblick auf 'Vernunft' darauf zurückkommen.

Wenn sich nun soziale Systeme (Kulturen) wechselseitig aufgrund von Unterscheidungen als ihre Umwelten ausgrenzen, sind sie als spezifisch konstellierte autopoietische Ordnungen per Voraussetzung miteinander inkommensurabel. Es stellt sich die Frage, wie sie dann miteinander in Interaktion treten können? Die Antwort scheint einfach: wiederum nur über strukturelle Kopplungen. Hier bestehen jedoch unterschiedliche Optionen. Sie können über 'plastische Interaktionen' ihre Strukturen und damit Konfigurationen rekurrent anpassen; sie können ebenso ein neues soziales System erzeugen, welches sie umfaßt. Bleiben dagegen zwei soziale Systeme inkommensurabel ausgegrenzt, beinhaltet die strukturelle Kopplung als Grenze zwischen den Systemen etwas anderes als die strukturellen Kopplungen in den jeweiligen sozialen Systemen selbst. Sie ist 'zwischen' diesen Systemen sie selbst als Inkommensurabilität. Soll - von den jeweiligen interagierenden Systemen aus gesehen - diese inkommensurable Beziehung trotz strukturellen Kopplungen bestehen bleiben, müßte es auch so etwas wie 'strukturelle Dis-Kopplungen' geben. Es handelt sich um die Differenzen als radikale Außenbeziehungen, die die Inter-Beziehungen von sozialen Systemen oder Kulturen ausmachen. Es wird deutlich, daß im Radikalen Konstruktivismus in den Inter-Beziehungen zu anderen sozialen Systemen, die sich ebenso über strukturelle (Dis-)Kopplungen generieren, erneut das Lyotard'sche Inselmodell zum Vorschein kommt. Wir werden im nächsten Kapitel mit Schmidt dezidiert auf diesen Sachverhalt aufmerksam machen. Der Radikale Konstruktivismus kann, zumindest in der gegenwärtig konzipierten Form, die Inter-Beziehungen von Sozialsystemen nicht ausreichend erklären. Die vielfältigen Differenzen und Inkommensurabilitäten zwischen Gesellschaftssystemen oder innerhalb von Gesellschaftssystemen erscheinen kontingent und bleiben in der Theorie unerklärt. Andererseits hat der Radikale Konstruktivismus wie keine andere Theorie zuvor auf die radikalen 'inter'-Beziehungen als strukturelle Kopplungen für den Aufbau von Organisationen aufmerksam gemacht. Es mangelt jedoch der Erklärung, weshalb die jeweilige Umwelt denselben Bedingungen unterliegt, jedoch nicht in die jeweilige Organisation eingebunden wird. Die Frage bleibt, weshalb? Hansen deutet in ganz anderem Zusammenhang die Antwort an. Um ihn zu wiederholen: "Die Kohäsion der Kollektive ergibt sich daraus, daß die Mitglieder ihre Identitätsübereinstimmungen aktualisieren und die Identitätsdifferenzen nicht virulent werden lassen. In dieser Virulenzkontrolle besteht der kleine Preis, den man für die Kohäsion zahlen muß." (1999:195) Anders formuliert: Es sind die strukturdeterminierten Systeme selbst - generiert über strukturelle Kopplungen -, die das 'zwischen' oder 'inter' der strukturellen Kopplung in ein 'Intra' für das jeweilige System konvertieren und in ein 'Inter' zwischen jeweiligen Systemen aufspalten. Wir haben es hier, in einem ganz anderem Gewand, erneut mit dem Chevènement-Prinzip zu tun.

Zusammenhängend mit dieser Schwäche betrifft ein weiterer Mangel in dieser Theorie das Konzept der 'Herrschaft'. Sie wird, obwohl empirisch ubiquitär, ebenfalls unerklärt kontingent eingeführt. Maturana gibt dafür ein gutes Beispiel. Er argumentiert: Wenn alle Organismen oder Individuen in einem sozialen System Interaktionen eingehen können, die nicht vollständig determiniert sind, herrscht 'Freiheit' des Operierens in diesem System, das heißt Freiheiten in bezug auf 'Unterscheidungen treffen können'. Dies setzt die Position des in Bereichen 'freien Beobachters' voraus. Nun kann es Beobachter geben, die dies für andere Beobachter im sozialen System verhindern oder einschränken können. Maturana bietet in diesem Zusammenhang eine Theorie der Machtausübung. "Wenn ein Mensch das soziale System beobachten kann, das er durch sein Verhalten erzeugt, kann er es ablehnen und so zu einem Auslöser des Wandels werden; kann er jedoch nur Interaktionen durchlaufen, die durch das von ihm mitintegrierte soziale System bestimmt sind, dann kann er kein Beobachter des Systems werden, und sein Verhalten kann dieses System nur bestätigen. Daher zielt alle politische Gewaltherrschaft explizit oder implizit darauf, Kreativität oder Freiheit zu reduzieren, indem sie sozialen Interaktionen vorschreibt, um Menschen als Beobachter auszuschalten und die eigene Herrschaft zu stabilisieren. Um dieses Ziel vollständig zu erreichen, muß jedoch die typisch menschliche Lebensweise der Kreativität vollständig unterdrückt werden, und dies ist solange unmöglich, als die Fähigkeit der Erzeugung konsensueller Bereiche Zweiter Ordnung gegeben bleibt, wie sie etwa der Gebrauch der menschlichen Sprache erfordert." (Maturana 1998:143-144) Maturana erklärt nicht, woher die Fähigkeit zu dieser Machtausübung kommt. Hansen spricht von allgemeiner 'Virulenzkontrolle' - der kleine

Preis für die Freiheit - die für jede Kultur zu ihrem Erhalt notwendig ist. Um Herrschaft ausüben zu können, müssen in einem sozialen System Mitglieder einen eigenen Handlungsbereich aus-sondern, der die Handlungsbereiche aller anderen Gesellschaftsmitglieder prä-konfiguriert oder regelt, d.h. es muß das bekannte zweistufige System mit Steuersystem und gesteuertem System vorausgesetzt werden. In diesem Fall gewinnt jedoch wieder die Identitätslogik des Systems die Vorherrschaft über die Freiheiten oder Differenzen, diesmal als 'Herrschaft'. Auf welche Weise unterscheidet sich jedoch Herrschaft vom Beobachter? Wir werden nicht umhin kommen, die Theorie des Beobachters mit einer Theorie der Herrschaft zu verbinden.

Damit sind ausreichende Vorbereitungen getroffen worden, den Ansatz Maturanas mit Schmidt in eine Medien- und Kulturtheorie zu erweitern.

Kapitel 4

Kommunikation und Medien

Schon lange geht man davon aus, daß Denken und Sprechen, Bewußtsein und Kommunikation zwar nicht identisch sind, andererseits aber auch nicht unabhängig voneinander existieren können. Wenn in der Variante des Radikalen Konstruktivismus von Maturana vorausgesetzt wird, daß Denkvermögen und Kommunikation autopoietisch geschlossen und vollständig autonom operieren, verschärft sich das Vermittlungsproblem von Kognition und Kommunikation. Schmidt fragt sich, wie beide Bereiche, Kognition und Kommunikation, so miteinander in Beziehung gebracht werden können, daß sich eine plausible Erklärung für die intuitive Gewißheit jedes Sprechers ergibt, daß zum Beispiel beim Kommunizieren Sprecher und Hörer 'mitdenken', wenn Kommunikation gelingen soll.

Maturana erläutert das nicht, sondern setzt es mit der strukturellen Kopplung voraus. Abgesehen von seiner Medientheorie erweitert Schmidt das Kognitionsmodell von Maturana, indem er die mit der strukturellen Kopplung zwischen Individuen sich vollziehenden Produktionen und Konstruktionen von Gegenständen und sprachlichen Objekten mit Vorgängen im Nervensystem/Gehirn der Beteiligten verbindet. Es liegen nun zwei Sphären vor, Kommunikation und Nervensystem, die per Voraussetzung als autopoietische Systeme zwar voneinander unabhängig sind, in Konstruktionsvorgängen und Kreation von Ordnungen jedoch mehr oder minder korrelieren. Genau genommen generieren nicht nur die sozialen Systeme über strukturelle Kopplungen komplexe Systeme von Systemen, sondern auch die autopoietischen Organismen oder Individuen werden im Bereich der Kognition in sich hyperkomplex.

Schmidt schließt an Maturana an und setzt wie dieser zur Erklärung des Zusammenhangs von Denken und Sprechen Sprache als strukturelle Kopplung voraus. Kommunikation geht der Sprache voraus. Kommunikation wurde als das gegenseitige Auslösen von koordinierten Verhaltensweisen – oder Handlungen - unter den Mitgliedern einer sozialen Einheit definiert. Sprache resultiert daraus als strukturelle Kopplung konsensueller Koordination konsensueller Koordinationen von Handlungen. Es entstehen wiederum Objekte als sprachliche Unterscheidungen sprachlicher Unterscheidungen, die die Handlungen verschleiern, die sie koordinieren. "Sprache tritt im Ablauf rekursiver sozialer Interaktionen dann auf, wenn Handlungen koordiniert werden, die zum sprachlichen Bereich selbst gehören." (Schmidt 1996:6-7) Schmidt folgert, daß Wörter Zeichen für sprachliche Koordination von Handlungen entsprechen und keine Zeichen für Dinge sind. Das müßte dann ebenso für die Kognition gelten. Erkennen hat nichts mit Objekten zu tun, sondern wird als 'effektives' Handeln bestimmt. Jedes Wissen ist Tun, und alles Tun spielt sich als soziales Geschehen im 'In-der-Sprache-Sein' ab (Schmidt 1996:7, siehe hierzu auch Hans Aebli 'Denken: das Ordnen des Tuns' 1980, 1981). Über Sprache als strukturelle Kopplung der autopoietischen Systeme Kognition und Kommunikation entstehen homeomorphe Strukturen sowohl im Sprechhandeln als auch im Denken – genauer: sozialen Handlungsschemata entsprechen im Denken 'kognitiven Handlungsschemata'.

Was bedeutet nun, daß unter der Voraussetzung autopoietischer Abgeschlossenheit von Lebewesen und Kommunikation Sprecher und Hörer beim sprachlichen Kommunizieren 'mitdenken'? Gemeint ist, daß kognitive Prozesse nicht einfach ablaufen, sondern daß sie dem Beobachter in seinen Unterscheidungsoperationen kognitiv 'bewußt' sind. Für Schmidt stellt sich daher die Frage nach der strukturellen Kopplung von Bewußtsein (als bewußte Kognition) und Kommunikation. Er argumentiert, wenn man Bewußtsein bei den involvierten Individuen voraussetzt, dann muß eine Kopplung von Bewußtsein und Kommunikation ebenso über Sprache erfolgen. Er beruft sich auf Luhmann: "Die Sprache 'distanziert' Bewußtsein und Kommunikation gerade dadurch, daß sie deren strukturelle Kopplung automatisiert." (Luhmann 1990:51) Daraus folgt: Erst über Sprache wird Bewußtsein und Gesellschaftsbildung möglich. Damit schließt sich der Kreis. Für Maturana sind soziale Systeme Voraussetzung von Kommunikation und Sprache. Man könnte dies als genetische Startbedingungen verstehen. Operiert das System auf der Basis dieser Voraussetzungen, kehren sich die Bedingungen um: Das Resultat konstituiert seine Voraussetzungen.

Nach Schmidt sind für ein über Sprache konstituiertes und ausdifferenziertes Gesellschaftssystem zwei Aspekte von Interesse: Einerseits orientiert sich Bewußtsein über sprachliche Sozialisation an sozialen Wirklichkeitsmodellen, kulturellen Themen, Standards und Verfahren, die es internalisiert. Die Individuen sind abhängig von der Teilnahme an Kommunikation. Andererseits erlaubt Sprache mit der Möglichkeit der Unterscheidungsbildung und Verneinung auch eine gewisse Unabhängigkeit von sozialen Konditionierungen (Schmidt 1994:92). "Sprache reguliert das Verhalten von Individuen, indem sie gesellschaftlich relevante Unterscheidungen benennt, intersubjektiv vermittelt und damit sozial zu prozessieren erlaubt. Sprecher nutzen sprachlich benannte Unterscheidungen, um Erfahrungen und Vorstellungen zu artikulieren; und umgekehrt werden solche Nutzungserfahrungen zum Bestandteil sprachlichen Verwendungswissens, und der Gebrauch von Sprache orientiert sich in jedem Einzelfall an solchen Erfahrungen. Das gilt auch für die Struktur sprachlicher 'Ausdrucksmittel', die sozial typisiert sind und einen spezifischen Bereich kollektiv geteilten Wissens bilden. Semantische Referenz ist deshalb als eine sprachliche Operation anzusehen, die auf Kommunikation und Common sense bezogen ist, nicht auf eine objektive beobachterunabhängige 'Realität'." (Schmidt 1996:16)

Bewußtsein ist demnach ein Phänomen, welches dem Denken nicht *per se* zukommt, sondern dem gesellschaftlichen sprachlichen Handeln eigen ist – also außerhalb des Denkens existiert. Das kann die auf den ersten Blick kryptische Formulierung Maturanas verständlich machen, für den das Selbst-Bewußtsein außerhalb des Körperlichen liegt und zum Bereich der Interaktionen als eine Art und Weise der Koexistenz gehört (1998:205). Das soll uns aber nicht dazu verleiten zu meinen, Denken sei gesellschaftlich völlig fremd- und ferngesteuert. Die Kognition wurde als autonomer autopoietischer Bereich eines Beobachters eingeführt, der die Unterscheidungen hinsichtlich seiner gesellschaftlichen Umwelt trifft. Potentiell ist jeder Beobachter im Treffen von Unterscheidungen 'frei'. Dennoch kann er gewöhnlich keine anderen Unterscheidungen treffen als diejenigen, die im Handlungsbereich der strukturellen Kopplungen gesellschaftlich möglich sind – das ist eine notwendige, doch keine hinreichende Bedingung. Kontingente Innovationen sind Voraussetzung aller Sozialsysteme. Schmidt gelangt zur Erkenntnis, "...daß kognitive Wirklichkeit nur unter spezifisch 'sozialen Bedingungen' ständiger Interaktion mit anderen Menschen entwickelt werden kann. Die von unserem Gehirn konstruierte Wirklichkeit ist eine soziale Wirklichkeit, obgleich das Gehirn keine 'Fenster nach draußen' hat. Sie ist subjektabhängig, aber nicht subjektiv im Sinne von willkürlich. Mit der Formel von der 'gesellschaftlichen Konstruktion von Wirklichkeit im Individuum' versuchen Konstruktivisten, der Alltagserfahrung Rechnung zu tragen, daß wir im täglichen Leben – abgesehen von Situationen des Streits – intuitiv aber dennoch den Eindruck haben, wir lebten doch mehr oder weniger alle in ein und derselben Wirklichkeit." (Schmidt 1996:13)

Es handelt sich demnach um kognitive 'Konstruktionen von Wirklichkeiten', obwohl die Wirklichkeit im gesellschaftlichen Handeln über strukturelle Kopplungen und Sprache konstruiert wird. Die kognitiven Konstruktionen von Wirklichkeit lassen sich beschreiben als geordnete Gesamtheiten von 'Wissen', das im Zuge der soziokulturellen Reproduktion von Gesellschaften an deren Mitglieder übermittelt wird. "Mit anderen Worten, jedes Individuum wird schon in eine sinnhaft konstituierte Umwelt hineingeboren und auf sie hin sozialisiert und geht nie mit 'der Realität als solcher' um. Das bedeutet: Wahrnehmen, Denken, Fühlen, Handeln und Kommunizieren sind geprägt von den Mustern und Möglichkeiten, über die der Mensch als Gattungswesen, als Gesellschaftsmitglied, als Sprecher einer Muttersprache und als Angehöriger einer bestimmten Kultur verfügt." (Schmidt 1996:13)

Es ist wichtig, bei der Verwendung des Begriffs 'Sprache' Vorsicht walten zu lassen. Oben formulieren wir, daß Sprache als Objektivation in struktureller Kopplung koordinierter Handlungen besteht. Sprache kann darüber hinaus als Netzwerk von Unterscheidungen, die einen Unterschied machen, verstanden werden (Schmidt 1994:92). 'Die Sprache' als Netzwerk von Unterscheidungen gibt es aber nicht. Diese Redeweise ist eine Folge der Tendenz indoeuropäischer Sprachen zur Ontologisierung durch Nominalisierung. Was unserer Beobachtung hinsichtlich des sprachlich kommunikativen Handelns zugänglich ist, sind 'Texte' in verschiedenen Aggregatzuständen (als mündliche Äußerungen, als Printerzeugnisse, als elektronisches Speichergut etc.). Sprache ist ein theoretisches Konzept, keine Beobachtungseinheit, ebensowenig wie 'die Kommunikation' (Schmidt 1994:93). Schmidt listet folgende Unterscheidungsmöglichkeiten in Kommunikationsprozessen auf:

"Leute unterhalten sich face-to-face, also mit reziproker Wahrnehmung.

Ein kognitives System produziert einen Text und macht ihn – in welcher Form und Reichweite auch immer – öffentlich zugänglich.

Ein kognitives System setzt sich – wie auch immer – mit einem Text bzw. einem anderen Medienangebot auseinander.

Ein kognitives System setzt sich mit einem Medienangebot auseinander und produziert im Zusammenhang, als Folge bzw. bezogen auf diese kognitiven Operationen ein neues Medienangebot.

Menschen beobachten sich in einem gemeinsam geteilten Kontext und orientieren ihr Verhalten aneinander, usw." (Schmidt 1994:93)

Kommunikationsprozesse operieren so wenig wie Handlungsprozesse im luftleeren Raum, sondern in einem vorgegebenen Substrat. Dem entsprechen schon die 'Zeichen' und 'Objekte' der Sprache als verobjektivierte soziale Handlungen. Als derartige Objektivierung bilden sie 'Medien' der Kommunikation. Wie sich diese Objektivierung präsentieren, kann alles sein, wenn es nur halbwegs eindeutige Unterscheidungen zuläßt. Schmidt listet folgende Medien und Medienangebote auf:

Konventionalisierbare 'Kommunikationsmittel', d.h. als Zeichen verwendbare Materialien, einschließlich der Konventionen ihres Verwendung (z.b. Schrift samt Grammatik und Semantik)

'Medienangebote', d.h. Resultate der Verwendung von Kommunikationsmitteln (z.b. Texte, Fernsehsendungen etc.)

'Geräte und Technik', die zur Erstellung von Medienangeboten eingesetzt werden (z.b. Kamera oder Computersimulation)

'Organisationen', die zur Erstellung und Verbreitung von Medienangeboten erforderlich sind (z.b. Rundfunkanstalten oder Verlagshäuser), einschließlich aller damit verbundenen ökonomischen, politischen, rechtlichen und sozialen Aspekte (Schmidt 1994:83).

Nicht nur, was man gewöhnlich unter Medien versteht, ist Bestandteil dieser Auflistung, sondern auch die zur Erstellung verwendeten Geräte und Techniken und darüber hinaus ebenso die Organisationen, die zur Erstellung und Verbreitung von Medienangeboten erforderlich sind. Aufschlußreich ist es, dies auf den zuvor diskutierten Zusammenhang zwischen Sprache und Denken zu beziehen, um das Ausmaß der Bedeutung der Medien zu erfassen. Medien 'sind' die strukturellen Kopplungen als kommunikatives und kognitives Handeln! Sie sind, wenn man so will, geronnenes gesellschaftliches Wissen. Als solches sind sie, was zuvor schon angedeutet und im folgenden noch ausführlicher behandelt wird, 'Kultur'.

Als kollektives Wissen operieren die Medien in den getrennten Bereichen Kognition und Kommunikation in bereichspezifischen Prozessen. Unser alltäglicher Umgang mit Medienangeboten ist geprägt vom vielfältigen Gebrauch von Gattungsbezeichnungen. "Morphematisches, grammatikalisches und lexikalisches Wissen (im Sinne der Kompetenz zur Erzeugung kommunikativ akzeptabler Medienangebote) sowie die Kenntnis des Funktionsrepertoires einer sozialen Gruppe oder Gesellschaft gehören zum kollektiven Wissen der Kommunikationsteilnehmer. Sie sind Teil der symbolischen Ordnungen, die Kognition und Kommunikation sozial koordinieren. Solche Koordinationsinstanzen regeln aber nicht nur interaktive Kommunikationen, sondern auch medientechnisch vermittelte Kommunikationsprozesse seit der Erfindung von Schrift und Buchdruck. Handschriften und Bücher wie später Filme, Hörfunk- und Fernsehsendungen sind (implizit oder explizit) sozial erwarteten Kategorien zugeordnet. Sie werden verfaßt und gelesen, gesehen und gehört als Traktat, Kommentar oder Hausbuch, als Roman, Komödie, Hörspiel, Krimi oder Video-Clip." (Schmidt 1994: 167) Hier erweisen sich Einordnungskategorien wie Gattungen inklusiver und abstrakter als Klassifikationen von Sprachakten wie Illokutionen und Perlokutionen (Austin 1978, Searle 1971). Schmidt unterscheidet deshalb zwischen dem Repertoire kommunikativer Funktionen von Äußerungen in Sprechakten und Kategorien zur Unterscheidung von medientechnisch vermittelten Medienangeboten: Illokutionen vs. Mediengattungen. Zwischen Gattungen kann hinsichtlich unterschiedlicher 'Integrations- und Abstraktionsfähigkeit (zum Beispiel Roman versus Leitartikel) unterschieden werden. Gattungen können darüber hinaus darüber bestimmt werden, ob sie sich durch 'formal-strukturelle oder 'thematische' Attribute auszeichnen (zum Beispiel Sonnett versus Reiseführer). Schließlich kann zwischen 'Eindeutigkeit' und 'Mehrdeutigkeit' der Funktion (zum Beispiel Gebrauchsanweisung versus Novelle) unterschieden werden (Schmidt 1994:167-8).

Wie lassen sich nun unter konstruktivistischen Prämissen diese Mediengattungen theoretisch erfassen? Die Vielfalt der Gattungen muß aus gesellschaftlichen Gründen entstanden sein, die nur in den über strukturelle Kopplung rekurrent erzeugten Handlungsweisen oder Handlungsschemata und mit ihnen korrelierenden kognitiven Schemata verborgen sein können. Schmidt setzt mit dem Konzept der 'kognitiven Schemata' des Entwicklungspsychologen Jean Piaget an. Er verweist darauf, daß ein Kind nicht nur angeborene Schemata mit auf die Welt bringt, sondern im Laufe seiner Entwicklung in seinem kognitiven Bereich Schemata aufbaut, welche die Fülle der Sinnesreize, Erfahrungen und Erlebnisse gliedern und beherrschbar machen. "Durch Handeln, Handlungswiederholung, Handlungswahrnehmung und Handlungskorrektur, durch Eigenwahrnehmung, Interaktion und Kommunikation bilden sich durch Abstimmung psychischer Strukturen Schemata heraus, die gewissermaßen wie Bewußtseinsprogramme arbeiten. In diesen Schemata schleifen sich viele einzelne Wahrnehmungen und Erfahrungen aufgrund erkannter Gemeinsamkeiten zu schematischen Ganzheiten ab. Schemata werden im Laufe der kindlichen Entwicklung zunehmend verinnerlicht und stehen für solche nachfolgenden Handlungen als kognitive prozedurale Muster zur Verfügung, die als vergleichbar eingeschätzt werden." (Schmidt 1994:169)

Schemata organisieren demnach – immer strukturelle Kopplungen vorausgesetzt - Einzelheiten zu Gesamtheiten. Sie haben es primär mit dem Operieren kognitiver Systeme und nicht mit erkannten Strukturen einer subjektunbhängig gedachten Realität zu tun. Erst mit Hilfe von Schemata können wir etwas 'als' etwas wahrnehmen und erkennen. Andererseits wirken diese Schemata auch als einschränkende Bedingungen für jede weitere Bewußtseinstätigkeit. "Sie machen Wahrnehmen und Erkennen zu Prozessen der Konstruktion einer menschlichen Erfahrungswirklichkeit, die auf kognitionsabhängigen Unterscheidungen beruht. Erworbene Schemata entstehen nicht im isolierten Handeln, sondern durch Interaktion - strukturellen Kopplungen - von Handlungs- und Kommunikationspartnern in bestimmten Situationen. Das heißt, sie werden im Laufe der Sozialisation als überindividuelle, intersubjektive wirksame Ordnungsmuster oder kognitive Programme im Individuum aufgebaut. Eben diese Intersubjektivität sowie die Verwendung von Namen für solche Schemata sorgen dafür, daß wir über unsere durchaus subjekt'abhängigen' Schematisierungen der Erfahrungswirklichkeit sozial erfolgreich miteinander interagieren und kommunizieren können." (Schmidt 1994:170)

Komplexe Schemata werden 'Scripts' und 'Frames' genannt. Scripts beziehen sich auf umfangreichere wiederkehrende routinisierte Ereignis- und Handlungsabläufe, beispielsweise die immer wieder angeführten Restaurant- oder Supermarktskripts. Als Frames werden besonders komplexe Organisationen von Wissensstrukturen bezeichnet. Sie beziehen sich auf konventionell festgelegtes Wissen von Gesetzmäßigkeiten, Regelmäßigkeiten und Normen, die in sozialen Situationen eine Rolle spielen. Schmidt faßt zusammen:

"Schemata entstehen durch wiederholte und mit anderen erfolgreich geteilte Erfahrungen (z.B. Schemata für räumliche und zeitliche Ordnungen, Objekte und Farbräume) sowie durch Kommunikation.

Schemata erlauben die rasche Bildung von Gestalten (= Eigenwerten oder Invarianten) über einer großen Menge von Einzelheiten (Menschen, Uhren, Schalter, Lärm, Lautsprecher, Bahnhof).

Schemata sind nur zum Teil bewußt und nur zum Teil sprachlich kommunizierbar (z.B. Schemata für Gefühle).

Schemata verbinden kognitive, affektive und assoziative Faktoren von Bewußtseinstätigkeit (z.B. Mutterschema, Heimatschema).

Schemata sind in Netzwerken organisiert (Schemata für Wahrnehmungen, Schemata für Handlungen, Schemata für Kommunikation).

Schemata erlauben Intersubjektivität von Kommunikationen und Handlungen durch den Aufbau von Erwartungserwartungen (zum Beispiel Schemata stereotyper Handlungsabläufe wie Autofahren in der Großstadt, Einkaufen im Supermarkt usw., Schemata der Kommunikation wie Witze erzählen, eine Predigt halten usw.)." (Schmidt 1994:171-2, ausführlich behandelt in Aebli (1980,1981).

Wendet man nun das Schema-Konzept auf den Umgang mit Medienangeboten an, kann man davon ausgehen, daß jeder Aktant im Verlaufe seiner Mediensozialisation lernt, wie man mit Medienangeboten umgeht, sie benennt, sie von anderen unterscheidet, oder Anschlußhandlungen erwartet werden. Aktanten lernen oder erwerben die kognitive Fähigkeit, Medienangebote in bestimmen Klassen einzuordnen, die mit anderen Klassen ein mehr oder minder strukturiertes Feld bilden. Aktanten erwerben ein 'Schema-Wissen' (oder Programme der Invariantenbildung) über die Produktion, Vermittlung, Rezeption und Verarbeitung (Schmidt 1996) von Klassen von Medienangeboten wie Bücher, Filme, Hörspiele, Videoclips etc. Solche kognitiven Schemata, die im Umgang mit 'Kommunikationsmitteln' (Sprache, Bild, Ton etc.) zum Tragen kommen, nennt Schmidt 'Medien-Schemata'. Klassen von Medienangeboten (Medien-Schemata) sind in der Regel mit 'Gattungsbezeichnungen' verbunden. Diese dienen der kommunikativen Charakterisierung von Medienangeboten. Gattungen können aufgefaßt werden als kognitive und kommunikative Schemata zum Zweck der Konstruktion und intersubjektiven Festigung von Wirklichkeitsmodellen. Sie sind Programme zur intersubjektiven Sinnkonstruktion und ihrer rekursiver (Selbst-)Bestätigung (Schmidt/Weischenberg 1994: 216, Faulstich 1991).

Wegen der Trennung von Kognition und Kommunikation ist es sinnvoll, Gattungsbezeichnungen und Medien-Schemata getrennt zu behandeln. Auch wenn der Erwerb von beiden zeitlich synchron verläuft, erlaubt dies keine Rückschlüsse auf die Identität von Medien-Schemata und die Bedeutung von Gattungsbegriffen. Medien-Schemata orientieren jede medienbezogene Kognition, Gattungsbezeichnungen orientieren medienbezogene Kommunikation (Schmidt 1994:173).

Schmidt und seine Mitarbeiter haben in den zurückliegenden Jahren eine Medientheorie elaboriert, die ausführlich vorgestellt den Rahmen dieser Abhandlung sprengen würde. Es muß deshalb auf die einschlägige Literatur verwiesen werden, besonders auf Schmidt selbst (1994:195-198, Merten/Schmidt/Weischenberg 1994).

Kultur als symbolische Ordnung

Hinsichtlich der Gattungen spricht Schmidt von 'symbolischen Ordnungen', und zwar von solchen 'mittlerer Reichweite' zwischen Schemata und Kultur

als Ordnung symbolischer Ordnungen (1994:164). Als symbolische Ordnungen versteht er geordnetes Wissen, welches während der Dauer ihrer
Geltung in einer sozialen Gruppe, einem Sozialsystem oder der Gesamtge-
sellschaft überindividuell verbindlich und – im Fall ihrer Normierung –
sogar juristisch sanktionierbar ist (1994:104). Es handelt sich um solche
kollektiven Wissensbestände, die das kognitive wie kommunikative
Prozessieren von Medienangeboten so regulieren, daß sich alle sozialisierten Aktanten auf diese Wissensbestände als symbolische Ordnungen beziehen, da sie aufgrund kommunikativer Erfahrungen (wie kontrafaktisch
auch immer) unterstellen, daß solche Ordnungen als Bezugspunkte der
Reflexivität sozialer Handlungen unbestritten bzw. hinreichend bekannt
sind (Schmidt 1994:104). Wir haben es im Sinne Hansens mit Standardisierungen zu tun und damit mit Kultur. Kultur als Ordnung symbolischer
Ordnungen umfaßt nicht nur kollektives Wissen, sondern auch alle sozio-
strukturellen Aspekte. Eine innovative Kulturtheorie muß deshalb nicht nur
den Zusammenhang zwischen Kognition und Kommunikation plausibel
machen, sondern ebenso mikro- und makrosoziologische Beschreibungs-
und Erklärungsansätze sinnvoll aufeinander beziehen können.

Schmidt zieht nun medientheoretisch radikale Konsequenzen, was die Zusammenhänge von Kognition und Kommunikation, Kognition und Bewußtsein sowie Medien und Kultur betrifft. "Meine generelle These lautet:
Die selbständigen Bereiche Bewußtsein und Kommunikation werden unter
Aufrechterhaltung ihrer Selbständigkeit durch einen dritten selbständigen
Bereich, den Medienbereich, miteinander strukturell gekoppelt, weil sich
die Aktanten in einer Gesellschaft in hinreichend vergleichbarer Weise auf
kollektives Wissen (auf Kultur...) beziehen (können) und dies voneinander
erwarten. Medienangebote können nur produziert und rezipiert werden,
weil und wenn Aktanten die verwendeten Kommunikationsmittel in einer
Weise verwenden, die im Verlauf der Mediensozialisation als gesellschaftlich anschlußfähig erlernt und erprobt worden ist [...] Umgekehrt instruie-
ren Medienangebote Kommunikatbildungsprozesse, indem sie – ungeachtet
aller kognitiven Autonomie – sprachsozialisatorisch stark geprägte Be-
wußtseinsprozesse anlaufen lassen, die sich selbst an (subjektiv konstru-
iertem) kollektivem Wissen orientieren." (Schmidt 1996:24-25)

Kultur als Ordnung symbolischer Ordnungen koordiniert also Bewußtsein
(Kognition) und Kommunikation (deshalb auch soziales Handeln) durch
den Medienbereich als umfassende strukturelle Kopplung. Der Medienbereich ist selbst kein Medium, da er aber die Medien und Aktanten in ihrer

Gesamtheit koordiniert, ist er Kultur. Mehr noch, er ist der Ort der bewußten Kognition.

Es bleibt folgende Frage offen: Was bedeutet es, wenn Schmidt formuliert, daß 'Kultur [im Medienbereich] koordiniert'? Im letzten Kapitel haben wir mit Maturana festgehalten, daß sich soziale Systeme – gleiche Elemente vorausgesetzt - nur in ihren Ordnungen als Konfigurationen und Konstellationen der Elemente unterscheiden. Diese Konfigurationen sind nichts anderes als die Basiskoordination der Gesamtsysteme, das, was man gewöhnlich die Struktur nennt. Kultur als symbolische Ordnung der Ordnungen bezieht sich im Sinne Maturanas auf ein zusammengesetztes System. Auch Kulturen müssen Konfigurationen und Konstellationen besitzen. Was könnte die Konfiguration und Konstellation in der Kultur und den Medien in bezug auf Koordinierungen im Sinne Schmidts bedeuten?

Schmidt bezieht Kultur auf die Grundoperation aller kognitiven und kommunikativen Systeme: Unterscheiden und Benennen. Aus Interaktion und Kommunikation entstehen Wirklichkeitsmodelle von Gemeinschaften und Gesellschaften, also das in einer Gesellschaft verbindlich gewordene Modell von/für Wirklichkeit. Diese Wirklichkeitsmodelle lassen sich wiederum als systematisiertes kollektives Wissen der Mitglieder einer Gemeinschaft bestimmen, das über Erwartungserwartungen der Interaktionen koordiniert und damit kommunalisiert wird. Derartige Wirklichkeitsmodelle entstehen auf dem Wege der Konstruktion und Systematisierung als wichtig angesehener Unterscheidungen. Sie betreffen Verhaltensweisen gegenüber Natur und Umwelt (wirklich/unwirklich, hilfreich/gefährlich, oben/unten), Ko-Aktanten (alt/jung, männlich/weiblich, mächtig/machtlos), Normen und Werte (gut/böse, heilig/profan) oder in der Inszenierung von Emotionen (glücklich/traurig, liebevoll/grausam) (Schmidt 1996:36) Jedes soziale System und jede Kultur muß aus Bestandserhaltungsgründen daran interessiert sein, daß das Wirklichkeitsmodell und die Bezüge von Aussagen und Handlungen auf dieses Modell überschaubar, von den Mitgliedern des Systems nachvollziehbar und vom System einklagbar sind und bleiben. Darum kann es in einem sozialen System nie beliebig viele Wirklichkeitsmodelle so wie Arten des Bezugs auf solche Modelle (=Referenzmodalitäten) geben. "Bildlich gesprochen: Die Gewinnstrategien im 'Realitätspiel' müssen verbindlich und einvernehmlich geregelt sein, Verluststrategien müssen sozial sanktionierbar sein. Nur deshalb gibt es in unserer Gesellschaft Gerichte und Gefängnisse, psychiatrische Anstalten, Universitäten und Nobelpreisträger und Kirchen mit Heiligen, Dissidenten und Ketzern." (Schmidt/Weischenberg 1994:217)

Nun zu den Konfigurationen und Konstellationen. Aktanten sind nach Schmidt nur solange und insofern Mitglieder einer Gemeinschaft oder Gesellschaft, als sie ihrem Wirklichkeitsmodell entsprechend agieren. Deshalb kommt der Thematisierung, Plausibilisierung und Legitimierung des jeweiligen Wirklichkeitsmodells eine entscheidende Rolle zu. Das System von Unterscheidungen, das den kategorialen Rahmen des jeweiligen Wirklichkeitsmodells bildet, muß dauerhaft mit einer normativen gesellschaftlichen Semantik und mit gesellschaftlich sanktionierten Gefühlen und Werten verbunden sein. Konsequent definiert Schmidt: "Das Programm für diese soziale Gesamtinterpretation und Bewertung des Wirklichkeitsmodells einer Gesellschaft nenne ich Kultur. Daraus folgt: es gibt keine Gesellschaft ohne Kultur und keine Kultur ohne Gesellschaft, und beide werden getragen von kognitiv und kommunikativ aktiven Individuen." "'Kultur' nenne ich das sozial gültige und sozialisatorisch reproduzierte Programm zum Abgleich (sozusagen zum Tuning) individuell erzeugter Wirklichkeitskonstrukte, das im Tuning die Kriterien der Realitätsgeltung entwickelt, erprobt und legitimiert. Insofern verkörpert Kultur das grundlegende Prinzip der Selbstorganisation allen Lebens und Denkens sowie aller Gesellschaft." (Schmidt 1996:36) Den Zusammenhang von Gesellschaft und Kultur hat Schmidt folgendermaßen festgehalten: "Es geht also nicht um eine Opposition Kultur vs. Gesellschaft, sondern um den Vollzug von Gesellschaft in Aktanten gemäß dem Programm Kultur in Format von kognitiven wie kommunikativen Sinnstrukturen." (Schmidt 1994:253) Diese Sinnstrukturen sind die Medien.

Damit haben wir die zuvor gestellte Frage beantwortet. Kultur erscheint als Konfiguration des Gesamtsystems. Die Konfiguration ist das Programm. 'Programm' ist optimaler, weil es Medien und Konfiguration umfaßt. Informationstheoretisch entspricht ein derartiges Programm einem Super-Schema. Wenn es abläuft, läuft es rekurrent in sich ab als 'hyperstrukturelle Kopplung'. Das ist es unter anderem, was wir mit 'common sense' umschreiben, Hansen (1999) als aus Gewohnheiten entstandene kulturelle 'Standardisierungen' oder Gerry Johnson als 'taken-for-granted' (Johnson/ Scholes 1997:53f.) bezeichnet. Im Sinne Derridas, auf den wir in Kapitel 7 eingehen werden, ist Kulturprogramm die 'Urschrift'.

Schmidt umschreibt die Vorteile seiner Kulturkonzeption folgendermaßen:

1. Programme enthalten nicht nur eine Menge von Prinzipien, Regeln und Items, die erfolgreichen Problemlösungen entstammen und nicht ohne weiteres geändert werden können. Sollen sie funktionieren, benötigen

sie 'Anwender'. Insofern ist 'der' Mensch Schöpfer jeder Kultur und zugleich 'die' Menschen Geschöpfe ihrer Kultur.

2. Kulturprogramme sind lernfähig, während ihrer Anwendung jedoch ebenso lernunwillig; das heißt, sie sind statisch und dynamisch zugleich.

3. Kultur als Programm stellt Problemlösungen im Bereich der Sinnkonstruktion kognitiv wie kommunikativ auf (relative) Dauer – weil es Kognition wie Kommunikation über das kollektive Wissen koordiniert. Damit löst sie zwei für den Bestand einer Gesellschaft zentrale Aufgaben: Kontrolle und Reproduktion. Die Reproduktion erfolgt über die Weitergabe des Kulturprogramms an Individuen im Verlauf der Sozialisation. Die Kontrolle verläuft über kulturell programmierte Bedeutungen, unter anderem über die Sprache.

4. In Gesellschaften ohne ausdifferenzierte und reflexive Mediensysteme sind Kulturprogramme und deren Anwendung der Dauerbeobachtung weitgehend entzogen – sie bilden den 'blinden Fleck' der Kognition und Kommunikation. Sie systematisieren, was schon 'immer üblich' war, das 'taken-for-granted'. So gewinnen sie den Anschein der Natürlichkeit und Selbstverständlichkeit.

5. Kulturprogramme bestehen in der Regel aus verschalteten Subprogrammen. Funktional ausdifferenzierte Gesellschaften entwickeln Teilprogramme für die ausdifferenzierten Sozialsysteme (Wirtschaftskultur, Sportkultur, Parteienkultur etc.), die teilweise miteinander unvereinbar sein können. Konflikte zwischen diesen Teilprogrammen werden in der Regel über abstrakte Ethiken oder Rechtsvorschriften gelöst (Unversehrtheits- oder Eigentumsrecht, Menschenrechte etc.). Je nach Ausdifferenzierung eines Kulturprogramms stellt sich die Frage, ob man noch sinnvoll von 'der Kultur' einer Gesellschaft sprechen kann. Diese Frage wird uns in den folgenden Kapiteln noch intensiv beschäftigen.

6. Je stärker moderne Gesellschaften den Grad ihrer Beobachtbarkeit durch die Entwicklung von Mediensystemen erhöhen, um so mehr erscheint die Funktionsfähigkeit von umfassenden Kulturprogrammen als Problem.

7. Gesellschaften, deren Wirklichkeitsmodelle in komplexen Mediensystemen einer Dauerthematisierung ausgeliefert sind, entwickeln notwendigerweise 'Medienkulturen' mit hoher Pluralität und geringem Verpflichtungsgrad partieller Problemlösungen.

8. "Mit Hilfe ihrer Dimensionen symbolischer Ordnungen (Riten, Mythen, Diskurse, Kollektivsymbole, Gattungen etc.), die als kollektives Wissen

in und von entsprechend sozialisierten Aktanten (re-)produziert werden, überbrückt Kultur die Trennung zwischen Kognition und Kommunikation und vermittelt die Autonomie der lebenden Systeme mit der gesellschaftlich erforderlichen sozialen Kontrolle. 'Kultur, so kann man zusammenfassend sagen, ist das Programm sozialer (Re-)Konstruktion kollektiven Wissens in/durch kognitiv autonome Individuen. Kultur als Programm materialisiert sich in Anwendungen, die nur dann gesellschaftlich relevant werden, wenn sie eine (jeweils) relevante Öffentlichkeit erreichen und sich dort hinreichend lange etablieren können. Daher erklärt sich [dann in Wechselwirkung auch] die grundlegende Bedeutsamkeit von Medien und Kommunikation für Kultur." (Schmidt 1996:38)

9. Die über strukturelle Kopplungen induzierte operative Geschlossenheit von Kulturen erzeugt die Individualität und Autonomie von Kulturen, auch wenn verschiedene Kulturen gleiche oder ähnliche Programmelemente enthalten. Entscheidend ist es, die beobachtete Differenz im Licht der eigenen Kultur zu bewerten. Beobachtung und Beurteilung von Differenzen bestimmen das Problem der Zugänglichkeit und der Interaktionsfähigkeit von Kulturen (Schmidt 1996:38). "Nicht die Einebnung oder die Aufgabe der kulturellen Identität(en) kann m.E. das Ziel der künftigen Entwicklung sein; es wird um die 'Bewertung der Differenzen' gehen, denen wir unsere Identität verdanken; und diese Identität wird eine kulturelle Identität sein müssen." (Schmidt 1996:41)

Der letzte Abschnitt ist besonders interessant. Strukturelle Kopplung induziert operative Geschlossenheit (=Identitäten) von Kulturen, auch wenn sie gleiche oder ähnliche Programmelemente enthalten. Dann können nur noch differente Konfigurationen oder Konstellationen der Elemente – besonders bei gleichen Elementen – die Differenzen der Kulturen induzieren. Oder die Differenzen zwischen Kulturen werden von den unterschiedlich konfigurierten 'geschlossenen' Kulturen erzeugt. Zwischen den Kulturen als unterschiedliche Identitäten liegen dagegen keine strukturellen Kopplungen vor, die zu 'operativen Geschlossenheiten' von sozialen Systeme führen. Bestehen dennoch Interaktionen in der Umwelt dieser geschlossenen Kultursysteme, müssen strukturelle Dis-Kopplungen oder vom jeweiligen Kultursystem nicht einbezogene radikale Differenzen vorliegen. Dieser Sachverhalt potenziert sich, wenn man Schmidts Anmerkungen 5, 6 und 7 berücksichtigt.

Über Ausdifferenzierungen autonomer Handlungebereiche in modernen Gesellschaften wird schon lange diskutiert. Das Aufbrechen ehemaliger kultureller Superprogramme – besonders in modernen Nationalstaatkulturen – in unzusammenhängende Subprogramme ist relativ neu und wird bevorzugt von postmodernen Theoretikern ausgiebig diskutiert. Uns interessieren vorerst nur empirische Tatsachen. Nicht nur zuvor unabhängige in die modernen Nationalstaatskulturen einbezogene (genötigte) Kulturen machen sich mit Differenzbildung – als Artikulation ihrer kulturellen Eigenheit – bemerkbar, sondern unabhängig davon und quer zu solchen möglichen vorhandenen historischen Kulturen zerfallen die kulturellen Superprogramme in Subprogramme und induzieren in operativer Geschlossenheit neue Kulturen mit eigener über strukturelle Kopplungen induzierten Identitäten. Hinsichtlich dieser Realität in modernen Nationalstaaten ist es gewiß irreführend, noch von *'der Kultur'* zu sprechen. Nur Politik, und dies immer mühsamer, hält diese Kulturfragmente noch zusammen.

Hier sind wir an einen Scheitelpunkt der bisherigen Diskussion angelangt. Bisher haben wir weitgehend eine Kulturtheorie konzipiert, die als die 'Kulturtheorie' für alle Kulturen der Erde Geltung beansprucht. In ihrer singulären Universalisierung erscheint sie selbst kulturell geprägt. Sie impliziert das, was wir schon mit 'Container-Theorien' umschrieben haben. Das konzidiert sogar Schmidt, dem wir die wohl elaborierteste Kulturtheorie zu verdanken haben. Innerhalb der Diskussion der Problembereiche einer Medienkulturwissenschaft formuliert er: "Theoretisch plausibel aber praktisch nicht leicht durchführbar dürfte die Forderung nach 'Interkulturalität einer Medienkulturwissenschaft' selbst sein." (Schmidt 1996:42) Dies ist ein Problem seiner Medienkulturtheorie, wenn er, wie in obiger Anmerkung 9, 'die über strukturelle Kopplungen induzierte operative Geschlossenheit von Kulturen' paradigmatisch beibehält. Noch drastischer formuliert es Bernd Vaassen, der bemüht ist, den Radikalen Konstruktivismus unter Berufung auf Derrida wieder identitätslogisch zu überholen. Seiner Ansicht nach vollzieht sich Denken schon in narrativen Mustern, die wir nicht überschreiten können, ohne in anderen narrativen Mustern zu denken. Das bedeutet dann aber auch, daß jede Sprach- und Denkordnung eine geschlossene, sinnvolle, mit anderen Ordnungen aber 'inkommensurable Wirklichkeit' etabliert (Vaassen 1996:128). Oder: "Eine 'epistemic community' verfügt also nicht nur über eine gemeinsame Ontologie, sondern stellt auch stets eine moralische Gemeinschaft dar. Moral und Ethik sind stets unauflöslich in die Wirklichkeit einer Gemeinschaft verwoben. Die (konventionalisierte) Fraglosigkeit der alltäglichen Geschichten gestaltet die gemeinsame Wirklichkeit und die gemeinsamen Werte, den 'common sense', von epistemischen Gemeinschaften. Die Gestalt unserer Wirklichkeit verdankt sich ausnahmslos der Konventionalisierung. Unsere 'conventional forms of talk' behaupten diese Wirklichkeit, indem sie reifizierend-ontologisch und wertend-normativ die kulturellen Narrationen in eine Organisation von Entitäten 'übersetzen'. Ontologie und Werte sind narrativ fundiert, und das narrative Gefüge kann zu seiner Legitimation und Begründung stets nur wieder auf sich selbst verweisen. Die Konsequenz ist eine fundamentale 'Inkommensurabilität' narrativer Gefüge." (Vaassen 1996:137)

Derart moderne Kultur erneut im Container eingebunden kann man zum einen ihre empirische Vielfalt und zum anderen ihre interkulturellen Interaktionen und Kommunikation nicht erklären. Das Lyotard'sche Inselmodell scheint eine natürlich Grenze der konstruktivistischen Kulturtheorie zu bilden. Entweder verirrt man sich in 'Hyperkomplexe Kultur-Systeme' mit einer Unzahl von Subsystemebenen, Dichotomien und Brüchen, oder stößt an das Lyotard'sche Ende aller Archipele. Mit ganz wenigen Ausnahmen kranken alle modernen Kulturtheorien an diesem Dilemma, insofern können sie weder Vollständigkeit noch universale Geltung beanspruchen. Es kommt nur wenigen in den Sinn, daß gerade die Inkommensurabilitäten oder strukturellen Dis-Kopplungen zwischen Kulturen auf eine übergeordnete Lösungsmöglichkeit verweisen, eben der 'Vollzug der Kombinationen der Operationen Zweiter Ordnung'.

Wir werden in den folgenden Kapiteln Grundzüge einer umfassenden Kulturtheorie vorstellen. Um dies leisten zu können, werden wir zunächst wieder mit Schmidt die internen Auflösungsprozesse der Kultur moderner Nationalstaaten behandeln, worin sich die Operationen Zweiter Ordnung ankündigen. Dies ermöglicht dann die Problembereiche inter- und transkultureller Verhältnisse zu verallgemeinern. Die angesprochenen kulturellen Fragmentierungsprozesse können nur in einer Inter- und Transkulturtheorie reflektiert werden. Ein einseitiges 'Außen' oder eine radikale 'operative Abgeschlossenheit' ist hier nicht länger möglich. Das zentrale Problem sind die 'Differenzen'. Sie bestehen innerhalb und außerhalb von Systemen. Intra-systemisch werden sie in Konstellationen eingebunden, die als die System-Identität erscheinen. Hansen erneut zitiert: "Die Kohäsion der Kollektive ergibt sich daraus, daß die Mitglieder ihre Identitätsübereinstimmungen aktualisieren und die Identitätsdifferenzen nicht virulent werden lassen." (1999:195) Außerhalb dieser 'kohärenten' Systeme ist es normalerweise nicht mögliche, 'Identitätsübereinstimmungen zu aktualisieren und die Idenitätsdifferenzen nicht virulent werden zu lassen'. Im Gegenteil, interkulturelle Beziehungen bestehen darin, Identitätsdifferenzen zwischen Kulturen virulent sein zu lassen! Interkulturelle Differenzen können nicht ohne weiteres im 'dichten Gewebe' der Identitätsübereinstimmungen zum Verstummen gebracht werden. Schmidt hat diesen radikalen Differenzen seine Aufmerksamkeit gewidmet. Es ist nützlich in Erfahrung zu bringen, ob er nicht doch die zuvor angedeutete Begrenzung seiner Kulturtheorie überwunden hat.

Medienkulturtheorie

Zunächst, Medienangebote wie Texte, Filme, Bilder enthalten keine Informationen, die als Informationsteilchen in das Denken eingehen, sondern sie bestehen aus "kulturell geprägten semiotischen Komponenten, die von entsprechend sozialisierten kognitiven Systemen als erlernte und konsensfähige Anlässe zur Informationsproduktion genutzt werden können" (Schmidt 1996:11). Schmidt nimmt an, daß diese Informationsproduktion als Selbstdifferenzierung bei verschiedenen Individuen in unterschiedlicher Weise erfolgt: "Für Kognitions-, Kommunikations- und Medientheorie folgt daraus hinsichtlich ihrer Startthesen, daß mit der Annahme von Pluralität und Differenz begonnen werden muß: Pluralität subjektdependenter Erfahrungs- und Erlebniswelten der Individuen und Differenz der Sinn- und Bedeutungskonstruktion im Umgang mit den verschiedenen Aspekten von Umwelten." (Schmidt 1996:12)

Pluralität ist Kennzeichen der Moderne. Die funktionale Differenzierung moderner Gesellschaften ab dem 18. Jahrhundert geht unter anderem einher mit einer in der Geschichte zuvor unbekannten Beschleunigung medientechnischer Innovationen. Medien entfalten Kommunikation, und entfaltete Kommunikation forciert die Entwicklung neuer Medientechnologien. Gegenwärtig werden alle kulturellen Ordnungen und Leistungen Schritt für Schritt in Medienkultur transformiert (Schmidt 1996:43). Medien werden in modernen Gesellschaften als Instrumente genutzt, kognitive und kommunikative Wirklichkeiten zu konstruieren. Die Entwicklung scheint deshalb dahin zu gehen, daß sich über den modernen Medienverbund und die Wirkungen, die er auf Sozialisation und Kultur ausübt, die Struktur unserer Wirklichkeitsmodelle essentiell verändern wird. Schmidt konstatiert eine Entwicklung, nach der in Zukunft unsere Wirklichkeitsmodelle nicht mehr 'nur' über Dichotomien aufgebaut werden. Er sieht es darin begründet, daß die bereits mit den neuen Medien Sozialisierten an strikte Unterscheidungen des Typs wahr/falsch, wirklich/unwirklich, real/irreal nicht mehr in derselben Weise interessiert, bzw. nur noch in bestimmten Bereichen und zu bestimmten Zwecken daran interessiert sind, wie das bei den Printsozialisierten noch der Fall gewesen war (Schmidt 1996:44). In diesen neuen Medienwelten müssen wir statt von einer relativen Homogenität des Mediennutzungsverhaltens von einer Pluralität der Mediennutzung durch produktive Mediennutzer ausgehen. Medien beeinflussen Prozesse sozialer Differenzierung und Entdifferenzierung, wobei beide ko-evolvieren. Schmidt wendet sich in diesem Sinne gegen kulturkritische Geister, die statt Pluralisierung der Medien eine McDonaldisierung als Menetekel an die Wand malen.

Die Medien favorisieren zunehmend Kommunikationsqualitäten auf Kosten dessen, was man Referenz oder Authentizität nennt. Das Fernsehen orientiert sich immer stärker an den ästhetischen Ansprüchen von Videoclips und Werbespots. Selbst Nachrichten müssen ästhetisch 'aufgerüstet' sein, um noch Aufmerksamkeit zu erregen. Der entscheidende Punkt einer radikalen kulturellen Veränderung in und durch die Medien in modernen Gesellschaften liegt für Schmidt darin, daß Medien die 'Beobachtungsverhältnisse' intensivieren und steigern. Kontingenzgewißheit wird zu einem unveräußerlichen Teil kollektiven Wissens "in Form der Erfahrung, daß wir offensichtlich nicht in einer, sondern in vielen Wirklichkeiten leben und alle Ansprüche auf 'letztgültige' Wahrheiten aufgeben müssen" (Schmidt 1996:46).

Schmidt schlägt drei Kategorien vor, um die Besonderheit moderner Mediensysteme zu bestimmen: Konstruktivität, Selektivität und Reflexivität. Je stärker die Arsenale des Berichtenswerten und Darstellbaren anwachsen, desto evidenter wird die hochgradige Selektivität der Medien. Ein Problem liegt darin, die Glaubwürdigkeit von Informationsangeboten sicherzustellen. Für dieses Authentizitätsproblem hat die Mediengesellschaft laut Schmidt eine Lösung gefunden: Reflexivität. "Das Mißtrauen gegen die Medien wird institutionalisiert, und das Publikum berichtet – in den Medien – über sein Mißtrauen gegen die Medien. Reflexivität materialisiert sich, indem die Medien als Medien auf ihre Produkte reagieren." (Schmidt 1996:46) Mißtrauensmanagement ist für Schmidt ein drastisches Beispiel für die 'Selbstbezüglichkeit der Medien' im Mediensystem moderner Gesellschaften. Dies hat jedoch gravierende Folgen. Bezogen auf das Fernsehen kann es bedeuten, daß statt Bilder der Wirklichkeit die Wirklichkeit der Bilder die Kognition anästhetisieren. Schmidt fragt sich beklommen: "Würde eine solche Entwicklung dazu führen, daß Selbstreferenz im Mediensystem zum ersten und letzten Referenz-, ja Realitätsbeweis arrivieren könnte? Man mag vor solchen Perspektiven erschauern. Man kann sie aber auch dahingehend interpretieren, daß damit die Medien endgültig den Mechanismus adaptieren würden, mit dessen Hilfe Individuen wie soziale Systeme Wirklichkeiten konstruieren: Selbstorganisation und Selbstreferenz; und daß damit die Einsicht Allgemeingut würde, daß es keine absoluten

Kriterien für 'die Realität' gibt, sondern daß sich im komplexen Prozeß des Wettbewerbs und der Interaktion von Wirklichkeitskonstruktionen im Orientierungsrahmen von Kultur(en) eben die Realitätskriterien heranbilden, die 'wir' unserer Praxis in Kognition und Kommunikation zugrunde legen." (Schmidt 1996:52) Man muß laut Schmidt kein Radikaler Konstruktivist sein, um festzustellen, daß die Medien von Kognition und Kommunikation zunehmend zur Wirklichkeitskonstruktion benutzt werden. Wir leben darüber hinaus ein konstruiertes 'Pluriversum' – Polykontextualität und Virtualität sind angesagt (Schmidt 1996:54, Flusser 1998). Das betrifft ganz besonders die neuen Medien der 'Virtuellen Realitäten' im Internet und Cyberspace. Ehemalige 'Realität' wird im virtuellen Raum ohne Riß zwischen Realität und Fiktion verwandelt. Physischer Raum und physische Zeit haben ihren Realitätsgehalt vollends eingebüßt. Der Cyberspace als interaktive Simulation hat eine folgenschwere Differenz eingeführt, nämlich die Differenz 'real/virtuell', welche die Dichotomie von 'Wirklichkeit/Fiktion' radikal übersteigt. Wirklichkeit ist in den Plural zu versetzen und Fiktion wird durch simulierte, d.h. virtuelle Realität ersetzt. Es kommt noch schlimmer: "Neben den traditionellen Unterscheidungen Wahrheit/Lüge, Sein/Schein, Realität/Fiktion, Wirklichkeit/Utopie und Realität/Simulation tritt nun die Unterscheidung Realität/Virtualität/ Hyperrealität, womit alle anderen Unterscheidungen neu kontextualisiert und entsprechend semantisch uminterpretiert werden müssen." (Schmidt 1996:102) Neben Pluralisierung und Parallelisierung von 'Welten' ist 'world making' angesagt.

Wir sprechen immer noch von Kultur als Medienkultur, doch vieles von dem, was Schmidt im modernen Medienkultursystem bis hin zur 'Virtuellen Realität' analytisch vorgefunden hat, wird uns in der Diskussion der Inter- und Transkulturalität mit anderen Worten und in einem anderen Kontext wieder begegnen. Das ist in einer Hinsicht das wirklich verblüffende an der Medienkulturtheorie von Schmidt. Er hat die Konzeption des Radikalen Konstruktivismus als Erscheinungsform des 'Vollzugs der Kombination der Operationen Erster Ordnung' im Systemmodell der radikalen Differenzen bis zur Auflösung gebracht. Dennoch bleibt er in einer Hinsicht dem 'Container-Modell' der Kultur verhaftet. Das belegt seine oben vorgebrachte Bemerkung zur Interkulturalität. In einer anderen Hinsicht, bezüglich der 'Wirk'-weise der Differenzen, die sich in der Hypermoderne nicht länger in derartige Gehäuse einbinden lassen, hat er virtuelle 'Wirk'-lichkeiten erfaßt, die das Container-Gehäuse der Kultur weit hinter sich lassen. Es handelt sich nur noch um die Frage, hat man es bezüglich dieser neuen 'Wirk'-lichkeiten mit Inter- oder Trans-Wirklichkeiten zu tun?

Was könnte jedoch der Grund sein, daß Schmidt zwar eine Medienkulturtheorie konzipiert, die bisherige Kulturtheorien hinter sich läßt, weil sie mit
den reflexiven virtuellen Medienkulturen weit in transkulturelle Bereiche
vordringt, dennoch der Begrenzung der Interkulturalität verhaftet bleibt?
Diese Begrenzung hat sicherlich, wie wir schon angedeutet haben, mit dem
'Beobachter' zu tun, der eine grundsätzliche Beschränkung des radikalen
Konstruktivismus ausmacht. Der Beobachter ist schon bei Maturana
diejenige Instanz, die Unterscheidungen trifft. Als eine derartige Instanz
kann er jedoch die Unterscheidung als Differenz nicht überwinden. Jeder
Ansatz zur Überwindung erzeugt eine weitere Unterscheidung, das heiß der
Beobachter des Radikalen Konstruktivismus schiebt fortwährend Differen-
zen vor sich her, bis er mit seinen in struktureller Kopplung generierten
Supersystemen an der apriorisch uneingeholten 'radikalen Differenz' scheitert. In einer Hinsicht liegt hier das Grundproblem der Relation zweiter
Potenz vor, in einer anderen Hinsicht das Lyotard'sche Archipel. Der
Beobachter ist der Reeder bei Lyotard. Der Reeder als Beobachter ist das,
was er insgeheim schon immer war, nämlich der Herrscher über Unterscheidungen. Er trifft Unterscheidungen, als Herrscher-Beobachter scheitert er jedoch an seinen Herrschaftsgrenzen. Wir werden das im folgenden
Kapitel am Beispiel der 'transversalen Vernunft' von Welsch noch ausführlich diskutieren. Maturana beschreibt dieses Scheitern am Beispiel des
Herrschers, der auf die strukturellen Kopplungen einwirkt. Absolute Herrschaft verhindert alle innovativen strukturellen Kopplungen. Das ist genau
das, was die Inkommensurabilität und die Interkulturalität ausmacht, die
jenseits der Systeme aufscheint – keine strukturelle Kopplungen! Wir
haben dies Dis-Kopplungen genannt; das Lyotard'sche Meer. Schmidt hat
an der 'Wirk'-lichkeit der neuen virtuellen Medien aufgezeigt, daß sich das
Lyotard'sche Archipel überwinden und mit den 'strukturellen Dis-
Kopplungen' in ganz neue, nur noch 'reflexiv' zu erfassenden Hyper-'Wirk'-
lichkeiten eindringen läßt. Eine theoretische und praktische Lösung hierfür
wäre, die strukturellen Dis-Kopplungen erneut auf sich selbst operieren zu
lassen, denn die Dis-Kopplungen sind ja nur ein anderer Name für das
radikale Außen, welches vom 'Vollzug der Kombinationen der Operationen
Erster Ordnungen' als radikales Innen nicht eingeholt werden kann. Auch
Luhmann fordert diese Operation auf sich selbst als 'Differenz von Identität
und Differenz' ein, vollzieht sie in seinem Theoriegebäude aber nicht. Auch
er kann auf den Beobachter nicht verzichten. Doch um diese 'Differenz von
Identität und Differenz' 'virtualisieren' zu können, muß zuvor der Beobachter sich in seinen Beobachtungen beobachtend auflösen. Oder: Er muß
zumindest sein Sehen sehen lernen. Das bedeutet keine Beobachtung

zweiter Ordnung, sie würde das haltlose Spiel ja nur auf höherer Stufe wiederholen. Es bedeutet, sich im Vollzug der Beobachtung als Beobachter aufzulösen. Schmidt hat diesen Zustand benannt: Reflexivität der virtuellen Medien. Im Duktus der Medientheorie von Schmidt formuliert: die virtuellen Medien als virtuelle kognitive 'Wirk'-lichkeiten reflektieren, nicht länger der Beobachter. Oder, auf Kulturen übertragen: die virtuellen Kulturen als virtuelle kulturelle 'Wirk'-lichkeiten reflektieren. Wir werden diesen Zustand mit Derrida noch in einer anderen Weise umschreiben.

Im folgenden Kapitel werden wir die Medienkulturtheorie von Schmidt mit Hilfe des topologischen Modells der Rationalitätstypen von Welsch in eine interkulturelle Medienkulturtheorie erweitern. Schmidt hat eine vorzügliche Kulturtheorie mit einer gravierenden Leerstelle konzipiert: ein elaborierter Theorieteil bis zur Interkulturalität, ein Theorieteil jenseits der Interkulturalität. Dies sollte behoben werden. Ebenso wird die Gleichung 'Kultur= Medien=Kognition' bei Schmidt mit Hilfe des Ansatzes von Welsch in die Gleichung 'Kultur=Medien=Vernunft' generalisiert. Der 'Beobachter' im Radikalen Konstruktivismus wird bei Welsch als 'transversale Vernunft' erscheinen. Beide, Beobachter und transversale Vernunft, werden sich in den 'Inter'-Beziehungen auflösen, diese aber noch nicht in 'Trans'-Beziehungen überwinden. Insofern wird sich die 'transversale' Vernunft als noch beschränkte 'Inter'-Vernunft erweisen.

Kapitel 5

Transversale Vernunft

Wolfgang Welschs philosophischer Entwurf einer 'transversalen Vernunft' ist für uns von Interesse, weil er für die Leerstelle in der Medienkulturtheorie des Radikalen Konstruktivismus, die Interkulturalität, eine Lösung anbietet. Dies gelingt ihm, indem er den Beobachter, der Unterscheidungen trifft und im Paradigma des Radikalen Konstruktivismus für die Inkommensurabilitäten der autopoietischen Systemmonaden – ebenso Medienkulturen – verantwortlich ist, in eine die Differenzen überbrückende, deshalb 'transversale' Vernunft auflöst, ohne damit die radikalen Differenzen aufzuheben. Damit trifft er den Kerngehalt der Interkulturalität. Welsch vervollständigt die Medienkulturtheorie des Radikalen Konstruktivismus und entwirft ein relativ kohärentes Modell des 'Vollzugs der Kombination der Operationen Erster Ordnung'.

Welsch ist von Hause aus Philosoph. Er hat eine Konzeption der 'transversalen Vernunft' im Kontext von Rationalitätstypen und damit eine ihre erratische Isolation überwindende neue Vernunft der postmodernen Moderne entworfen. Man könnte deshalb einwenden, wenn wir diese philosophisch orientierte Theorie mit der Interkulturalität und der Medienkulturtheorie des Radikalen Konstruktivismus in Beziehung setzten, mißachteten wir paradigmatische Bereichsgrenzen und verwechseln Äpfel mit Birnen. Wir möchten gegenüber allen 'Beobachtern', die bevorzugt Unterscheidungen hinsichtlich akademischer Bereichsgrenzen zu treffen belieben, unerschrocken entgegenhalten: die Radikalen Konstruktivisten sind angetreten, die Bereichsgrenzen zwischen Vernunft, Kognition, Sprache und Medienkulturen zu überwinden.

Unserer Auffassung nach teilt Welsch die Prämissen des Radikalen Konstruktivismus. Anstelle von autopoietischen Systemen setzt er die radikale Getrenntheit und Selbstbezüglichkeit von Rationalitätstypen oder Paradigmen voraus. Indem er die Einseitigkeiten der differenzlogischen Konzeptionen und die Einseitigkeiten der identitätslogischen Konzeptionen mit einer sich vollziehenden Operation beider Einseitigkeiten überwinden möchte, führt er das durch, was auch die strukturelle Kopplung des Radikalen Konstruktivismus leisten soll. Nur bleibt Welsch hier nicht stehen. Er versucht, die vorauszusetzende Getrenntheit der inkommensurablen Paradigmen zu überwinden, indem er den Beobachter des Radikalen Konstruktivismus als letzten Bezugspunkt der struktuellen Kopplungen in seinen Beobachtungen operieren läßt und dies 'transversale Vernunft' nennt. Welsch gelingt jedoch nicht der entscheidende Sprung. Der nun in den Differenzen und auf sich selbst operierende Beobachter als transversale Vernunft operiert in den radikalen Differenzen absolut leer und bloß formal. Das sind Vorgriffe und Behauptungen, die erläutert werden müssen. Wir werden Schritt für Schritt voranschreiten und zunächst mit einigen plausiblen Übersetzungen an den Radikalen Konstruktivismus und die Kulturkonzeption von Hansen anschließen.

Schmidt verbindet im Paradigma des Radikalen Konstruktivismus Kommunikation und Medienkultur mit Kognition. Er ordnet Kognition dem Bereich der strukturellen Kopplungen als 'soziales Handeln', der 'Kommunikation' und der 'Medien', letztlich der Medienkultur, zu. Medienkultur wird darüber hinaus mit einem paradigmatisch konstituierenden 'Frame' als 'Superprogramm' in Beziehung gebracht. Als Schemataordnung umfassendster Stufe kann man es im Sinne von Kuhn oder Wittgenstein mit 'Paradigma' gleichsetzen. Kuhn (1969) definiert den Paradigmabegriff folgendermaßen: "Einerseits steht er für die ganze Konstellation von Meinungen, Werten, Methoden etc., die von den Mitgliedern einer gegebenen Gemeinschaft geteilt werden. Andererseits bezeichnet er ein Element in dieser Konstellation, die konkreten Problemlösungen, die, als Vorbilder oder Beispiele gebraucht, explizite Regeln als Basis für die Lösung der übrigen Probleme der 'normalen Wissenschaft' ersetzen können." (Kuhn 1969:186) Welsch bezeichnet das Paradigma als 'Rationalitätstyp'. Paradigmen beanspruchen für sich fast schon absolute Exklusivität. Man kann ihnen autopoietische Konsistenz zusprechen. Welsch formuliert: "Die Paradigmen haben, anders gesagt, transzendentale Funktion und originären Status im Feld der Rationalität. Sie definieren je eigene Regeln der Gegenstandskonstitution und Aussagenproduktion, und sie geben damit zugleich Reflexionsregeln für die Beurteilung ihrer Gegenstände und Aussagen vor. Sie legen fest, wie über diese Gegenstände zu sprechen ist, was beispielsweise Vollständigkeit im Bereich eines Paradigmas bedeutet und wie sie zu erreichen ist, wo die Grenzen liegen und beachtet werden müssen usw. In diesem Sinne sind die Paradigmen autonom und originär. Sie [...] stellen die eigentlichen Elemente, die 'Radikale' im Feld der Rationalität dar." (Welsch 1995:560) An der Definition von Kuhn und der Umschreibung von Welsch ist unschwer zu erkennen, daß wir es mit 'common sense' oder 'Standardisierungen' in einer Gruppe zu tun haben, im Sinne von Hansen mit Kollektiven als Kulturen (1999:193f.) und im Sinne Schmidts mit Medienkultur. Kollektive oder Medienkulturen entsprechen insofern Paradigmen. Daher kann formuliert werden: Kollektive entsprechen Medienkulturen, beide entsprechen Paradigmen, Paradigmen entsprechen Rationalitätstypen. Damit ist eine Übersetzung des Ansatzes von Welsch in die Kulturtheorie von Hansen und die Theorie der Medienkultur von Schmidt möglich. Da wir Welsch in seinem Argumentationsduktus nicht vollends verbiegen wollen, ist es sinnvoll, wenn im folgenden von Rationalitätstypen und Paradigma die Rede ist, automatisch Kultur-Kollektive oder Medienkultur einzusetzen. Es kann hier nicht ausführlich dargelegt werden, deshalb wird dem interessierten Leser empfohlen, das Kapitel 3.2.3 'Mono-, Multi-, Super- und Globalkollektive' im Buch von Hansen (1999:193f.) zu rezipieren. Vieles von dem, was im folgenden mit Welsch behandelt wird, wird mit anderen Worten und in einem anderen Kontext ebenfalls von Hansen diskutiert.

Welsch diskutiert im Rahmen der Geschichte der Philosophie, wie die ehemals 'eine' Vernunft in diverse Rationalitätstypen zerfällt. Er nennt das den Prozeß der Ausdifferenzierung. So ist beispielsweise Hegels Systemphilosophie nicht mehr mit der Differenz-Philosophie Derridas in Einklang zu bringen. In der Folge kommt es zum Hervortreten mehrerer Paradigmen innerhalb der diversen Rationalitätstypen, also zu einer Freisetzung einer bereichsinternen Pluralisierung von Paradigmen. Dies nennt er im Unterschied zur Ausdifferenzierung 'Pluralisierung'. Diese Pluralisierung der Paradigmen darf man sich nicht als bloße Vervielfachung vorstellen, sondern als eine Gleichzeitigkeit von Paradigmen im selben Rationalitätsbereich, während es sich bei den Rationalitätstypen um ein Nebeneinander von Rationalitätstypen im Ganzen der Rationalität handelt. Wir werden weiter unten noch sehen, daß dieses Ganze der Rationalität ebenfalls in Vielheit existiert. Pluralisierung kann radikale Inkommensurabilität beinhalten. Welsch konstatiert hinsichtlich dieser Pluralität: "Hier gibt es nicht einmal vordergründig mehr eine Logik der fein-säuberlichen Trennung, der Gebiets-, Kompetenz- und Gewaltenteilung, sondern hier herrschen von Vornherein Gleichzeitigkeit und Konkurrenz, Konflikt und Widerstreit. Während die Ausdifferenzierung noch einmal Schiedlichkeit zu gewährleisten schien, ist bei der Pluralisierung von Anfang an absehbar, daß sie nur noch zu Kontrarietät und Dissens führen kann. Insofern verändert die Paradigmenpluralisierung [...] die Struktur der Realität im ganzen [...] Die Pluralisierung [...] führt definitiv zu einer kontroversenhaften Gesamtverfassung der Rationalität." (Welsch 1995:542-543) Die einzelnen Paradigmen machen nicht nur unterschiedliche Gegenstandsaussagen und stellen nicht nur unterschiedliche Kriteriensätze auf, sie bestimmen auch ihren Gegenstandsbereich unterschiedlich.

Stellen wir uns einen Doktoranden vor, der in seinem Fach etwas neues erarbeiten soll. Der Doktorand kann das vorherrschende Paradigma entweder tiefer ausleuchten oder Innovationen einführen. Seine Doktorväter, im

Bann des vorherrschenden Paradigmas, haben diese Innovationen zu über-
prüfen. Entweder lassen sie es im Rahmen des vorherrschen Paradigma
noch gelten, bauen also die Innovation in ihr Paradigma ein, oder der
Doktorand fällt durch, weil seine Innovationen mit dem vorherrschenden
Paradigma inkompatibel oder inkommensurabel sind. Deshalb werden neue
Paradigmen in der Anfangsphase eher zurückgewiesen als geprüft und ge-
würdigt. Sind sie aber einmal anerkannt, werden sie 'pluralistisch' in die
Sammlung etablierter Paradigmen aufgenommen. Fortan wird man Werke
nach dem Kriteriensatz eines neuen Paradigmas beurteilen, statt sie nach
fremden Regeln abzuurteilen. Verschiedene Paradigmen des gleichen Rationalitätsbereichs, so schreibt Welsch, definieren nicht nur die Konfiguration so wie die Extension dieses Bereichs unterschiedlich, sondern sie vertreten auch elementar abweichende Axiomatiken (Welsch 1995:554). Noch
schlimmer, Eigenansprüche der Paradigmen haben nach ihm unweigerlich
die Verdrängung oder den Ausschluß anderer Paradigmen und ihrer Ansprüche zur Folge – im Fall des Doktorvaters den bekannten akademischen
Vatermord. Eine besonders für Kulturen interessante Konsequenz besteht
dann darin: "Indem man die Leistungsfähigkeit des Paradigmas demonstriert, setzt man ja zugleich dessen Ausschlüsse und Verdrängungsstrate-
gien fort und provoziert dadurch zumindest indirekt eine Intensivierung der
Gegenpositionen." (Welsch 1995:558-9) Das haben wir zu Beginn in
anderem Zusammenhang schon angesprochen: Je mehr Kulturen interagieren, um so mehr können sie auch ihre Identität intensivieren und damit
zugleich ihre Differenzen hervorheben - das Chevènement-Prinzip.

Nichts bleibt nach Welsch im Kontext der Pluralisierung selbstverständlich.
Nicht nur die Aussagen, Kriterien und Basisannahmen, sondern auch die
Ziele und Methoden, oder die Zulassungsbedingungen und Anschlußverfü-
gungen der Paradigmen sind unterschiedlich (1995:554). Die Divergenz der
Paradigmen läßt sich auch nicht mehr durch einen Schiedsspruch beenden
oder per Dekret aus der Welt schaffen. Welsch zieht wie bereits Lyotard
(1986, 1987) die Konsequenz: "Man kann den Dissens solcher Paradigmen
deshalb nicht beenden, weil man ihren Streit nicht entscheiden kann."
(1995:556) Es gibt kein Hyperparadigma mehr, das den Streit schlichten
kann. Daraus zieht Welsch die Konsequenz, daß es im Kontext der
Paradigmenpluralisierung diese Rationalitätstypen nicht gibt, sondern das
einzige, "was es hier wirklich gibt, die Paradigmen sind. 'Sie' sind es, welche die Funktionen ausüben, die man herkömmlicherweise den Rationalitätstypen zuschrieb [...] Anders gesagt: Die Paradigmen ordnen sich nicht
irgendwelchen Rationalitätstypen ein oder unter, sondern haben selber
Typenbedeutung. Sie befolgen nicht eine gegebene Typik, sondern generieren ihre eigene Typik." (Welsch 1995:559) Paradigmen konstituieren
darüber hinaus ihre eigenen Versionen einer Diskursart.

Im vorangehenden Kapitel haben wir festgehalten, daß die Medienkulturtheorie von Schmidt keine Möglichkeit offeriert, das Verhältnis 'zwischen' Medienkulturen, die Interkulturalität, zu erklären. Es ergibt keinen
Sinn, Welschs Theorie heranzuziehen, wenn nicht davon ausgegangen
werden kann, daß er Lösungen für dieses Problem der Interkulturalität vor-
zuschlagen hat. Zunächst einmal konstatiert er die Wirklichkeit fundamen-
taler Differenzen zwischen Paradigmen. Gemäß unserer oben vorge-
schlagenen Übersetzung erfaßt er damit anschaulich die Wirklichkeit der
Kulturen, Kollektive und Medienkulturen im Zeitalter der Globalisierung.
In Umformulierung der Äußerung von Lyotard läßt sich formulieren: "Man
kann den Dissens der Kulturen/Kollektive/Medien-kulturen deshalb nicht
beenden, weil man ihren Streit nicht entscheiden kann." Welsch bietet
dennoch Verknüpfungen an. Er findet zu sogenannten 'binnensektoralen',
'intersektoralen' und 'transsektoralen' Verknüpfungen von Paradigmen.

Paradigmen wie Kulturen entstehen nicht im luftleeren Raum. Auch alle
Gegenwartskulturen, und mögen sie noch so sehr Primordialität, Originalität und monadische Einmaligkeit postulieren, sind aus historischer Gemengelage gewachsen. Ebenso nehmen alle Kulturen der Welt auf andere
Bezug. Das heißt, alle Kulturen haben irgendwelche Elemente gemeinsam,
ebenso irgendwelche Regeln und Gewohnheiten. Sie sind nicht in jedem
Punkt heterogen, differieren jedoch in gravierenden Punkten. Für Paradigmen und Kulturen gilt deshalb: "In entscheidenden Punkten herrscht Heterogenität, daneben bestehen jedoch auch Überschneidungen." (Welsch
1995:562-3) Wir haben dies zu Beginn dieser Abhandlung mit der
Gemengelage von Gemeinsamkeiten und Differenzen zwischen Kulkturen
angesprochen. Die Überschneidungen ermöglichen Welsch, diverse Paradigmen trotz aller Eigenbestimmtheit zugleich einem Rationalitätstyp oder
einer Diskursart zuzuordnen. "Ihre inhaltliche Gemeinsamkeit in Nebenaspekten und ihr konkurrierendes Aufeinanderbezogensein in Hauptaspekten begründen ihre Großgruppenkohärenz. Solche Großgruppen sind es
eigentlich, die man gemeinhin als 'Rationalitätstypen' oder 'Diskursarten'
bezeichnet. Sie sind naturgemäß unscharf, und man sollte ihnen diese
Unschärfe nicht auszutreiben suchen, denn sie gehört zur Sache, ist eine
Folge dessen, daß diese Großgruppen aus einer Vielzahl unterschiedlicher
Paradigmen aufgebaut sind und weiterhin durch neue Paradigmen Modifi-
kationen erfahren werden." (Welsch 1995:563)

Welsch fragt sich nun, in welcher Weise sich diese Paradigmenpluralisierung auf die Verfassung der Rationalität im einzelnen und im ganzen
auswirkt? Er kommt zu einem bemerkenswerten Resultat: "Sie führt zu
einer Unordentlichkeit im Kleinen wie im Großen, von der Mikro- bis zur
Makroverfassung der Rationalität." (1995:564) Binnensektorielle Unordentlichkeit stellt sich für Welsch schon innerhalb der einzelnen Ratio-

nalitätsbereiche ein. Unterschiedliche Paradigmen streiten um die richtige Definition und Abgrenzung ihres Rationalitätsbereichs. Da ein Metakriterium unmöglich ist, können diese Konflikte der Paradigmen nicht beendet oder geschlichtet werden. Auf dem Boden der Pluralität ist eine eindeutige Binnenordnung und Abgrenzung der Rationalitätsbereiche nicht mehr möglich. Die Konturen der Bereiche sind unsicher, umstritten, unklar. Ihre innere Verfassung ist kontrovers, ihre äußeren Grenzen erweisen sich als instabil, brüchig und verschiebbar. "So überführt die Pluralisierung die Rationalitätsbereiche, die zuvor eindeutig schienen, in Felder des Konflikts und der Uneindeutigkeit. Die rationale Wohlordnung geht schon bereichsintern in rationale Unordentlichkeit über." (Welsch 1995:564)

Rationale Unübersichtlichkeit ist für Welsch nicht nur ein binnensektorieller Befund, sondern die binnensektorielle Pluralisierung zeigt ebenso transsektorielle Effekte, wobei sie auch dort wieder zu rationaler Unordentlichkeit führt. Jeder Rationalitätstyp stellt ein Gemengelage aus Anteilen unterschiedlichster Rationalitätstypen dar. "[...] Jedes Paradigma impliziert zugleich Optionen, die über seinen angestammten Bereich hinausgehen. Es hat ein Bewußtsein davon, daß jenseits seiner selbst Bereiche existieren, die Gegenstand anderer Rationalitätstypen und anderer Paradigmen sind. Das einzelne Paradigma hat diesbezüglich sogar weit mehr als nur irgendein vages Bewußtsein. Es vertritt hinsichtlich dieser transsektoriellen Verhältnisse vielmehr sehr bestimmte Vorstellungen. Es wird nur mit einem bestimmten Umfelddesign der übrigen Rationalitäten verträglich sein – und könnte sich zu einem anderen nicht verstehen. Die binnensektoriellen Optionen geben zugleich transsektorielle Verträglichkeitsbedingungen vor, legen den für sie akzeptablen Zuschnitt der anderen Bereiche fest [...] Ein [...] Fremdverständnis ist von seinem Selbstverständnis gar nicht zu trennen." (Welsch 1995:565-6) Binnensektorielle Festlegungen schließen demnach unweigerlich transsektorielle Optionen ein, wobei das Verhältnis der Rationalitäten kontrovers bleibt. Indem sich derart binnensektorielle Dissense in transsektorielle Dissense fortsetzen, kommt es sogar noch zu ihrer Potenzierung. Die Relationen der Bereiche sind hochgradig konfliktreich, uneindeutig und unordentlich. Ebenso sind die einzelnen Paradigmen stets nur mit bestimmten Paradigmen anderer Bereiche kompatibel, während sie sich zu anderen inkompatibel verhalten. Entlang von Verträglichkeitslinien kommt es zum Zusammenschluß ganzer Paradigmenverbände. Sie verlaufen quer zu den Bereichsbegrenzungen und erstrecken sich intersektoriell durch mehrere Bereiche hindurch. Sie bilden sich durch Konnexion der füreinander anschlußfähigen Paradigmen. Ein Paradigma gibt bestimmte Passensbedingungen vor, an die weitere Paradigmen anknüpfen, an die wiederum andere Paradigmen anknüpfen. Doch auch zwischen diesen intersektoriellen Paradigmenverbänden herrscht neben Konsens Divergenz und Konflikt (Welsch 1995:570-571).

Wenn wir dies in den Bereich der Kulturen/Kollektive/Medienkulturen und ihrer interkulturellen Verhältnisse übersetzen, ergeben sich reichhaltige Bestimmungen zur Beschreibung und Erklärung der 'unordentlichen' Verhältnisse und Beziehungen zwischen Kulturen/Kollektiven/Medienkulturen. Es ist jedoch notwendig, sehr genau hinzusehen, was Welsch uns hier eloquent angeboten hat. Zunächst einmal liefert er uns eine Erklärung, wie man das Container-Denken überwinden und Vielfalt einführen kann. Es handelt sich um 'Großgruppen' von Paradigmen. Inhaltliche Gemeinsamkeit in Nebenaspekten und ihr konkurrierendes Aufeinanderbezogensein in Hauptaspekten begründen ihre Großgruppenkohärenz oder Heterogenität, und Identitäten sind ihr Kennzeichen. Übertragen auf Medienkulturen artikuliert sich hierbei Interkulturalität. Nun führt Welsch drei weitere Bestimmungen für diese Interkulturalität ein: binnensektorielle, intersektorielle und transsektorielle Beziehungen. Binnensektorielle Beziehungen könnte man als 'intra-kulturelle' Übergänge bei bestehenden Differenzen oder Diversitäten bezeichnen. Binnensektorielle Verknüpfungen induzieren transsektorielle Beziehungen zu anderen Paradigmen, die im Großen intersektorielle Beziehungen von Paradigmenverbänden induzieren. Dieser Ansatz bietet optimale Möglichkeiten zur Analyse interkultureller Verhältnisse. Die Differenzen zwischen den Medienkulturen in allen Varianten werden nicht eingeebnet, sondern in sich plural und konfliktreich 'verkettet'.

Schon auf der Ebene der interkulturellen Beziehungen liegt eine Pluralität des Ganzen vor. Selbst wenn sich Paradigmenverbände durch das ganze Feld der Rationalitäten erstrecken, treten ihnen andere Paradigmenverbände mit vergleichbarer Extension entgegen, die, ihrer Ratio entsprechend, eine andere Konfiguration des Ganzen artikulieren. "So wird das Ganze der Rationalität fortan durch eine Mehrzahl von Versionen dieses Ganzen charakterisiert. Das Insgesamt der Rationalität besteht aus unterschiedlichen Versionen dieses Insgesamt. Je nach gewähltem Ausgangsparadigma wird man einem anderen Paradigmenverband auf die Spur kommen und zu einer anderen Version des Ganzen gelangen. Zwar kreuzen und überschneiden sich die Paradigmenverbände auch. Aber wo sie dies tun, entstehen nicht Verbindungs-, sondern Konfliktlinien. Das Ganze ist durch eine Gemenge- und Konfliktlage unterschiedlicher Versionen des Ganzen bestimmt. Diese Kontrarietät wird nicht mehr überschreitbar sein. Die unterschiedlichen Versionen lassen sich weder durch ein einziges Modell erfassen, noch fügen sie sich zu einem letztlich kohärenten oder auch nur angebbaren Zusammenhang. Im Ganzen der Rationalität herrscht zuletzt nicht Vereinbarkeit und Harmonie, sondern Vielfältigkeit und Dissens." (Welsch

1995:571-2) Im Ganzen der Rationalität besteht eine Struktur der unbeend-
baren 'Unordnung'. Welsch ist mit dieser Bestimmung des 'Ganzen' nahe an
Zuständen, die wir im nächsten Kapitel mit 'Globalisierung' umschreiben
werden. Die inter- und transsektoriellen Verbindungen der jeweiligen Medienkulturen induzieren Gesamtverhältnisse in den Paradigmenverbänden
(=Medienkulturen-Verbände), die jeweils ganz unterschiedliche Gesamt-
oder Ganzheitsoptionen ermöglichen. Um es an einem konkreten Beispiel
zu veranschaulichen: Die Europäische Union (EU) erscheint in Süditalien
als eine ganz andere Gesamtheit oder Ganzheit als in England oder Frankreich. Man darf dies nicht auf unterschiedliche Blickrichtungen reduzieren
oder relativieren. Es handelt sich jeweils um ganz unterschiedliche origi-
näre Ganzheiten von ein und demselben, eben der Europäischen Union.
Dieses 'ein und dasselbe' ist nur noch eine fiktive Krücke, es existiert nicht
mehr! Die EU 'sind' diese vielfachen Ganzheiten ohne übergreifende Einheit.

Noch einmal zurück zu den binnen-, inter- und transsektoriellen Beziehungen und Verflechtungen der Paradigmen und Kulturen. Aufgrund der
Verflechtungen ist eine Gegenläufigkeit feststellbar. Zum einen grenzen
sich die Paradigmen oder Kulturen ab und aus, zum anderen bestehen
Verbindungen. Welsch faßt diese Beziehungen der Paradigmen als 'Interparadigmatische' Strukturen der Paradigmen zusammen (1995:597f). "Der
binnensektorielle und der transsektorielle Verflechtungsbefund besagen
zusammengenommen: Paradigmen sind im allgemeinen 'interparadigma-
tisch' verfaßt. Sie sind dies sowohl ihrer Genese wie bleibenden Zügen
ihrer Verfassung und vielen ihrer Optionen nach. Verflechtungen gehören
sowohl zur Konstitutionsmasse wie zur Gesamtarchitektur der Paradigmen
[...] Die Paradigmen sind somit beträchtlich anders verfaßt, als man gemeinhin annimmt: nicht insular, sondern netzartig. Immer wieder bestehen
Überschneidungen, Übergänge und Gemeinsamkeiten." (Welsch 1995:597)
Welsch findet ein treffendes Bild: "Die Paradigmen sind gewissermaßen
von Anfang an fremd gegangen." (1995:598) Interparadigmatische
Verflechtungen sind meist nicht hierarchisch, sondern lateral und he-
terarchisch organisiert. "Ihr Zusammenhang hat eher die Struktur eines Ge-
spinstes als die einer Schichtung." (Welsch 1995:601) Das kennen wir von
Deleuze. Die Ketten der Differenzen und Identitäten zwischen den Kulturen als interkulturelle Verflechtungen gleichen den Figuren des Gespinsts
und des Netzes. Auch Welsch rekurriert auf Paradigmennetze. Er führt jedoch eine nützliche Unterscheidung ein: "Im Unterschied zu den [...] Paradigmenverbänden - also den intersektoriellen Fortsetzungsketten füreinander anschlußfähiger Paradigmen – ergeben sich solche Paradigmennetze
aus dem Verbundensein von Elementen unterschiedlicher Paradigmen innerhalb eines Paradigmas." (Welsch 1995:603) Welsch warnt hinsichtlich

des Netzmodells jedoch vehement vor Integrationshoffnungen und neuen Aussichten auf Synthesen. Der Verflechtungsbefund der Paradigmen/ Kulturen bedeutet zwar, daß die Pluralisierung nicht in die Sackgasse der völligen Fragmentierung führt, aber die Verflechtungslinien ergeben kein kohärentes Netz, sondern führen zu unterschiedlichsten Gespinsten. "Verflechtungen können nicht nur verbinden, sondern auch Gabelungen und Teilungen bewirken. Das rührt vor allem daher, daß die Verflechtungselemente oft schon nach wenigen Schritten eine andere Bedeutung annehmen [...]Die Verflechtungslinien verlaufen nicht gradlinig; sie führen nicht nur zu Verbindungen, sondern spalten sich auch auf, zeigen Verwerfungen und Brüche. Diese Aufspaltungen aber noch einmal auf einen gemeinsamen Nenner zu bringen, ist unmöglich. Die 'Gemeinsamkeiten' führen aus der Unterschiedlichkeit letztlich nicht heraus, sondern geradezu tiefer ins Medium der Pluralität und Unterschiedlichkeit hinein. Die vermeintlichen Vereinigungslinien erzeugen neue Diversität [...] Wie sich schon bei der Analyse der Paradigmenverbände zeigte, daß diese zwar zunächst Integration zu versprechen schienen, am Ende aber erneut Dispersion bewirken, so wiederholt sich dieser Befund nun also im Blick auf die Paradigmennetze noch einmal. Auch sie erzeugen nur ein Stück weit Kohärenz, während sie im Weitergang Divergenz und Konflikt hervorrufen." (Welsch 1995:604) Beide bleiben plural und divergent. Das Ganze besteht fortan aus einer Gemenge- und Kontroversenlage unterschiedlicher Versionen des Ganzen, die man nicht mehr in einen einheitlichen Zusammenhang bringen kann.

Soweit der Befund von Welsch. Er hat ein elaboriertes topologisches Modell interkultureller Beziehungsverhältnisse entworfen. Damit ist zwar das 'Container'-Paradigma der Kulturen überwunden, die 'Interkulturalität' selbst in ihrer Operationalität jedoch noch nicht bestimmt. Die 'Wirk'-lichkeit dieser Operationalität, die Differenz oder das Inter, umschreibt Welsch als 'Unordentlichkeit', 'Konflikt' und 'Dissens', aber auch mit binnen-, inter- und transsektoralen Verknüpfungen. Er fragt sich, ob es möglicherweise ein Vermögen gibt, welches diese Unordentlichkeiten, Konflikte und Dissense der interparadigmatischen Verflechtungen – oder der interkulturellen Beziehungen der Medienkulturen – zwar nicht versöhnt oder in eine neue Einheit zwingt, aber miteinander abstimmt oder korrigierend eingreift. Welsch nennt dieses Vermögen die 'transversale Vernunft'.

Vernunft der Moderne

In der Geschichte der Philosophie bestand die Tätigkeit der Vernunft darin, innerhalb ordentlich, isoliert und rein gedachter – oder konstruierter – Paradigmen für Ordnung zu sorgen. Sie war das Vermögen, innerhalb der Ordnungen die Ordnung zu garantieren. Heute gilt das nicht mehr. Ver-

nunft muß laut Welsch imstande sein, sich auf die rationale Unordentlichkeit einzulassen und innerhalb dieser Unordentlichkeit vernünftige Optionen zu begründen (1995:613).

In der Alltagssprache unterscheidet man zwischen Vernünftigkeit und Ver-
ständigkeit. Während Rationalität meistens nur 'Mono-Rationalität' bedeutet, verlangt Vernünftigkeit das Hinausblicken über solche Mono-
rationalität. Sie erfordert die Berücksichtigung weiterreichender Perspektiven. Vernunft ist das weiterblickende, das überlegene Vermögen. Ihr
Ausgriff ist unbeschränkt, sie muß ins Ganze vordringen. "Vernunft übersteigt die Partikularität aufs Ganze hin." (Welsch 1995:617) Nach Welsch
entsprechen die diversen Rationalitäten und Paradigmen - oder Kulturen -
nur dem, was man herkömmlicherweise 'Verstand' nennt. Sie sind auf ihren
jeweiligen Horizont beschränkt und nehmen allenfalls noch Gegebenheiten
ihres näheren Umfelds wahr. "Vernunft hingegen denkt weiter, operiert im
Angesicht einer Multiplizität unterschiedlicher und einander widerstreitender Paradigmen bzw. Rationalitäten." (Welsch 1995:625) Verstand operiert
sozusagen 'von unten' im Bereich der Paradigmen oder Kulturen. Vernunft
operiert dagegen 'von oben'. Sie ist für die Bestimmung der Grenzen der
einzelnen Rationalitäten - Medienkulturen - und für deren Ordnung im
Ganzen zuständig - in unserem Verständnis also der Interkulturalität.
Angesichts einer Situation der Unordentlichkeit erfordert dies nach Welsch
primär, sich den Problemen der Konkurrenz und Unordnung 'zwischen' den
Paradigmen oder Kulturen zuzuwenden. Wir wollen uns mit ihm auf diesen
Weg begeben.

"Erst die 'Materie' der Vernunft – eine Vielzahl interparadigmatischer Relationsaussagen – ist den Rationalitäten inhärent, nicht aber ist ihnen schon
die 'Form' der Vernunft zu eigen." (Welsch 1995:630). Überall dort, wo ein
Paradigma Verabsolutierungen oder Verdrängungen praktiziert, ebenso wo
es Absetzungen, Einteilungen und Ordnungsvorstellungen vertritt, insgesamt: "wo es 'Relationsaussagen, Äußerungen zum Verhältnis von Rationalität und Paradigmen macht, da enthält es der Sache nach vernunftartige
Ansprüche und Optionen – die freilich noch nicht die Form der Vernunft
haben." (Welsch 1995:630) "Vernunft operiert im Medium der Rationalitäten und mittels der Möglichkeiten, die sie an den Rationalitäten entdeckt.
Sie führt die Rationalitäten [...]aus ihrer naturwüchsigen in ihre vernünftige
Form über. Sie verändert die Rationalitäten also zwar, aber sie tut ihnen
keine Gewalt an. Sie verhilft ihnen zu ihrer interparadigmatischen gerecht-
fertigten Form." (Welsch 1995:632) 'Relationen', schreibt Welsch, sind die
primäre Domäne der Vernunft. Vernunft ist, "sofern sie sich auf das 'Verhältnis' der Rationalitäten [...] bezieht, anderen Typs als die Rationalitäten.
Ihre Aufmerksamkeit gilt nicht Gegenständen und nicht diesem oder jenem
Rationalitätstyp bzw. Paradigma, sondern dem 'Verhältnis' von Rationali-

tätstypen und Paradigmen, und sie visiert deren Verhältnis im Blick auf das 'Ganze' an." (Welsch 1995:634-5) Mit anderen Worten: sie operiert in den Domänen der Inter-Beziehungen. Sie operiert als 'Form' auf sich selbst als 'Materie', wie es Welsch umschreibt. Wenn dem so ist, operiert sie formal entleert als Interkulturalität auf Kulturalität. Vernunft ist Form, Rationalität Materie. Es sind laut Welsch aber nicht zwei separate Vermögen, sondern dasselbe reflexive Vermögen in unterschiedlicher Ausrichtung und Funktion. Rationalität verweist auf seine gegenstandsthematisierenden, Vernunft auf seine rationalitätsthematisierenden Leistungen.

Welsch verfolgt, wie sich in der frühen Moderne 'metaphorisch' der Durchbruch dieses neuen 'Vermögens' der Vernunft angebahnt hat. Zunächst hat man territoriale Metaphern verwendet und versucht, ihr Operieren im Dunstkreis der Rationalitäten nationalstaatlicher Herrschaft festzumachen. In der postmodernen Moderne ist ein Wechsel des Metaphernfeldes feststellbar: "Von territorialen Modellen zu nautischen Metaphern und dann noch einmal weiter zu den Metaphern des Gewebes, des Netzes, des Rhizoms." (Welsch 1995:646) Vernunft, wurde gesagt, richtet sich aufs Ganze. Sie operiert in der Ebene der Pluralitäten und ihren Beziehungsverhältnissen. Doch wie macht sie das? "Vernunft operiert wesentlich in Übergängen", lautet das Diktum von Welsch (1995:748). Er fügt hinzu: "Zu sprechen ist von Übergängen im Übergangslosen, von Übergängen inmitten der Diskontinuität." (1995:749) Gemeint sind Übergänge zwischen Heterogenem, was von sich aus Übergänge abwehrt, sich gegen sie sperrt. "Vernunft geht dort über, wo keine Kontinuität besteht. Vernunft verordnet solche Kontinuität auch nicht, stellt sie nicht her; sondern die Kontinuität des Heterogenen existiert einzig in diesen Übergängen der Vernunft." (Welsch 1995:749) Damit 'ermöglicht' sie aber nicht nur Bezüge im Ganzen, sondern erscheint auch als solche Ganzheitsbezüge an und in jeder Bruchstelle des Heterogenen, an der sie operierend ansetzt. Diese Übergänge führen nicht zur Stabilität eines Systems, sondern zur Potenzierung des Gespinstcharakters. Die Übergänge vollziehen sich ohne Netz und Boden. Das Feld dieser Übergänge ist aber auch durch 'Verflechtungen' gekennzeichnet. Inmitten des Heterogenen treten deshalb Bezugsmöglichkeiten, inmitten des Verflochtenen Divergenzen zutage. Vernunft hat die 'Reflexion' der Verhältnisse unterschiedlicher Rationalitäten zur Aufgabe. Nur sie vermag im Übergang zwischen den diversen Formen der Rationalität hierbei eine gebotene Gleichberücksichtigung zu leisten, als Vernunft der Übergänge, als transversale Vernunft (Welsch 1995:760).

Zunächst, die transversale Vernunft 'ist' nicht, sie geschieht. Sie vollzieht sich in den 'Zwischen'-Bereichen, dem Inter. Doch als was erscheint sie in den Vollzügen? Sie ist 'rein'. "Die eigentümliche Leistung dieses Vermögens besteht darin, sich die diversen rationalen Komplexe in der

Unterschiedlichkeit ihrer Logik vor Augen zu bringen." (Welsch 1995:751) Worin besteht das Vermögen? "Der Raum der Vernunft ist ein Raum logisch geklärter Verhältnisse. Logische Strukturen bilden die genuinen Operatoren der Vernunft. Sie beziehen sich auf Gleichheit und Verschiedenheit, auf Zahl- und Mengenbestimmungen sowie auf Relationen diverser Art (Gegensatz, Verbindung, Abhängigkeit, Aufbau, Teil und Ganzes usw.). Der intime Bezug der Vernunft zu diesen logischen Strukturen macht die Vernunft zu einem unbeschränkten Vermögen der Reflexion. Vernunft wird sich, wo immer an logischer Klärung noch etwas aussteht, unbefriedigt finden und auf Weiterführung und Korrektur dringen. Vernunft ist der eigentliche Träger der logischen Tätigkeit auch dort, wo diese im Medium der Rationalität erfolgt." (Welsch 1995:758)

Wenn man diese Vollzüge der transversalen Vernunft mit den im Kapitel zur Relation vorgestellten identitätslogischen Attributen der Relation dritter Potenz vergleicht, wird man feststellen können, daß Welsch am Ende eines langen Weges über die Abgründe der Differenzen wieder im Reich der Operationen der Identitätslogik angekommen ist, jedoch auf hoher Operationsstufe. Das hat Konsequenzen.

Übersetzen wir dies wieder in die interkulturellen Beziehungen der Medienkulturen, operiert die transversale Vernunft als Korrekturverfahren oder als 'ausgleichende Gerechtigkeit' zwischen den Kulturen und entlang ihrer Netzbeziehungen. Sie ist 'jenseits' dieser Kulturen, 'zwischen' ihnen und zugleich 'in' ihnen. Sie operiert, wie Welsch formuliert, 'rein' und 'leer', ganz 'formal'. Das ist gewiß ein relevantes Vermögen, garantiert es doch formal klare Ordnungen in der pervasiven 'Unordentlichkeit'. Gerade das macht sie aber verdächtig. Sie hat unleugbare Affinitäten zum Beobachter des Radikalen Konstruktivismus. Der Beobachter, der zuvor als sichtbarer Arbiter - oder Herrscher - seine 'Unterscheidungen' getroffen und damit die radikalen 'Inter'-Beziehungen induziert hat, ist nun zwar mit Welsch selbst in seinen Vollzug der 'Unterscheidungen treffen' geraten, hat es dadurch aber nicht verlernt, weiterhin Unterscheidungen zu treffen. Er prüft nun formal in den Netzen und Gespinsten die Unterscheidungen, ob sie ihm gefallen. Wenn nicht, entscheidet er sich erneut, Wohlordnungen herzustellen. Per Voraussetzung 'leer', ist er für nichts haftbar zu machen, er spielt im Chaos Gott, den niemand länger zur Verantwortung ziehen kann. Welschs transversale Vernunft als Beobachter der Beobachter mit nun gottähnlichen Qualitäten entspricht dem im 'Vollzug der Kombination der Operationen Erster Ordnung' sich artikulierenden Dritten zwischen Signifikat und Signifikant. Die 'transversale Vernunft' *interpretiert* die Paradigmen und ihre 'Inter'-Beziehungsnetze und verschafft ihr dadurch erst Geltung. Sie selbst setzt nicht nur nichts über diesen Vollzug hinausgehend Neues, noch schlimmer, sie läßt es nicht zu! Die transversale Vernunft von

Welsch verhindert gerade den Quantensprung zum 'Trans'. Dies kann nur gelingen, wenn sich der Beobachter als transversale Vernunft selbstreflexiv ausstreicht, wenn also der 'Vollzug der Kombination der Operationen Erster Ordnung' auf sich selbst operierend vom 'Vollzug der Kombinationen der Operationen Zweiter Ordnungen' abgelöst wird. In bezug auf die Interkulturalität würde das bedeuten, daß die Interkulturalität in und auf sich selbst operiert. Zugegeben, es ist nicht einfach, sich das vorzustellen, geschweige denn zu denken. Man muß 'traversal' durch die 'transversale' Vernunft hindurchgehen. Derrida hat dies in unseren Augen konsequent durchgeführt. Sonderbarerweise hat dies Welsch in seinen Beiträgen zur Transkulturalität (1994, 1999) angedacht; ohne hierbei die transversale Vernunft auch nur andeutungsweise einzubeziehen.

Im anschließenden Kapitel wollen wir zunächst wieder auf empirische, politische und kulturelle Weltverhältnisse eingehen und herauszufinden versuchen, ob nicht schon 'trans'-politische und 'trans'-kulturelle Verhältnisse jenseits der inter'-politischen und 'inter'-kulturellen Verhältnisse vorliegen. Sollte dies der Fall sein, ist es sehr nützlich zu wissen, was mit diesen 'Trans'-Verhältnissen vorgegeben ist, wenn mit Derrida erneut auf die Reflexion dieser Verhältnisse eingegangen wird.

Kapitel 6

Globalisierung

Wir werden zunächst auf den Wandel der politischen Systeme und politischen Theorien im Umbruch von der Moderne zur sogenannten Postmoderne eingehen, um damit zu belegen, wie in der Geschichte der modernen Nationalstaaten die Wirklichkeit der 'Inter'-Beziehungen als 'Vollzug der Kombination der Operationen Erster Ordnung' zum Wandel dieser Nationalstaaten bis hin zur ihrer inneren Auflösung beigetragen hat. Diese Entwicklung haben wir schon im Diagramm 1 im Problemaufriß skizziert. Die rezente Phase soll nachfolgend nochmals ausführlicher behandelt werden.

An der postmodernen Politik, wie wir sie mit Klaus von Beyme besprechen, läßt sich gut erkennen, daß Welsch diese postmoderne Wirklichkeit in einem grandiosen Entwurf nachgezeichnet hat. Anschließend werden wir mit Ulrich Beck die Auflösung dieser inter-nationalen Politik in eine transnationale, sowie den Übergang der inter-kulturellen Beziehung in transkulturelle Beziehungen verfolgen. Nicht nur die Vernunft des 'Inter' wird durch eine Vernunft des 'Trans' überwunden, sie wird sich darüber hinaus als 'virtuelle Vernunft' erweisen. Damit ist eine Brücke zu den virtuellen Medienkulturen von Schmidt gebaut. Ebenso finden die Transkulturen von Welsch hier ihren Ort. Darüber hinaus ist es Beck gelungen, auf anschauliche und nachvollziehbare Weise die Wirklichkeit der Globalisierung als 'Vollzug der Kombination der Operationen Zweiter Ordnungen' darzustellen.

Wenn im folgenden von Nationen, Kulturen, Bewegungen oder Milieus die Rede ist, sollte automatisch Medienkultur je nach Bezug im monadischen oder in dem im vorherigen Kapitel entwickelten interkulturellen Kontext mitgedacht werden.

Auflösung des Nationalstaats - Übergang zur postmodernen Moderne

Die Erkenntnis, daß in der postmodernen Moderne bürokratische Rationalität, Politik und Staat 'entzaubert' werden, ist nicht neu. Die Bürokratie ist segmentiert und partikularisiert, das Rechtssystem in kaum mehr kompatible Teilordnungen zerfallen und der Staat zeichnet sich durch Einbußen an Souveränität und Rationalität aus. Das war schon mit Beginn der Moderne angelegt. Doch erst die zunehmende Komplexität und Disparität und die damit verbundene Ausweitung des Gegenstandsbereichs staatlicher Funktionen und Interventionen führten zu einer zunehmenden Überlastung und Inkompetenz des politisch-administrativen Systems, der nur mit Dezentralisierung und Differenzierung begegnet werden konnte. Das Ergebnis sind hochfragmentierte Gesellschaftsstrukturen, Individualisierung und, aus der Sicht bestimmter Gesellschaftstheoretiker, der Verlust von politischer und sozialer 'Solidarität' und von Gemeinwohlvorstellungen. Dieser langwierige und komplexe Vergesellschaftungsprozeß läßt sich historisch rekonstruieren, sinnvoller ist es jedoch, ihn an den spezifischen Theorieentwicklungen seit der Jahrhundertwende zu verfolgen. Die politiktheoretischen Theorieentwürfe des späten 19. und des 20. Jahrhunderts können grob folgendermaßen eingeteilt werden:

Theorien des Übergangs von der Neuzeit zur Moderne, die überwiegend auf normative Sollensreflexionen ausgerichtet sind. Eine ontologisch geprägte Denktradition setzt allgemeingültige Maßstäbe voraus. Aus Normen, Werten und Zwecken wird eine stimmige Ordnung der politischen Phänomene deduziert und Orientierungen für das Handeln abgeleitet. Im Kontext unserer Konzeption vertreten diese Theorien die identitätslogische Tradition.

Theorien der klassischen Moderne, die sich auf 'Ist-Analysen' und 'systemische Innen/Außen-Differenzierungen' konzentrieren. Je stärker der Modellcharakter der Konstrukte, um so wichtiger ist die Prognose im Vergleich zur bloßen Analyse dessen, was ist. Theoretiker: Durkheim, Weber, Pareto, Parsons, Luhmann und Habermas; Topoi: Systemtheorie als Theorie sozialer Systeme, Konsensustheorie der Wahrheit, Komparatistik mit Differenzmethodik, pluralistische Gesellschaft, Arbeitsteilung und Demokratie.

Theorien der postmodernen Moderne, die die Ist-Analyse bis zur Auflösung neu konzipieren. Prognosen werden weit weniger betont, weil eine Absage an lineares Denken erteilt wird und   normative Reflexionen aufgrund eines fragmentierten Weltbildes für unbrauchbar angesehen werden (Beyme 1991:12).

Die Erste Moderne war mit den Problemen der gesellschaftlichen Ausdifferenzierung belastet. Das betrifft vor allem die Politischen Wissenschaften. Als Herrschaftsphilosophie und –legitimation im Zeitalter des Absolutismus und Nationalstaates war sie genötigt, sich von ihrer institutionell-normativen Staatslehre zu distanzieren und damit auch von der

Rechtswissenschaft zu lösen und soziologisch zu werden. Der normative Staatsbegriff löste sich im Systemkonzept auf, was eine Selbstbeschränkung der Theoretiker der Politik zur Folge hatte. Doch laut Beyme fiel es ihnen schwer, einzusehen, daß das 'Primat der Politik' seit der Neuzeit lediglich an die kurze Epoche des Absolutismus gebunden war. Die Theoretiker kämpften gleich ihren Kollegen in der Praxis um das Primat der Politik in der Gesellschaft. Nach Beyme war die Suche nach einem Gleichgewicht der gesellschaftlichen Teilbereiche eine der fruchtbarsten Ideen der klassischen Moderne. Die Austauschbeziehungen wurden jedoch kaum symmetrisch gesehen. Da ein rationales Steuerungszentrum nicht mehr auszumachen war, trat neben die rationale Vernunft der sozialen Analyse eine Rechtfertigung der 'okkasionellen Vernunft'. In drei Wellen gingen die modernen Theoretiker gegen die Hilflosigkeit der Politik und ihrer eigenen Theorien an.

1) In der Grundstimmung einer 'konservativen Revolution' am Ende der Weimarer Republik wurde das Politische voluntaristisch verherrlicht. Okkasionalistische Grundbegriffe dominierten die politische Theorie und Praxis wie etwa 'die Tat', 'die Entschlossenheit', 'die Entscheidung', der 'Ausnahmezustand', 'der Kampf'. Der 'Plan' wurde schließlich zur rationalisierten Variante der Dezision.

2) Die Ohnmacht des Politischen sollte nach marxistischem Ansatz zur Revolution führen. Es war das linksdezisionistische Pendant der Tatorientierung. Erst dann ließ sich der Plan seiner dezisionistischen Züge entkleiden und zum rational-humanitären Konzept der Herstellung von sozialer Gerechtigkeit erklären.

3) Nach der Diskreditierung beider Konzeptionen durch autoritäre Regime wurde der Anspruch der politischen Theorie bescheidener. Grundbegriff wurde nun die Steuerung (Beyme 1991:91-94).

Nach dem Zweiten Weltkrieg geriet nach anfänglicher Restauration des Primats der Politik, des Durchbruchs ordo-liberaler Konzepte und Varianten neo-marxistischer Heilslehren ab den siebziger Jahren alles in die spätkapitalistische Krise. Neben der ökonomischen Krise bestand eine Rationalitätskrise des administrativen Systems, begleitet von einer Legitimationskrise aus Mangel an generalisierbaren Motivationen und schließlich eine Motivationskrise aus Mangel an handlungsmotivierendem Sinn im soziokulturellen System. "Quer durch die politischen Lager hindurch ging seit der Zwischenkriegszeit das theoretische Bemühen um eine Rationalisierung der politischen Entscheidung. Herrschaftliche Elemente wurden in diesen Theorien abgebaut. Strukturen und Interaktionen waren in solchen

Ansätzen, die zunehmend die Akteurperspektive zugunsten der System-
perspektive aufgaben, wichtiger als kausale Aussagen über Einflüsse und
Folgen von Handeln. Die Gesellschaft wurde mehr und mehr als lern-
fähiges und vermaschtes Regelsystem angesehen. Politik wurde als Koordination und Vermittlung von autonomen Unterbereichen des politischen
Systems verstanden ... Macht als Grundbegriff wurde flexibilisiert. Erst
schien Planung ein Grundbegriff, später wurde auch dieser noch weiter
flexibilisiert und es wurde nur noch von Steuerung gesprochen. Die neue
Bescheidenheit entwickelte sich in drei Stufen:

- von der Planung zur Steuerung,
- von der Steuerung zum korporativen Steuerungspragmatismus,
- um schließlich bei einer Theorie gesellschaftlicher Selbststeuerung bei
  minimalen Funktionen des Staates zu enden (Beyme 1991:127).

Das politische Teilsystem in kapitalistischen Gesellschaften hat das Primat
für die Integration der Gesellschaft verloren. Es wird mehr und mehr als
politischer Markt widerstreitender Akteure verstanden, weshalb es als Sub-
system mit ständig überhöhten Erwartungen konfrontiert wird. Nur die
Praxis des 'Durchwurstelns' hat die Systeme bisher vor dem Kollaps bewahrt. Das färbt auf die Theorien der Selbststeuerung ab. Westliche Gesellschaften sind durch minimale Koordination ihrer wachsenden Interdependenzen gekennzeichnet. Verbindliche Regelungen durch den Staat
werden immer seltener. Das Steuerungsprimat des Rechts geht verloren.
Dabei wird die Rationalität der Teilsysteme gesteigert, die Irrationalität des
Ganzen wächst jedoch. Gesucht sind nicht mehr integrierende Klammern,
sondern Mechanismen, wie Handeln in den auseinanderdriftenden Teil-
systemen noch koordiniert werden kann. Theorien der Macht werden abgelöst durch die 'Theorie des politischen Tauschs'. Die Politik wird der
Ökonomie immer ähnlicher (Beyme 1991:141-4).

Übergänge zur postmodernen Politik

Beyme nennt den zweiten Teil seines Buches über Theorien der Politik im
20. Jahrhundert: Theorien der Postmoderne. Hilfe zur Selbststeuerung in
einer fragmentierten Welt ohne Zentrum und Normkonsens. An folgenden
zentralen Aspekten hält er fest:

- Revolutionierung des Zeitbegriffs und das Bewußtsein, in einer Zeit des
  epochalen Wandels zu leben;
- Zuspitzung der Irreligiosität der Moderne;
- ironische Distanz und Lust am Spielerischen;
- Akzeptanz der postindustriellen Konsumgesellschaft;

- Aufgabe des Gesellschaftsbegriffs, und
- Abwendung von einem instrumentellen Verhältnis zur Natur.

Dennoch konstatiert Beyme, daß die nachmodernen Konzeptionen in vielerlei Hinsicht nicht die Überwindung, sondern die Vollendung der Moderne bedeuten. Das sieht auch Beck so, der ja zwischen Erster Moderne, Postmoderne und Zweiter Moderne unterscheidet (vgl. hierzu Münch (1992), Luhmann (1987), Jesse (1991), Giesen (1991), Böckler (1991), Peters (1993) und Gellner (1987)). Beyme verweist auf vier Grundprinzipien sozialwissenschaftlichen Denkens der Moderne:

- in der Wertfreiheitsfrage;
- im anti-evolutionistischen Denken, worin die Theoretiker der Postmoderne noch radikaler als die Klassiker der Moderne sind;
- in der Hervorhebung des Vergleichs. Dissensfindung wird zum Topos der Interessen. Gerade weil die Welt sich angleicht, kann die Differenzmethode für die verbleibenden Unterschiede um so radikaler angewandt werden. Erst postmodernes Denken hat den Primat der Differenzmethode radikal über die Suche nach Ähnlichkeiten gestellt. Die Ausdifferenzierung der Teilsphären der Gesellschaft wird im postmodernen Denken noch stärker betont als in den Theorien der Moderne. Dissensforschung ist das vorherrschende Interesse der Wissenschaft.

Auf die Theorie der Politik bezogen hat dies folgende Auswirkungen:

- Entsubstantialisierung der Macht;
- Radikalisierung der Technokratie-Kritik;
- Zuspitzung des Pluralismusbegriffs;
- Ende der Revolutionstheorien;
- Aufwertung der Minderheiten und Kritik des Mehrheitsprinzips;
- Ende der Legitimationstheorien (Beyme 1991:174,181-7)

Macht wird in der postmodernen Moderne immer mehr als relationale Größe aufgefaßt und in eine Theorie des Tausches eingebunden. Wurde Macht und Herrschaft in der Moderne noch weitgehend vertikal aufgefaßt, treten in der Postmoderne die horizontalen Beziehungen in den Vordergrund. Das entthronte Zentrum stellt nicht mehr die Spitze einer Pyramide dar. Es gibt keinen klaren Sitz der Souveränität mehr. Auch der Staat muß Macht durch Verhandlungen ersetzen. Machteinsatz bleibt der Grenzfall. Der 'entzauberte Staat' als Modell der Postmoderne nimmt nur noch Koordinierungsfunktionen wahr. Machtanalysen werden zunehmend als Netzwerkanalysen aufgefaßt (vgl. Scharpf (1993) und Marin/Mayntz (1991)).

Der Pluralismus scheint in postmodernen Theorien erstmalig konsequent zu Ende gedacht zu werden. Inkommensurabilität wird eine Grundbedingung für die Analyse der Pluralitäten. Doch Politische Theorie und Praxis neigen in bezug auf eine 'wehrhafte Demokratie' zur Begrenzung des uferlosen Pluralismus. Die These der vielen Wahrheiten können nach Beyme zwar Toleranz fördern, seiner Meinung nach aber kaum Grundlage einer demokratischen Entscheidungstheorie werden. Auch die Transformierbarkeit politischer Konflikte in rechtliche, wie es etwa Lyotard empfiehlt, stößt an Grenzen. Richter weigern sich, für Politiker Ersatz zu spielen. Was der postmoderne Pluralismus verkennt, sind die Tauschbeziehungen in einer politischen Gesellschaft. Sie sind noch häufiger als in der Wirtschaft asymmetrisch angelegt. Politik wird aber nicht als Markt verstanden, sondern als eine Art 'mutuelles Versicherungssystem'. Mit dem Scheitern der letzten Revolutionstheorien der Studentenrevolte kam es zu einer beispiellosen Wiederbelebung älterer Theorien des Widerstandsrechts und des zivilen Ungehorsams. Die Radikalisierung der Pluralismustheorie hat damit zu einer Infragestellung des demokratischen Mehrheitsprinzips geführt. Auch Lyotard schwärmt für das 'Patchwork der Minderheiten'. Heute wird Widerstandsrecht für jede Minigruppe ohne Struktur beansprucht, wobei das 'Patchwork der Minderheiten' an öffentlicher Meinung kaum noch interessiert zu sein scheint. Der politische Widerstreit muß organisiert sein, daß keine Minderheit permanent überstimmt wird. Wo dies strukturell unvermeidbar ist, wie bei ethnischen Minderheiten, wird der Konflikt durch Vetorechte, Partizipationsangebote oder autonome Entscheidungsrechte, die delegiert werden, entschärft. Die Angst vor dem Diskurs oder gar vor prozeduralen Spielregeln hat jedoch einige Varianten des Postmodernismus für die politische Theorie unfruchtbar gemacht. Zu Ende gedacht, kommt es im Postmodernismus auch zu einem Ende der Theorie der Legitimität. Legitimitätstheorien der Moderne werden von postmodernen Theoretikern als Herrschafts- und Machttheorie angesehen. Nur noch Legitimation durch Verfahren wird toleriert (Luhmann 1969). Die historische Abfolge kann folgendermaßen verstanden werden:

a) die Suche nach dem 'guten Staat' in der frühen Moderne;

b) die Suche nach dem 'legitimen Staat' in der klassischen Moderne und

c) die Beschränkung auf 'Legitimation durch Verfahren' in der postmodernen Moderne.

Wenn man sich auf das vorhergehende Kapitel rückbesinnt, dürfte es nicht schwerfallen, in diesen 'Tauschsystemen der Macht', 'mutuellen Versicherungssystemen' oder 'Legitimation durch Verfahren' politische Erscheinungsformen der 'Unübersichtlichkeit', des 'Dissenses' und des 'Widerstreits' zu erkennen, die von einer 'leeren' transversalen Vernunft notdürftig zur Kohärenz genötigt werden.

Soziale Bewegungen in der postmodernen Moderne

Die postmoderne Moderne ist durch eine unüberschaubare Fragmentierung der Gesellschaften in vielfältigste soziale Bewegungen gekennzeichnet. Politik wird von diesen nicht mehr als isoliertes Handlungsfeld verstanden. Den Widerstand tausender Fragmente in einer Gesellschaft kann kein Machtsystem mehr eindämmen. Die neue Politik der Bewegungen sträubt sich gegen traditionelle Kodierungen der Politik in öffentlich und privat, politisch und unpolitisch. Rechts-Links-Schemata sind ebenfalls fragwürdig geworden. Die Dispositive der Macht werden weder in bestimmten Institutionen noch in bestimmten Eigentumsformen gesehen. Widerstand kann sich deshalb genauso gegen private Einrichtungen richten wie gegen staatliche Agenturen. Wenn Amnesty International als eine einflußreiche Einrichtung der Moderne gilt, ist Greenpeace die Widerstandsorganisationsform des postmodernen Zeitalters. Wo die partizipative Mobilisierung scheitert, haben die neuen sozialen Bewegungen gleichwohl Erfolge erzielt: Die 'kognitive Mobilisierung' wirkt weiter, wo die partizipative Mobilisierung' in den Restriktionen des Systems steckenbleibt.

Bei älteren sozialen Konflikten der Moderne ging es überwiegend um Inklusion von bisher Ausgeschlossenen, sei es zunächst beim Wahlrecht oder bei den Systemen der sozialen Sicherung. Neue soziale Bewegungen optieren nicht selten wieder für Exklusion, ohne sich jedoch den Mitwirkungsmöglichkeiten zu verschließen. Auch der Modus der Bewegungen und ihrer Theorie hat sich gewandelt: Sie sind selbstreferentiell geworden. Fast bewegen sich die Bewegungen selbst. Die Binnenstrukturen zeigen trotz Ablehnung binärer Kodes eine eigene Schematisierung. Sie sind auf das Verhältnis 'in/out' – 'ingroup/outgroup' - ausgerichtet. Deshalb kommt es immer noch zu polarisierten Wahrnehmungen. Widerstreit ist in den meisten neuen Bewegungen von vornherein institutionalisiert und mit dem Fraktionalismus früherer Formen von sozialen Bewegungen, die sie spalten konnten, nicht länger zu vergleichen. Die Ziele der Bewegungen sind ebenfalls verschieden und haben sich entsprechend der folgenden drei Stadien enttotalisiert.

Die Entwicklung der sozialen Bewegungen von der Moderne zur Postmoderne zeigt starke Wandlungen. Der Cleavage-Ansatz war objektivistisch. Der postmoderne Ansatz ist subjektivistisch. Bewegungen entstehen, weil

Beteiligte betroffen sind. Sie entstehen, wenn Ressourcen bereitstehen und das Bedürfnis wächst, sich partizipatorisch zu engagieren.

Theorietypen	Erklärungsmuster	Aktivitätstypen	Ziel der Bewegung
Neuzeitlich*	objektivistischer Cleavage-Ansatz (wo ein sozialer Konflikt ist, da entsteht auch eine Bewegung)	Mobilisierung von oben durch ideologisch inspirierte Führer	Machtergreifung
Klassisch Modern	Konditionaler Ansatz: Die Entstehung bedarf neben dem 'cleavage' auch der Ressourcen an Eliten, Strategien, Situationen	Gleichgewicht von Partizipation von unten und Mobilisierung von oben	Machtteilhabe
Postmodern	Bewegung ist 'zwecklos'. Sie entsteht aus sich selbst, auch ohne 'cleavage'. Ausgangslage ist unspezifisch, der Protest entzündet sich am Einzelfall	Selbstverwirklichung	Autonomie

wir haben den Begriff 'prämodern' mit neuzeitlich ersetzt

Abb. 21: Soziale Bewegungen (nach Beyme 1991:291)

Im Aktivitätstyp geht die Entwicklung von der Mobilisierung von oben zu immer mehr selbstbestimmter Eigeninitiative von unten. Führung spielt nicht mehr die gleiche Rolle wie in den frühmodernen Konflikten. Auch die Ziele enttotalisieren sich seit der Neuzeit. Erst in den postmodernen Bewegungen geht es nicht mehr in erster Linie um Partizipation, sondern um Handlungsspielräume für autonome Bestätigung und Selbstverwirklichung. Die hohe Mobilität der modernen Gesellschaft erlaubt eine Ubiquität der Präsenz für kleine Gruppen, die zum Beispiel im Protesttourismus ihren Niederschlag findet. Insgesamt verdichten sich neue Bewegungen immer schwerer zu Systemen mit klaren Grenzen. Sie bleiben 'fuzzy systems' und können außerdem sehr kurzlebig sein. Individuelle Lebenspraktiken werden immer mehr das Ziel von Politik.

Multikulturalismus und Zentrum-Peripherie-Verhältnisse

Die 'Bewegungen' der postmodernen Moderne können über die Kodierung oder Dichotomisierungen in 'in/out oder 'ingroup/outgroup' im 'Patchwork der Minderheiten' gelegentlich sehr gewalttätig erscheinen, insbesondere in den virulenten ethnizistischen Mobilisierungen, die immer mehr um sich zu greifen scheinen, je mehr der Staat der Moderne Steuerungs- und Legitimationskrisen ausgesetzt ist und je mehr zwischenstaatliche und internationale Mobilisierungen zur Norm werden. Es war schon modernen Gesellschaften nicht möglich, das Fremde draußen zu halten, noch weniger gelingt dies den postmodernen Gesellschaften. Daniel Cohn-Bendit, der ehemalige Barrikadenstürmer der revolutionären Moderne, belehrt uns neuerdings: "Und wo es multikulturell zugeht, geht es auch unübersichtlich zu. Multi-kulturelle Gesellschaft: Das ist, so gesehen, nur ein anderes Wort für die Vielfalt und Uneinheitlichkeit aller modernen Gesellschaften, die offene Gesellschaften sein wollen. Die Tendenz ist nicht umkehrbar ... Babylon: Das heißt auch, daß die multikulturelle Gesellschaft eine Konflikt-gesellschaft ist und bleiben wird ... Es irrt ... wer meint, die multikulturelle Gesellschaft wäre eine harmonische Gesellschaft ... In jeder Einwan-derungsgesellschaft stößt Ungleichzeitiges aufeinander, und vieles ist erst einmal nicht kompatibel." (Cohn-Bendit/Schmid 1992:11-12)

Pluralistische Auflösung der modernen Staatlichkeit und Zunahme der Mobilität der Menschen postmoderner Gesellschaften – die durchaus schon Bewegungsgesellschaften genannt werden können - haben zu sozialen Paradoxien geführt. Früher mag das Fremde bedrohlich empfunden worden sein, aber es war fern. Durch die große Mobilmachung der Moderne wurde das anders: das Fremde verliert seine Exotik und Herausforderung, wird allgegenwärtig, seine Anwesenheit zum Normalfall. Trotzdem - oder ge-rade deshalb - sind Fremdenfeindlichkeit und Xenophobie nicht ver-schwunden, sondern haben an Umfang, Intensität und Aggressivität zuge-nommen (Cohn-Bendit/Schmid 1992:23). Hinzu kommt, daß 'Fremde' oft-mals die radikalsten 'Mobil-Bürger' der postmodernen Bewegungen sind (Cohen 1997, Loeffelholz/Köpp 1998).

Betrachtet man das in jedem modernen Staat vorherrschende politische, ökonomische und kulturelle Zentrum-Peripherie-Verhältnis, stößt man un-weigerlich auf Mobilisierungen, die schon immer unter regionalistischen oder ethnizistischen Mobilisierungen firmierten. Peripherer Regionalismus wurde in den frühmodernen Bewegungen um Partizipation an der Macht gewöhnlich vergessen. Wenn es nicht anders ging, wurden die peripheren Regionen in föderalistische Systeme eingebunden. Damit war das Problem des Verhältnisses vom machtpolitischen und ökonomischen Zentrum zu den Peripherien nicht gelöst, solange das (die) Zentrum(en) dominierten und die Peripherien politisch, ökonomisch, kulturell, sozial, ethnisch und oft psychisch abhängig blieben. Die asymmetrischen Verhältnisse wurden zu einer essentiellen Frage der Demokratie. Die modernen Nationalstaaten haben im Prozeß ihrer Modernisierung diese asymmetrischen Verhältnisse gerade nicht aufgelöst. Im Gegenteil: Mit Hilfe nationalistischer Mobili-sierungen wurde eine Überwindung der Asymmetrien zwischen Zentren und Peripherien durch ideologische Homogenisierung weitgehend nur vor-getäuscht. Die innovative kapitalistische Dynamik führt zudem zu Stand-

ortkonzentrationen der Entwicklungsschwerpunkte, die automatisch Peri-
pherisierungen erzeugen. Insgesamt sind in modernen Staaten auch ohne
Immigration 'Fremder' drei Ursachen für Segmentierungen auszumachen:

a) regionalistische Kulturen mit eigenständigen ethnizistischen Kulturen,
die in moderne Staaten eingebunden sind;

b) Regionalisierung durch Peripherisierung; und

c) demokratische Prinzipien und Strukturen selbst, zum Beispiel als hori-
zontale und vertikale Gewaltenteilung. Zusätzlich können Immigrations-
bewegungen hinzukommen.

Strukturwandel des internationalen Weltwirtschaftssystems und Nieder-
gang der Regulationskapazitäten des Nationalstaats sind Faktoren, die ein
Aufkommen des Regionalismus als Teil einer allgemeinen Krise des
modernen zentralen Wohlfahrtsstaats ausweisen. "Die politische Mobilisierung der Peripherien wäre somit nicht Ausdruck rückwärtsgewandter
Sehnsüchte oder Auswüchse folkloristischen Zeitgeists, sondern ihr käme
genuine Authentizität zu als vorwärtsweisende Kritik an den Defekten der
Modernisierung. So betrachtet gewinnt die These Plausibilität, daß regionale Identitäten zu einer neuen und dauerhaften politischen Perspektive
innerhalb der europäischen Demokratie geworden sind oder werden und
unter Berücksichtigung des Zentrum-Peripherie-Syndroms kapitalistischer
Produktionsweise sich weiter verfestigen können. Den funktionalen zentri-
petalen Krisenreaktionen (Korporatismus, korporativer Föderalismus)
scheint im Regionalismus ein komplementär zentrifugaler Aspekt des gleichen Phänomens gegenüberzustehen." (Thiery 1989:14-15)

Ein politisches und ökonomisches Zentrum wäre keines mehr, wenn es der
Peripherie erlauben würde, zum Zentrum zu werden. Im Hinblick auf zunehmende periphere Fragmentierung und Ethnisierung muß der postmoderne Staat einerseits Regionalisierungen zulassen und andererseits erreichte
Dezentralisierungen wieder rückgängig zu machen versuchen. Optionen
der Peripherie reichen vom einfachen Protest über Regionalismus als Be-
wahrung kultureller Charakteristika, regionale Autonomie, Föderalismus
und Konföderalismus bis hin zu Separatismus.

Konflikte, die zwischen Zentrum und Peripherie aufbrechen, basieren letztlich auf einem Widerstreit demokratischer Rechte: zwischen einem 'right to
roots' und einem 'right to options', zwischen lokal und/oder gruppenbe-
zogen definierten Rechten und universalistischen Prinzipien wie Gleichheit
und Gerechtigkeit. Man hat zu lange übersehen, daß Konzepte wie Gleichheit und Gerechtigkeit, wenn sie als Chancen und Möglichkeiten auf alle
Individuen übertragen werden, auf konzeptioneller und juridischer Ebene

inhärent zentralistisch sind: "Während im Zuge von Modernisierung und Integration der Nationalstaat durch Zentralisierung und kulturelle Homogenisierung tendenziell den Boden für die Zerstörung kultureller Identitäten bereitete, wuchs im Gegenzug der Wunsch nach unbeschädigter Gruppenidentität (auf die der Liberalismus uneingestandenermaßen gebaut hat) wie auch nach einer weniger unpersönlichen Gemeinschaft als der der nationalen Gesellschaft. Dieses right to roots 'has the tendency to replace the right to options'. Seine Brisanz macht aus, daß es theoretisch die traditionelle Staatskonzeption in Frage stellt." (Thiery 1989:22) Doch der moderne Staat wird nicht allein durch die Peripherien in Frage gestellt. Er ist zudem, wie schon mit Beyme bemerkt wurde, permanent mit zwei grundlegenden Problemen konfrontiert: Legitimation und Steuerung. Wehner (1992) hat die moderne demokratische Staatskonzeption im Hinblick auf ihre Leistungsfähigkeit kritisch hinterfragt. Im bezug aus Demokratietheorien haben dies ebenso Waschkuhn (1984), Willink (1992), Claessens (1992), Moore (1969,1984), Langer (1988) und Sarcinelli (1990) behandelt.

Das Legitimitätsproblem wird, da es universal mit politischer Repräsentation begründet wird, gerade auch territorial - oder durch Regionalisierung - in Frage gestellt. Ein Mangel an Artikulations- und Partizipationsmöglichkeiten bedeutet deshalb ein wahrnehmbares Legitimitätsdefizit und von seiten des Staates ein Legitimations- und Demokratiedefizit (Thiery 1989:23).

Politische Dezentralisierung steht in diesem Kontext als spezifische Form der Problemlösung im Raum. Sie hat zwei Ursachen, die oft zusammen vorliegen. Der Staat kann aufgrund seiner Komplexität die Verantwortung für Planung und Steuerung wegen Überlastung und Inkompetenz regionalisieren, sich damit entlasten und die Effizienz erhöhen. Der Aufwand durch die Entstehung von 'doppelten' Systemen kann wegen der gesteigerten Partizipation und Integration mehr als wettgemacht werden. Zudem bietet diese Dezentralisierung die einzige Möglichkeit zur Wahrung kultureller und regionaler Besonderheiten. Anders sieht es dagegen aus, wenn bereits eine hochfragmentierte Gesellschaft vorliegt. Hier führen Dezentralisierungen zu keiner Lösung. Statt dessen erfordern solche Strukturen eine partnerschaftliche Form der Demokratie, unter anderem den von Arend Lijphart (1984, 1985) konzipierten 'consociationalism' oder Sezession (vgl. Waldmann (1989), Czempiel (1987:246-276), Buchanan (1991), Anderson (1990), Jäggi (1993), Bukow (1993), Hobsbawm (1990) und Reiterer (1988).

Internationalität und Transnationalität

Die bisherige Diskussion bezog sich auf Verhältnisse in 'einer' universalen idealtypischen Gesellschaft, dem modernen und postmodernen Nationalstaat. Alles spielte sich in einem derartigen Staat ab, völlig unabhängig davon, ob es sich um die Nationalstaaten Deutschland, Indien, Südafrika, USA etc. handelte. Es existieren gegenwärtig real über 180 derartiger Nationalstaaten. Jeder von ihnen ist originär und anders als die anderen. Die idealtypische Konzeption des modernen Nationalstaats läßt eine Erklärung dieser Unterschiede nicht zu. Sie ist aus seinen Prämissen nicht ableitbar; außer daß es viele Erscheinungsformen vom idealtypisch immergleichen Nationalstaat gibt. Der Soziologe Ulrich Beck nennt deshalb die Theorien des modernen Nationalstaats 'Containertheorien'. Sie setzen voraus, daß jeder moderne Nationalstaat in sich souverän und abgeschlossen wie eine Monade existiert. Verhältnisse zwischen Nationalstaaten gleichen Verhältnisse zwischen fensterlosen Monaden. Das 'Rühr mich nicht an'-Syndrom hinsichtlich 'innerer Angelegenheiten' ist immer noch allgegenwärtig, sogar in der Europäischen Union. Trotz aller postmoderner Auflösungserscheinungen ist die Weltpolitik der Nationalstaaten immer noch vom Lyotard'sche Inselparadigma geleitet.

Ulrich Beck ist bemüht, diesen Zustand - vorerst im theoretischen Vorgriff - zu ändern. Zunächst unterscheidet er - wie schon öfters erwähnt - zwischen 'Erster Moderne, Postmoderne und Zweiter Moderne. Zur Erläuterung bietet er uns eine Geschichte an: "Die Anhänger der Ersten Moderne, die Weiter-so-Modernisierer, behaupten, Kolumbus hat nicht Amerika entdeckt, sondern ist doch in Indien gelandet. Demgegenüber verkünden die Postmodernisten, die Frage, wo Kolumbus gelandet ist, sei lediglich ein Gaukelspiel der Medien. Die Vertreter der zweiten Moderne dagegen sagen: Laßt uns die neue Welt der globalen Gesellschaft erkunden und gestalten." (Beck 1998:11-12) Beck interessiert sich für die Zweite Moderne.

Die Zweiten Moderne beruht laut Beck auf dem Paradigma des 'Transnationalen'. Ihr Grundgehalt ist die 'Anwesenheit des Abwesenden' oder 'die Entterritorialisierung des Sozialen'. Damit ist gemeint, geographische und soziale Nähe fallen auseinander. Man muß nicht mehr an einem Ort leben, um zusammenzuleben. An demselben Ort zu leben heißt keineswegs, zusammenzuleben. Was ist damit gemeint? Gesellschaft verstanden als 'Zusammenleben' wird in der Ersten Moderne durch die 'imaginäre Gemeinschaft der Nation' bestimmt und eingegrenzt. Nationalstaaten sind also Territorialstaaten, die dem gesellschaftlichen Zusammenleben mit

Abwesenden durch die kollektive Identität der Nation Grenzen setzen. In der Erfahrung der Globalität wird die nationale zu einer 'universellen' 'Gemeinschaft der Abwesenden' entgrenzt. Hinsichtlich der Globalisierung handelt es sich also zunächst einmal um eine 'entterritorialisierte' und damit 'entnationalisierte' Gesellschaftlichkeit oder Gesellschaftserfahrung. Das ist nicht gleichzusetzen mit kulturellem Pluralismus 'im' Nationalstaat, sondern mit einer Überschreitung dieses Pluralismus, ohne ihn aufzulösen.

Rekapitulieren wir nochmals, worin sich der frühmoderne, der klassisch moderne und der postmoderne Nationalstaat bei Beyme politisch auszeichnen. Gleich wie er sich intern in diesem Jahrhundert bis zu seiner scheinbaren inneren Auflösung gewandelt hat, er beruht bis in die Gegenwart auf dem Territorialprinzip, dem Souveränitätsprinzip und dem Legalitätsprinzip. Das Territorialprinzip konstituiert den Herrschaftsraum. Im internationalen Kontext besagt das, daß die Menschheit in politische Einheiten zerfällt, die als gegeneinander abgegrenzte Territorialstaaten definiert und organisiert sind. Das Souveränitätsprinzip besagt, innerhalb dieser Territorien agieren und regieren der Staat und seine Repräsentanten in eigener Hoheit. Souveränität wird exklusiv verstanden, d.h. Herrschaft über ein Territorium kann nicht zugleich von zwei Souveränen ausgeübt werden. Genau das besagt das Prinzip der Nichteinmischung in innere Angelegenheiten anderer Staaten, ebenso wie die Trennung von Innen- und Außenpolitik. Die Menschheit ist zur Zeit in 185 derart souveräne Staaten aufgeteilt. Das Legalitätsprinzip besagt, daß Beziehungen zwischen souveränen Staaten Gegenstand internationaler Verträge und Gesetze werden können, doch diese gelten nur so weit, wie sie Zustimmung in den einzelnen Staaten finden. Internationales Recht bleibt vorbehaltlich, solange internationalen Gerichten die Sanktionsmöglichkeiten gegenüber Einzelstaaten fehlen. Man spricht deshalb nicht nur von der Anarchie der Nationalstaatenverhältnisse, sondern auch hinsichtlich des internationalen Rechts oder Völkerrechts von einem 'primitiven' Rechtszustand.

Andererseits hat es aber schon immer zwischen den monadischen Nationalstaaten Konnexionen gegeben, die ihre Exklusivität transzendierte. Es bestand im Nationalstaatenkosmos tatsächlich schon immer eine intrinsische Globalisierung, die sich nicht nur in Kriegen, Handel oder Reiselust artikulierte. Jeder Nationalstaat besteht nämlich nicht nur aus der eigenen Souveränität heraus, sondern auch deshalb, weil alle anderen Staaten die Prinzipien territorialstaatlicher Weltordnung und den jeweiligen Staat anerkennen. Das wird besonders deutlich am Reise- oder Diplomatenpaß. Soll er den Menschen nutzen, muß er von allen anderen Staaten anerkannt werden. Staatsbürgerschaft ist demnach eine globale Kategorie. Insofern ist die Globalisierung des Territorialstaatsprinzips die Voraussetzung seiner Geltung – aber, so muß man hinzufügen, nach Innen, auf die Bestandserhaltung der Territorialgrenzen des Nationensystems gerichtet. Die Globalisierung, von der hier die Rede ist, geht genau in die andere Richtung, orientiert sich an der Überwindung der Territorialstaatlichkeit und ihrer Grenzen.

Wir sind an einer entscheidenden Stelle angelangt, dem Umschlag des 'Inter' in das 'Trans'. Die Internationalen Beziehungen entsprechen noch dem 'leeren' Operieren der transversalen Vernunft bei Welsch. Diese Vernunft kann an ihren Voraussetzungen, den Paradigma- oder Nationen-Containern nichts radikal verändern, sie webt sie nur inhaltsleer in ein Netz, worin sie das Knotennetz der 'Inter'-Beziehungen spielen. Daß diese Knotennetze und ihre sie zusammenwebende transversale Vernunft etwas voraussetzen müssen, was beide nicht sind, nämlich die Löcher im Netz, die erst das Beziehungsgewebe ermöglichen, geht bisher weder in die internationalen Netze noch in die transversale Vernunft ein. Diese Löcher im Netz – oder den Netzen – ist das, was Beck mit Globalisierung meint. Konsequent unterscheidet er zwischen 'Internationalisierung' und 'Globalisierung'.

Es ist bereits eine Binsenwahrheit, daß sich die kapitalistische Wirtschaft globalisiert. Dennoch gilt dies noch unter Vorbehalt. Gewiß liegt die Internationalisierung der Wirtschaft vor. Dies ist an der zunehmenden wirtschaftlichen Verflechtung der Wirtschaftsblöcke Europa, Nord- und Lateinamerika und Asien feststellbar. Dieser grenzüberschreitende Handel hat jedoch immer noch seine Grenzen an der OECD-Welt, insofern kann man noch nicht von durchgängiger Globalisierung sprechen. Andererseits deutet die globale Vernetzung der Finanzmärkte und der Zuwachs transnationaler Konzerne auf die globale Vernetzung hin, ebenso die internationalen Zollrunden im Rahmen des GATT und WTO.

Angenommen, die Globalisierung kündigt sich an, was beinhaltet sie im Unterschied zur Internationalisierung? Laut Beck primär eine Entgrenzung und eine Beschleunigung. Entgrenzung meint 'Entterritorialisierung'. Hinsichtlich einer Produktionsorganisation muß weder am selben Ort produziert werden noch spielt die geographische Entfernung eine einschränkende Rolle. Informationstechnologisch liegt schon der 'entfernungslose' Raum vor. "Im 'entfernungslosen' Raum informationstechnologisch hergestellter Nähe konkurrieren von nun an potentiell alle mit allen Orten der Welt um zugleich knapper werdende Kapitalinvestitionen und entsprechende Arbeitsplätze." (Beck 1998:21) Bekannt ist, was sich in periodischen

Krisen auf dem Devisenmarkt bemerkbar macht, daß Geld und Kapital 24 Stunden rund um den Erdball in 'Echtzeit' zirkulieren. Ebenso ist es eine Tatsache, daß über 50 Prozent aller wirtschaftlichen Wertschöpfung von transnationalen Konzernen getätigt wird.

Die Handlungsweisen dieser transnationalen Akteure – dazu zählen nicht nur Organisationen wie Daimler-Chrysler AG sondern auch Greenpeace - zeichnen sich dadurch aus, daß sie grenzüberschreitend tätig sind und sich in bezug auf die Nationalstaaten ihre eigene ökonomische, politische und soziale Handlungsmächtigkeit *qua* Souveränität schaffen, wobei sie unweigerlich die Territorialstaaten gegeneinander ausspielen und ebenso übergehen. "Die nichtstaatlichen, transnationalen Akteure schaffen sich ihre eigene, gleichsam 'inklusive Souveränität'." (Beck 1998:24) Es ist der Zugriff auf die materiellen Lebensadern moderner nationalstaatlicher Gesellschaften, der sich 'ohne' Revolution, 'ohne' Gesetzes- oder gar Verfassungsänderungen, sozusagen im *business as usual* eröffnet hat. Wer oder was sind also diese 'global player' und was tun sie? Sie können erstens Arbeitsplätze dahin exportieren, wo die Kosten und Auflagen für den Einsatz der Arbeitskräfte möglichst niedrig sind. Sie sind zweitens in der Lage, Produkte und Dienstleistungen so zu zerlegen und arbeitsteilig an verschiedenen Orten der Welt zu erzeugen, daß nationale und Firmen-Etiketten geradezu als Irreführung gelten müssen. Sie sind drittens in der Position, Nationalstaaten oder einzelne Produktionsorte gegeneinander auszuspielen und auf diese Weise 'globalen Kuhhandel' um die billigsten Steuer- und günstigsten Infrastrukturleistungen betreiben zu können. Sie können ebenso die Nationalstaaten 'bestrafen', wenn sie als zu 'teuer' oder 'investitionsfeindlich' gelten. Schließlich können sie viertens in dem erzeugten und kontrollierten Dickicht globaler Produktion zwischen Investitionsort, Produktionsort, Steuerort und Wohnort selbsttätig unterscheiden und diese gegeneinander ausspielen. Wohlgemerkt: alles ohne Eingabe oder Beratung im Parlament, ohne Regierungsbeschluß, ohne Gesetzesveränderung, nicht einmal eine Debatte in der Öffentlichkeit ist dazu erforderlich. Dies rechtfertigt laut Beck den Begriff 'Subpolitik' – als zusätzliche Handlungs- und Machtchancen 'jenseits' des politischen Systems, die den im weltgesellschaftlichen Rahmen agierenden Unternehmen zugewachsen sind (Beck 1997:16-17).

Statt Subpolitik, was zu einer falschen Vorstellung verleiten kann, ist es angemessener von 'Politik der Politik' zu sprechen. Was nämlich vorliegt, ist die Auflösung der 'internationalen' Nationalstaatenpolitik durch diese 'transnationale' Politik der transnationalen Unternehmen. Das 'Inter' operiert auf dem 'Inter' und transformiert es zu einem 'Trans'. Oder, um auf das obige angesprochene Modell des Netzes zurückzukommen: Die 'Löcher' im Netz als 'Trans' der 'Inter'-Beziehungen der Knoten lösen die 'Inter'-Beziehungen und Knoten auf und konstituieren sie zugleich. Das ist es, um wieder auf den Anfang dieser Abhandlung zurückzukommen, was die Relation dritter Potenz auszeichnet oder was wir als 'Vollzug der Kombination der Operationen Zweiter Ordnung' bezeichnet haben.

Gerade diese 'Politik der Politik' ist es, die man seit langem den multi- und transnationalen Konzernen vorwirft – vaterlandslose Gesellen zu sein und sich nicht mehr um nationalstaatliche Ansprüche zu kümmern. Je mehr sich ihre Souveränität verstärkt, um so mehr werden Autorität, Legitimität und politische Gestaltungsmacht der Territorialstaaten nach innen und außen in Frage gestellt. Man hat es laut Beck mit einer 'Politisierung durch Depolitisierung des Staates' zu tun (Beck 1998:24). Das nationalstaatliche Machtgefüges zum Beispiel zwischen Politik und Wirtschaft, wird im transnationalen System unterlaufen und ersetzt. Beck spricht von einer 'transnationalen Entzugsmacht'. "Diese ist der [nationalstaatlichen] Organisationsmacht überlegen, weil sie sich nicht mehr auf die 'Fläche' des Territorialstaates beschränkt, sondern in einem erst kategorial zu erschließenden eigenständigen transnationalen 'Raum' handelt." (Beck 1998:25) Transnationalität bedeutet mithin simultanes Handeln in multiplen Orten (multi-lokal), global Handeln heißt 'translokal' Handeln.

Im Nationalstaat geht es um staatlich-politische Fixierung und Beherrschung des Raumes. Territorialstaaten sind 'Container'-Gesellschaften. Staatlicher Macht- und Kontrollanspruch begründet und schafft Gesellschaft. Nationalstaatsgesellschaften erzeugen und konstruieren essentialistische Identitäten im Alltag, deren Selbstverständlichkeit in tautologischen Formulierungen begründet zu liegen scheint: Deutsche leben in Deutschland, Japaner in Japan etc. Spanische Deutsche sind Grenzfälle, Ausnahmen, werden zur Bedrohung. Transnationale Unternehmen brechen dies auf. Von außen betrachtet scheint alles beim alten zu bleiben. Diese Konzerne produzieren, rationalisieren, entlassen, stellen ein, zahlen Steuern etc. "Das Entscheidende aber ist, sie tun dies nicht länger im nationalstaatlichen Spielregelsystem, sondern so, daß sie im Weiterspielen des alten Spiels dessen Spielregeln aufheben und umgestalten. Es handelt sich nur scheinbar um das alte Spiel. Konkret handelt es sich nicht länger um eine regelgeleitete, sondern um eine 'regelverändernde Politik', einer Politik der Politik, einer Meta-Politik." (Beck 1997:117)

Beck unterscheidet zwischen Globalismus, Globalität und Globalisierung. Mit Globalismus ist gemeint, daß der Weltmarkt politisches Handeln verdrängt und ersetzt. Globalismus liquidiert die Grunddifferenz der Ersten Moderne zwischen Politik und Wirtschaft. Es handelt sich um den Imperialismus des Ökonomischen. Mit Globalität ist demgegenüber gemeint: Wir leben längst in einer Weltgesellschaft und zwar in dem Sinne, daß die Vorstellung geschlossener Räume fiktiv wird. Kein Land, keine Gruppe kann sich gegeneinander abgrenzen. Weltgesellschaft meint die Gesamtheit sozialer Beziehungen, die 'nicht' in nationalstaalicher Politik integriert oder durch sie bestimmt (bestimmbar) sind. Globalität kennzeichnet die neue Lage der Zweiten Moderne. Globalisierung meint dagegen die Prozesse, in deren Folge die Nationalstaaten und ihre Souveränität durch transnationale Akteure, ihre Machtchancen, Orientierungen, Identitäten und Netzwerke unterlaufen und querverbunden werden. Globalisierung als 'Prozeß' schafft transnationale soziale Bindungen und Räume, wertet lokale Kulturen auf und treibt dritte Kulturen – ein bißchen von dem, ein bißchen von jenem – hervor. Globalisierung vollzieht sich in verschiedenen Dimensionen: kommunikationstechnische, ökologische, ökonomische, arbeitsorganisatorische, kulturelle, zivilgesellschaftliche, religiöse. 'Welt', in der Wortkombination 'Welt-Gesellschaft' meint demnach Differenz, Vielheit. Gesellschaft meint 'Nicht-Integriertheit', so daß Weltgesellschaft als 'Vielheit ohne Einheit' begriffen werden kann.

Globalität ist unrevidierbar, sie zeichnet sich aus durch:

1) geographische Ausdehnung und zunehmende Interaktionsdichte des internationalen Handelns, globale Vernetzung der Finanzmärkte und Machtzuwachs transnationaler Konzerne;

2) informations- und kommunikationstechnologische Dauerrevolution;

3) universal durchgesetzte 'Ansprüche' auf Menschenrechte – also das Demokratieprinzip;

4) die Bilder-Ströme der globalen Kulturindustrien;

5) postinternationale, polyzentrische Weltpolitik – neben den Regierungen gibt es an Macht und Zahl zunehmende transnationale Akteure (Konzerne, Nicht-Regierungsorganisationen, Vereinte Nationen) etc.;

6) die Frage der globalen Armut;

7) globale Umweltzerstörung; und

8) transkulturelle Konflikte am Ort (Beck 1997:29-30).

Diese Unrevidierbarkeit entstandener Globalität ist ein wesentliches Unterscheidungsmerkmal zwischen Erster und Zweiter Moderne. Nebeneinander existieren die verschiedensten Eigenlogiken der ökologischen, kulturellen, wirtschaftlichen, politischen, rechtlichen zivilgesellschaftlichen Globalisierung, die nicht aufeinander reduzierbar oder abbildbar sind, sondern jede für sich und in ihren Interdependenzen entschlüsselt und verstanden werden muß. Globalität bezeichnet die Tatsache, daß von nun an nichts, was sich auf unserem Planeten abspielt, nur ein örtlich begrenzter Vorgang ist.

Die Besonderheit des Globalisierungsprozesses liegt in der Ausdehnung, Dichte und Stabilität wechselseitiger regional-globaler Beziehungsnetzwerke und ihrer massenmedialen Selbstdefinition sowie sozialer Räume und jener Bilderströme auf kultureller, politischer, wirtschaftlicher, militärischer und ökonomischer Ebene. Weltgesellschaft ist somit keine Mega-Nationalgesellschaft, die alle Nationalgesellschaften in sich enthält und auflöst, sondern ein durch Vielheit und Nicht-Integriertheit gekennzeichneter Welthorizont, der sich dann eröffnet, wenn er durch Kommunikation und Handeln hergestellt und bewahrt wird. Neu daran ist die Selbstwahrnehmung dieser Transnationalität. Neu ist die unausgrenzbare Wahrnehmung transkultureller Anderer im eigenen Leben mit all den sich widersprechenden Gewißheiten. Neu ist die Zirkulationsebene 'globaler Kulturindustrien'. Von diesen globalen 'virtuellen Medienkulturen' sprich auch Schmidt. Insofern ist dieser Teil seiner Medientheorie des Radikalen Konstruktivismus dieser 'Trans'-Ebene zuzuordnen.

Es existieren zwei Arenen globaler Gesellschaften: einmal die Gesellschaften der Staaten, in der die Regeln der Diplomatie und der nationalen Macht die Schlüsselvariablen sind, ein andermal eine Welt transnationaler Politik der Politik, in der sich so verschiedene Akteure wie multinationale Konzerne, Greenpeace, Amnesty International, aber auch Weltbank, Nato, Europäische Union etc. tummeln

Es ensteht eine polyzentrische Weltpolitik. Beck unterscheidet:

Transnationale Organisationen

Transnationale Probleme

Transnationale Ereignisse

Transnationale Gemeinschaften

Transnationale Strukturen (Beck 1997:70).

Es ist bekannt, daß Medien und Kommunikation gegenwärtig und mehr noch in Zukunft alle geographischen National- und Staatsgrenzen überschreiten. Das gilt ebenso für die funktional ausdifferenzierten Handlungsbereiche der Wirtschaft, Wissenschaft und Religion. Für die Rechtssysteme gilt dies dagegen nur mit großen Einschränkungen – z.B. gilt das Völkerrecht immer noch als 'primitives' Recht – und hat für die Politik nahezu keine Relevanz. Das Politikmonopol bleibt dem nationalen Territorialstaat verhaftet. Deshalb entsteht mit der Globalisierung und Transnationalität ein neuer politischer Raum, eine neue politische Weltgesellschaft ohne Weltstaat und Weltpolitik, ohne Weltparlament und Weltregierung. Für transnationale Unternehmen gibt es zum Beispiel kein Ministerium für

Weltwirtschaft. Sie schöpfen aus dem außerhalb der Nationalstaaten entstandenen und von ihnen nicht mehr definierbaren, neuen politischen Raum ihre 'politische Macht'. Wenn man dies verallgemeinert, erscheint die Weltgesellschaft als 'unpolitisch', ist aber gerade deshalb eine 'hochpolitische' Welt, das Reich der 'Politik der Politik'. Diese Paradoxien übertragen sich auf das demokratische System. Das 'Regieren ohne Regierung' in internationalen Organisationen durch Vertreter demokratischer Nationalstaaten ist demokratisch nicht legitimiert. Was ansteht ist eine neue Erscheinungsform von Demokratie, die das klassische Demokratieprinzip auflöst, eine Art Meta-Pluralismus von Demokratietheorien und demokratischen Institutionen. Noch ist es nicht so weit. Diese der Transnationalität verbundenen internationalen Organisationen operieren in einem offenen Entscheidungsfeld, da ein weltpolitischer Ordnungsrahmen fehlt und der nationalstaatliche nicht mehr greift. Alle internationalen Organisationen können nicht länger einfach als Verlängerungen nationalstaatlicher Politik begriffen werden. Auch daraus ergibt sich ein Paradox. Würden diese internationalen Organisationen nur im Sinne der Nationalstaatenpolitik operieren, wären sie im unlösbaren Konflikt der Interessen handlungsunfähig, sind sie dagegen handlungsfähig, müssen sie gegen die Singularinteressen der Nationalstaaten operieren. Agieren internationale Organisationen eigenständig, dann können sie angesichts bestehender Nationalstaateninteressen nur in einem Feld der 'Umstrittenheit' operieren, in dem Konsens die Ausnahme und Dissens die Regel ist - man erinnere sich an das letzte Kapitel und die gleichlautenden Äußerungen von Welsch. Darüber hinaus greifen die eingeschliffenen funktionalen Differenzierungen und technokratischen Spezialisierungen nicht mehr, denn sie verfehlen gerade dadurch den Zusammenhangscharakter des Globalen.

Die Mehrdeutigkeit von Globalisierungen im Plural läßt in einer Art Aufschaukelungseffekt supernationale und subnationale Regionalismen entstehen (Beispiel EU). Es gibt nicht ein, sondern viele Europas: ein Europa der Nationen, der Regionen, der Zivilisation, der Christenheit etc.

Globalisierung der Sozialstruktur impliziert zusätzliche Varianten grenzüberschreitender Organisation: transnational, international, makroregional, international, mikro-regional, städtisch, lokal. Diese administrative Leiter wird von den funktionalen Netzwerken von Verbänden, internationalen Organisationen, Nicht-Regierungsorganisationen durchkreuzt.

Zusammenfassend läßt sich folgendes festhalten:

- Im Verhältnis von Internationalität und Transnationalität operierte Internationalität in der Ersten Moderne zwischen exklusiven Nationalstaaten und konnte diese nicht transzendieren. Eine Transnationalität war jedoch schon immer die Voraussetzung dieser Internationalität – wechselseitige Anerkennung der Souveränität, Pässe etc. -, die jedoch, solange der Nationalstaat der Ersten Moderne existierte, nicht zum Tragen kam.

➢ Wir befinden uns noch auf der Ebene des 'Vollzugs der Kombination der Operationen Erster Ordnung' (Radikaler Konstruktivismus).

• In der Phase der postmodernen Moderne begann die Transnationalität nicht nur die Internationalität, sondern mehr noch den Nationalstaat der Ersten Moderne in seiner Exklusivität und politisch intendierten funktional differenzierten Homogenität aufzulösen.

➢ Das beinhaltet, daß der 'Vollzug der Kombination der Operationen Erster Ordnung' auf sich selbst zu operieren beginnt. In dieser Anfangsbewegung erscheint die 'transversale Vernunft' bei Welsch.

• In der Phase der Zweiten Moderne beginnt nun die Transnationalität nicht nur die nationalstaatliche Exklusivität und Souveränität aufzulösen, sondern darüber hinaus die Internationalität in eine subsidiäre Residualkategorie zu transformieren. Internationalität wird jetzt nur noch ermöglicht als geronnene *Trans-nationalität* zwischen (**noch**) bestehenden Nationalstaaten *neuer* Konstitution, d.h. Nationalstaaten, die sich nicht mehr aus sich selbst heraus souverän setzen können, sondern deren Souveränität im Kontext der Globalisierung konstituiert wird.

➢ Diese neue Ebene bedeutet den 'Vollzug der Kombination der Operationen Zweiter Ordnung', der den 'Vollzug der Kombination der Operationen Erster Ordnung' konstituiert.

Was sich herausbildet ist eine neue 'Politik der Politik', die bekannte Demokratisierungen übersteigt. Es kann sich nur um eine neue Form von 'Demokratisierung' handeln, die 'gewaltengeteilte' Herrschaft nicht mehr voraussetzt, sondern im globalen Markt fortwährend als 'unsichtbare Hand' induziert. Herrschaft und Politik scheinen mit der Globalisierung dasselbe Schicksal zu teilen, welches beide schon durch den ökonomischen Markt im Nationalstaat erleiden mußten. Die sogenannte 'unsichtbare Hand' des Marktes war - und genau das ist der Kern und zugleich das 'Geheimnis' - schon immer die 'transzendentale' Voraussetzung jeglicher internationaler Beziehungen so wie ihrer Thematisierung.

Interkulturalität und Transkulturalität

Bisher haben wir das Feld der Politik im inter- und transnationalen Kontext diskutiert. Dies dient dazu, die neuen Kräfte deutlich sichtbar zu machen, die im Kontext der Globalisierung zur Wirkung kommen. Uns interessieren darüber hinaus die Medienkulturen, die der bisherigen Politik der Nationalstaaten ihren Inhalt vermittelten. Beck ist konsequent. Er unterscheidet entsprechend der 'Inter'-und der 'Trans'-Ebene zwei Kulturbegriffe, Kultur I und Kultur II, die gewöhnlich vermengt werden (1997:118).

'Kultur I' bindet Medienkulturen an ein bestimmtes Territorium. Man geht von der Annahme aus, Kultur ist hauptsächlich das Ergebnis lokaler Lernprozesse. In diesem Sinne besitzt eine Gesellschaft oder eine soziale Gruppe eine 'eigene' gegen andere abgegrenzte Kultur. Dem entspricht das, seit der Aufteilung der Welt in sogenannte 'zivilisierte' und 'primitive' Kulturen, vorherrschende Konzept der 'ganzheitlichen' oder 'holistischen' Kulturen, Monaden; einer Idee, der die Kultur- und Sozialwissenschaften bis heute noch anhängen. Sie haben ihre Logik, nämlich die der Ersten Moderne. Die Unterschiede zwischen den Menschen verschiedener Kulturen werden primär aus ihren spezifischen historischen Ursprüngen abgeleitet. Dieser Herleitung von Kultur-Unterschieden liegt wiederum die Container-Theorie zugrunde. Kultur territorial verstanden, essentialisiert Unterschiede. Unbegriffen bleibt, was Globalisierung kennzeichnet: die Eröffnung eines gemeinsamen Welthorizonts (Beck 1998:54). "Das verwendete Kulturkonzept negiert nicht nur die Durchlässigkeit von Grenzen, interne Heterogenität, Kulturkontakt, Vermischung und Widersprüche, es schafft und essentialisiert auch in seiner Konzentration auf 'Unterschiede' eben diese. Kultur wird dadurch zum Werkzeug, um andere anders zu machen [...] In dem Moment, in dem die Ethnologie kulturelle Unterschiede beschreibt und erklärt, werden diese neu konstruiert, produziert und aufrechterhalten. Und Unterschiede, so sehr man das bedauern mag, gehen oft mit Distanz und Ungleichheit einher." (Breidenbach/Zukrigl 1998:79f)

'Kultur II' betrachtet Medienkultur als allgemein offener und unbeschränkter Artikulationsbereich im Kontext der Globalisierung. Kultur wird jetzt als translokaler Lern- und Verwirklichungsprozeß bestimmt. Kultur II meint Medienkultur im Plural. Diese werden als nicht-integrierte, nicht abgegrenzte Vielheit ohne Einheit gedacht - im Sinne inklusiver Unterscheidungen. Das entspricht den 'virtuellen Medienkulturen' und ihren 'reflexiven' Verhältnissen bei Schmidt. Konsequent im Kontext der Globalisierung und entsprechend unseren zwei Ebenen der 'Operationen Erster und Zweiter Ordnungen' formuliert Beck: Kultur II artikuliert sich in Kultur I, da die Kulturen selbst die Vermittler von Kultur sind. Dennoch betonen sie unterschiedliche Aspekte in der historischen Entwicklung der Beziehungen zwischen den Kulturen. Kultur II, also das Ensemble der translokalen Kulturen, ist nicht ortlos, aber sie begreift den Ort als 'nach außen offen', während er für Kultur I 'in sich geschlossen' ist. Kultur II besitzt ein 'Verständnis für das Globale im Ort' ('the art of being local world-wide'). Sie beinhaltet die Melange zwischen transnationalen und lokalen gesell-schaftlichen Beziehungen (Beck 1997:118-119).

Schwächt sich im Zuge der Globalisierung Politik ab oder fällt sie weg, bleibt Kultur. Das nun führt zum sonderbarsten Paradox der Globalisierung oder Transnationalität. Dieser – im Sinne des klassischen Politikverständ-nisses – nun 'politikfreie' Raum erscheint als hochgradig kultureller Raum, dem die Kultur im nationalstaatlichen oder modernen Verständnis fehlt. Transnationale Fragen sind deshalb immer auch 'kulturelle Fragen'. Dazu abermals Beck: "Das heißt: Sachfragen sind unauflöslich in Kulturfragen, Wahrnehmungsfragen, Wertfragen eingeschmolzen. Viele Bemühungen kreisen darum, wie ein Einverständnis darüber gefunden werden kann, was ein transkulturelles Einverständnis in dieser und jener Angelegenheit eigentlich ausmachen könnte." (Beck 1998:38) Das Management der Globalität findet in einem multikulturellen Wertediskurs statt, in einer per-manenten Debatte mit den einzelnen funktionalen Sektoren, die ihre Vor-herrschaft behaupten wollen, ohne daß es eine Autorität gibt, die den Streit schlichten kann. Die kulturellen 'Streite' sind nicht mehr zu schlichten. Es kann deshalb kein allgemeines Werteprinzip geben, das den globalen Institutionen zugrunde liegt. Auch ihr Rekurs auf globale Werte verhilft ihnen nicht zu einer bestimmten Struktur. "Ihr Pluralismus reflektiert keinerlei Theorie des weltweiten Gemeinwohls, sondern lediglich das historische Wachstum und Wechselspiel nationaler Erfahrungen und natio-nalen Fachwissens, die sich miteinander arrangieren müssen [...] Die Glo-balität führt nicht zu einer Lösung von Wertkonflikten, sondern bringt dort, wo man sich einst nur mit technischen Fragen befaßte, eine Debatte über Werte überhaupt erst in Gang, die dann auch die höchsten Etagen der Institutionen erreicht. Auch aus diesem Grund sind Werte im Globalen Zeitalter ein unabhängiger kultureller Rohstoff." (Albrow 1998:197f)

Um möglichen Mißverständnissen vorzubeugen, ist es an dieser Stelle an-gebracht, erneut auf den 'Streit' und 'Widerstreit' bei Lyotard und Welsch zurückzukommen. Dieser Streitbegriff der postmodernen Moderne bezieht sich auf die Ebene der Kultur I. Dieser Streitbegriff kann kategoriell nicht derselbe sein, wie er auf der Ebene von Kultur II vorliegt. Wurde der Streitbegriff der Moderne und postmodernen Moderne von der Vorstellung der Existenz eines dem Widerstreit zugrunde liegenden gemeinsamen Referenzpunkt her gewonnen, so bedeutet Streit nun auf der Ebene der Kultur II das Nichtvorhandensein irgendwelcher Referenzpunkte. Wie Albrow formuliert, 'ihr Pluralismus reflektiert keinerlei Theorie des Ge-meinwohls'. Was verbleibt ist die bare Reflexivität jeweiliger Standpunkte, Inhalte, Methoden oder Meinungen. Ihre 'ratio' und ihre Bedingung ist die

Okkasionalität. Wir werden im nächsten Kapitel mit Derrida auf diese Vernunft der Kulturen II oder virtuellen Medienkulturen eingehen. Kulturelle Globalisierung beinhaltet: Die Differenz von Nähe und Ferne entfällt. In bezug auf den Nationalstaat zerbricht die Nah-Fern- und Innen-Außen-Koordination so wie die daraus abgeleitete Container-Ordnung sozial-moralischer Lebenswelten. Das heißt, es entsteht eine raumlose 'Vielfalt ohne Einheit'. Nicht nur Weltprobleme aller Art, sondern gerade kulturelle Unterschiede und Wertkonflikte sind ubiquitär gegenwärtig. "Die vielen Welten der Einen Welt sind 'querverteilt' in unterschiedlichen 'Legierungen', im Grenzfall an allen Orten (explosiv) präsent." (Beck 1998:47) Da die Globalisierung gerade keine übergeordnete Werte-Identität für alle in gleichem Maß verspricht, wird kulturelle Verständnislosigkeit zum Problem. Jedoch ist der Ausweg der Nichtbegegnung, der den Verständnislosen bisher noch offenstand, nicht länger offen. "Die im wahrsten Sinne des Wortes grenzenlose Überforderung entsteht genau daraus, daß wir einander nicht verstehen 'und' nicht länger ausweichen können." (Beck 1998:48) Die anstehende kulturelle Globalisierung zerstäubt die Hoffnungen, dieser Verständnislosigkeit weiterhin ausweichen zu können. Darin besteht jedoch auch das Potential interkultureller Konflikte – oder die latente Normalität des Ausnahmezustands.

Zugleich jedoch, und das intensiviert die kulturellen Differenzen und damit einhergehende Wertekonflikte, aber auch das wechselseitige Verstehen, ist das Transnationale und Transkulturelle für das eigene Leben schon längst normal, sind wir schon alle 'global player' geworden. Man denke nur an TV, Tourismus, Restaurants, Internet oder einfach das 'schöner Wohnen', umgeben von Artefakten aus aller Welt. Auf der Ebene der Biographien bedeutet dann Globalisierung, daß die Gegensätze der Welt nicht nur weit draußen, sondern im Zentrum des eigenen Lebens existieren und als Konflikte stattfinden. Beck nennt das 'Ortspolygamie: mit vielen Orten verheiratet sein, um die getrennten Welten zu überbrücken (Beck 1998:50). Zur transkulturellen Potenz gehört dann auch, auf vielen Kultur-Hochzeiten zugleich tanzen zu können. Dies führt zur Figur des transkulturellen Nomaden. Das eigene Leben wird zum Nomadenleben, jedoch auf einer ganz anderen Vergesellschaftungsstufe als es je ein traditioneller Nomade erträumt und erlebt hat. Die Vielörtlichkeit und die Transnationalität der Biographie oder die Globalisierung des eigenen Lebens tragen dazu bei, die Souveränität des Nationalstaates auszuhöhlen. Damit entfallen bisherige zentrale Voraussetzungen des sozialen Handelns. Wurden Gemeinde, Familie, Arbeit, Freunde oder überhaupt erfahrbare Gemeinschaften bisher ortsgebunden gedacht, ist nicht mehr davon auszugehen, daß das, was als

Gemeinschaft erlebt wird, an einem Ort stattfindet. Umgekehrt muß der Ort, an dem wir uns aufhalten, nicht auf Gemeinschaften bezogen sein. Wir können völlig fraktioniert nebeneinander leben, aber gleichzeitig Mitglieder in Netzwerken sein, die ortsunabhängig sind (Beck 1998:50).

Bereits der postmoderne Nationalstaat eröffnet Handlungsräume – Soziosphären –, die sich auf einander überschneidenden Bahnen bewegen, ohne sich je zu berühren. Das beinhaltet das Ende funktional integrierter Gemeinschaften. Auf die Weltgesellschaft übertragen, ist die einzige soziale Einheit, die zwischen ihnen vermittelt, die Weltgesellschaft selbst. Diese gibt es aber nicht mehr als Ganzes; es gibt viele derartige Ganzheiten. Vom Standpunkt nationaler Hegemonie erscheint dies als Zerfall und Auflösung (Anomie), aus weltgesellschaftlicher Perspektive jedoch nur als Wechsel der Bezugsrahmen. Man muß weg von der Vorstellung integrierter, monolithischer, territorial gebundener Kulturblöcke (Volk) hin zu einer Vorstellung der 'Kultur der Kulturen'. Wenn man sich auf die Medienkultur von Schmidt oder die 'Bewegungen' bei Beyme rückbesinnt, kann deutlich werden, wie sehr der postmoderne Nationalstaat von diesen transkulturellen Phänomen schon infiziert ist.

Am Beispiel der Migration läßt sich das verdeutlichen. Traditionell wird Migration verstanden in Stadien und Kontexten des Aufbrechens, Wanderns, Ankommens und Integrierens, welches auch scheitern kann – Entfremdung in der Ferne. Transnational verstanden entsteht jedoch etwas neues, Soziosphären oder soziale Landschaften, die Auswanderungsorte und Ankunftsorte verbinden und verändern (Glazer/Moynihan 1975, Moynihan 1994, Gordon 1978:134-6). Im Paradigma der Moderne mit dem national abgeschlossenen Ortsparadigma des Sozialen gilt: Abwesenheit schwächt. Im transnationalen Paradigma gilt jedoch: Abwesenheit bereichert.

Die kulturelle Globalisierung wird bevorzugt als Menetekel einer McDonaldisierung der Welt an die Wand gemalt, die zunehmende Konvergenz der Kulturinhalte und Informationen im Zuge der Konzentrationstendenzen auf den Weltmedienmärkten verteufelt. Diese These erweist sich jedoch schon gegenwärtig als widerlegt. Die Theoretiker der Weltkonformität verkennen die Dialektik kultureller Globalisierung. Globalisierung ist ohne Lokalisierung nicht denkbar.

Bei der Globalisierung geht es immer auch um Lokalisierung. Es handelt sich um paradoxe Prozesse, in denen gleichzeitig Entgegengesetztes möglich und wirklich wird. Globalisierung meint nicht nur De-Lokalisierung, sondern Re-Lokalisierung. Auch und gerade global produzierende und vermarktende Firmen müssen lokale Bindungen entwickeln. Marketing muß für global vermarktbare Symbole aus dem Rohstoff lokaler Kulturen schöpfen. Global heißt deshalb 'an mehreren Orten zugleich, also 'translokal'. Firmenchefs betonen, daß es bei der Globalisierung nicht darum geht, Fabriken in aller Welt zu bauen, sondern darum, Teil der jeweiligen Kultur zu werden. 'Lokalismus' lautet das Bekenntnis, die Unternehmensstrategie, die mit praktizierter Globalisierung an Bedeutung gewinnt. Homogenisierung der Produkte bedeutet das Ende des Marktes. Weltkapitalismus bedarf der lokalen Vielfalt und Widersprüchlichkeit, um durch Produkt- und Marktinnovation in der Weltkonkurrenz zu bestehen.

De-Lokalisierung und Re-Lokalisierung heißt aber nicht per se Renaissance des Lokalen. Bei Wiederbelebung des Lokalkolorits wird die De-Lokalisierung unterschlagen. Re-Lokalisierung, die sozusagen durch das Unendliche der De-Lokalisierung gegangen ist, kann nicht mit linearem Weiter-So-Traditionalismus oder mit borniertem Provinzialismus gleichgesetzt werden. Lokale Kulturen können sich nicht mehr mit Einigeln gegen die Welt rechtfertigen. Anstelle der Begründung von Traditionen mit traditionellen Mitteln tritt der Zwang, de-traditionalisierte Traditionen 'im globalen Kontext', im translokalen Austausch, Konflikt, Dialog zu re-lokalisieren. Es geht um eine nicht-traditionalistische Renaissance des Lokalen, wenn es gelingt, lokale Besonderheiten global zu verorten und in diesem Rahmen konfliktuell zu erneuern. Das Lokale muß als Aspekt des Globalen verstanden werden. Globalisierung heißt auch: das Zusammenziehen, Aufeinandertreffen lokaler Kulturen, die in diesem 'clash of localities' inhaltlich neu bestimmt werden müssen, was mit dem Neologismus 'Glokalisierung' umschrieben wurde (Robertson 1996). "Die Vorstellung, daß man die gegenwärtige Welt, ihre Zusammenbrüche und Aufbrüche verstehen könnte, 'ohne' die Ereignisse aufzugreifen, die unter den Stichwörtern 'politcs of culture', 'cultural capital', 'cultural difference', 'cultural homogenity', 'ethnicity', 'race and gender' bearbeitet werden, 'erscheint absurd'." (Beck 1997:90-91)

Wie Schmidt seine Theorie des sozialen Handelns, der Kommunikation und Kognition im Übergang zur Zweiten Moderne nur als Medienkulturtheorie verstanden wissen will, intendiert Beck eine Kultursoziologie der Globalisierung. Das Bewußtsein der Welt besteht nach ihm an einem singulären Platz. Gegenwärtige Globalisierung und bewußte, massenmedial reflektierte Globalisierung sind zwei Seiten des selben Prozesses. "Damit ist die Herstellung dieser kulturell-symbolischen Reflexivität der Globalisierung 'die' Schlüsselfrage der Kultursoziologie der Globalisierung [...] In diesem Sinne zielt Globalisierung daher nicht nur auf die 'Objektivität

zunehmender Interdependenzen'. Gefragt und untersucht werden muß viel-
mehr, wie sich der Welthorizont in der transkulturellen Produktion von
Sinnwelten und kulturellen Symbolen öffnet und herstellt. Kulturelle
Globalisierung durchkreuzt die Gleichsetzung von Nationalstaat und Natio-
nalgesellschaft, indem transkulturelle Kommunikations- und Lebensfor-
men, Zurechnungen, Verantwortlichkeiten, Selbst und Fremdbilder von
Gruppen und Individuen hergestellt werden bzw. aufeinandertreffen."
(Beck 1997:88-89)

Verflechtung und Verbundenheit der Menschen über Grenzen hinweg hat
es schon immer gegeben, doch 'kulturelle Globalität' meint nach Beck
mehr. "Ein Ereignis ist dann ein globales Ereignis, wenn es simultan als
massenmediale Erfahrung überall auf dem Globus präsent ist." (Beck
1998:55) In dieser Hinsicht kann die virtuelle Medienkulturtheorie von
Schmidt übernommen werden. Der Ethnologe Arjun Appadurai spricht von
der 'wachsenden Bedeutung der Imagination möglicher Leben'. "Innerhalb
der letzten zwei Jahrzehnte jedoch hat sich das Gewicht von Imagination
und Phantasie merklich verändert, und zwar genau in dem Maße, in dem
der Prozeß der Enträumlichung von Personen, Vorstellungen und Ideen
neue Kraft gewann. Auf der ganzen Welt betrachten mehr und mehr
Menschen durch die Optik möglicher, von den Massenmedien in nur jeder
denkbaren Weise angebotenen Lebensformen ihr eigenes Leben. Das bedeutet: Phantasie ist heute eine soziale Praxis geworden; sie ist in ungezähl-
ten Varianten Motor für die Gestaltung des gesellschaftlichen Lebens vieler
Menschen in vielerlei Gesellschaften. [...] Es sind diese komplexen, teilweise imaginierten Leben, die heute das Fundament der Ethnographie bilden müssen, zumindest einer solchen Ethnographie, die in einer transnationalen, enträumlichten Welt Gehör finden will. Denn die neue Macht,
welche die Einbildungskraft bei der Herstellung des sozialen Lebens
gewonnen hat, ist unausweichlich mit Vorstellungen, Ideen und Gelegen-
heiten verbunden, die von anderswoher kommen [...] Deshalb ist eine am
Ort orientierte Behauptung kultureller Identität ein gefährliches
Unterfangen. [...] Dort, wo man tatsächlich mit der Isolierung von der
übrigen Welt Erfolge hatte, wo man den Menschen die globale Imagination
vorenthalten konnte – in Ländern wie Albanien, Nordkorea und Burma -,
da scheint sich eine bizarre Form staatlich verordneten Realismus zu entfalten. Der aber birgt stets die Möglichkeit des Völkermords in sich, totali-
täre Abstrusitäten, wie ein Pol Pot sie demonstriert hat, oder führt zur
Unterdrückung des Willens zur Kritik oder zur Verhinderung des Wun-
sches, das Land zu verlassen." (Appadurai 1997:22f.)

Was hier als 'globale' Kultur' erscheint, ist weder lokal noch national verwurzelt und erklärbar, sondern ein eigenständiger Welt-, Wert- und Erfahrungszusammenhang, der medientechnologisch verfaßt ist und von kulturindustriell zirkulierenden Bildern möglichen Lebens bevölkert wird. Diese neue technologisch-symbolische Erfahrungseinheit von Globalität und Intimität mit ihrer unüberbietbaren Künstlichkeit bei absoluter Direktheit ist mit der gängigen Begrifflichkeit von 'Lebenswelten', 'Klassen', 'Kulturen', 'Subkulturen' und ähnlich territorial gedachten Einheiten nicht mehr zu erfassen und zu beschreiben. Appadurai schlägt dennoch die Metapher 'Landschaft' (land-scape) vor. Er will damit auf folgende Charakteristika globaler Kultur verweisen: das Fließende der Übergänge, die Unbegrenztheit, welche letztlich den ganzen Globus umfaßt, die Tatsache, daß sich ihre Objektivität und Materialität immer in der Perspektive der Betrachter bricht und so eine unendliche Vielfalt von Ansichten und Aussichten eröffnet. Die Metapher der 'Landschaft' verbindet und übergreift also all das, was sich auszuschließen scheint: Natur und Kultur, Subjekt und Objekt, Sprache und Wirklichkeit. Appadurai unterscheidet Bereiche wie ethnische Landscape von Mediascape, der technologischen Landschaft, der Finanzlandschaft und der Ideenlandschaft. Seine so aufgefächerte materiale Perspektivität globaler Kulturlandschaften (global flows) hängt allerdings in ihrem Wirklichkeitsgehalt letztlich wiederum davon ab, ob und in welchen Brechungen einige davon in den gelebten Imaginationen gewöhnlicher Menschen übernommen werden. Appadurais radikale These lautet: Lokale Kulturen sind nur noch im Rückgriff auf globale Kulturlandschaften und globalen Kulturindustrien zu verstehen und zu analysieren.

Es lassen sich prinzipiell vier Weisen unterscheiden, wie Menschen in lokalen Kulturen mit globalen Kulturinhalten umgehen: 1) Widerstand, 2) beziehungsloses Nebeneinander, 3) Vereinnahmung (passive Integration), 4) authentische Aneignung. Verlust von Authentizität ist eine der klassischen Topoi der Kulturkritik. Sie kann aber auch von Ursprüngen abgelöst und über Umgangsweisen neu bestimmt werden. Schnee aus der Dose für das trinidadische Weihnachtsfest ist ebenso authentisch und 'echt' wie tantrische Tänze in Deutschland. Die sogenannten 'glokalen' Kulturen sind an keinen Ort und an keine Zeit mehr gebunden. Sie sind kontextlos, eine Melange disparater Komponenten, bedingt durch eine okkasionelle Vernunft.

Beck resümiert: "Fassen wir zusammen: An die Stelle ortsgebundener Kulturen, die sich als Ganzes voneinander unterscheiden und abgrenzen, tritt mit dem Begriff der globalen Kulturlandschaft die Vorstellung einer Art Allgegenwart der Weltunterschiede und Weltprobleme. Die verschiedensten Hemisphären der Erde werden zu benachbarten Plätzen ein und desselben Ortes, die Familienähnlichkeit der einen Welt überlagert und durchdringt die geographischen, ethnischen, politischen und kulturellen Distanzen und Differenzen. Zugleich aber bilden und formieren sich in diesem Milieu der universellen Präsenz auch die Unterschiede ethnischer, politischer, religiöser Art neu heraus. Es kommt zu Re-Lokalisierungen, die sich nun aber dadurch auszeichnen, daß sie ihre Besonderheit im globalen Rahmen neu finden, erfinden oder auch in fundamentalistischen Bewegungen und Protesten einschärfen müssen." (Beck 1998:57-58)

Dieses Phänomen ist anhand der Weltsprachen gut zu veranschaulichen. Entgegen der durch Globalisierung verleiteten Annahme einer universellen BigMac- oder 'einer' Weltsprache findet das Gegenteil statt: Die Sprachen vervielfältigen sich. Beck beruft sich auf Hans Maier, der folgende Gründe für diese Multiplizierung angibt: 1) Ausbau und Autorisierung bisher unentwickelter oder zurückgesetzter Sprachen, 2) das Vordringen der Fachsprachen und der Regio- und Soziolekte, 3) der Vorgang ethnischer, sozialer und religiöser Selbstbehauptung 'durch Sprache' in der heutigen Welt. Ebenso hat die Zwei- und Mehrsprachigkeit in der heutigen Welt zugenommen. "Nicht in der Tendenz zur sprachlichen Uniformierung, sondern im Sprachen- und Identitätswirrwarr schlägt das babylonische Herz der Weltgesellschaft." (Beck 1998:58-59)

Richard Wilk dreht die Konvergenztheorie um und spricht von einem 'Universalismus der Differenz' in der Weltgesellschaft: Was uns alle ähnlich macht ist, daß wir alle unterschiedlich sind - man erinnere sich an unsere Diskussion der 'Gemeinsamkeiten der Differenzen' in Kapitel 1. Es scheint eine 'Kultur der Kulturen' zu entstehen, die eine Art globalen Referenzrahmen für lokale Kulturen darstellt. Die Welt wird sich im Zuge kultureller Globalisierung zum einen immer ähnlicher, zum anderen wird sie immer unterschiedlicher. Wir werden nicht alle gleich, aber wir präsentieren und kommunizieren unsere Unterschiede zunehmend auf eine Art und Weise, die einander ähnelt, die daher in ihren Bedeutungen über Grenzen hinweg prinzipiell verständlich ist. "Das neue globale Kultursystem erzeugt und verstärkt die Unterschiede, anstatt diese zu unterdrücken, aber eben Unterschiede einer besonderen Art. Ihre Hegemonie betrifft nicht Inhalte, die Form. Globale Strukturen organisieren Diversität und reproduzieren nicht Uniformität. Anders gesagt: Während verschiedene Kulturen weiterhin unterschiedlich sind und variieren, werden sie doch zunehmend unterschiedlich auf eine sehr uniforme Art und Weise. Die 'Dimensionen', zwischen denen sie variieren, werden begrenzter und können damit leichter von verschiedenen Standpunkten her nachvollzogen werden. Auf diese

Weise entwickeln Gesellschaften, die auf dem Weltmarkt und um kulturelle Dominanz konkurrieren, ihre Hegemonie nicht in Gestalt direkter Angleichung, aber indem sie universelle Kategorien und Standards präsentieren, die dann den Bezugsrahmen bilden, in dem kulturelle Unterschiede definiert werden. Mit anderen Worten: Wir werden nicht alle gleich, aber wir inszenieren, dramatisieren und kommunizieren unsere Unterschiede gegenüber anderen auf eine Art, die breiter zugänglich ist und verstanden werden kann. Die Hegemonie kultureller Globalisierung drückt sich in diesem Sinne in Strukturen allgemeiner Unterschiede aus, die partikularistische Besonderheiten hervorhebt, gleichzeitig andere unterdrückt, einebnet, ausradiert. Das System globaler Kultur ist ein allgemeiner Code, aber dessen Zweck ist nicht eine allgemeine Identifikation; es ist genau umgekehrt die Expressivität von Unterschieden, Grenzen und Brüchen. Das 'Lokale', 'Ethnische' und das 'Nationale' kann daher gerade nicht als Opposition oder Widerstandsform zur globalen Kultur gelten. Es handelt sich vielmehr um essentielle Teile und Ausdrucksformen globaler Kultur. Wie Fusco hervorhebt, haben die intellektuellen Diskurse über Andere und Fremde ihre Funktionen 'innerhalb' dieses Systems globaler Kultur und stellen nicht etwa eine externe Kritik dar." (Wilk 1996:118)

"'Globale Kultur' kann 'nicht statisch', sondern nur als 'kontingenter' Prozeß' verstanden werden – nach dem Muster 'Glokalisierung', in dem widersprüchliche Elemente 'in ihrer Einheit' begriffen und entschlüsselt werden. In diesem Sinne kann man von Paradoxien 'glokaler' Kulturen sprechen [...] Man kann dies auch so deuten: Erst und nur als glokale Kulturforschung (Industrie-, Ungleichheits-, Technik-, Politikforschung) wird die Soziologie der Globalisierung 'empirisch möglich' und nötig." (Beck 1997:91) Globalisierung wird faßbar im Kleinen, Konkreten, im Ort, im eigenen Leben, in kulturellen Symbolen, die alle die Signatur des 'Glokalen' tragen (Beck 1997:91).

Globalisierung erzeugt (erzwingt) fernerhin Bindungen – und nicht nur Fragmentierung. Es entstehen transnationale und transkontinentale 'Gemeinschaften', welche 'trennen', was bislang oft als unauflösliche Einheit galt und gilt: geographisches und soziales Zusammenleben und Zusammenarbeiten. Die neue Logik wird sowohl in transnationalen Unternehmen praktiziert als auch in transnationalen Gemeinden (mexikanische Amerikaner), Familien, ethnische Subkulturen (imaginäres Afrika). Es gilt ebenso: Globalisierung fragmentiert, nicht nur Nationen zerfallen, sondern auch Gemeinden. Möglich, daß unter Bedingungen glokaler Kulturen direkte Nachbarschaft verwaisen, während transkulturelle Nachbarschaften aufblühen (Beck 1997:92-93).

Was läßt sich nun über das Verhältnis von Interkulturalität zu Transkulturalität und vice versa resümieren? In gewisser Weise verhalten sie sich analog zur Inter- und Transnationalität, nur handelt es sich hinsichtlich Kultur um einen weitaus flüchtigeren Stoff. Interkulturalität, die, bezieht man sich auf die Häufung der Publikationen, gegenwärtig eine Blütezeit zu erleben scheint, befasst sich noch zu ausgeprägt mit den Kulturen als holistische Ganzheiten im Sinne der Kultur I. Man hat es, um ein passendes Bild anzuführen, mit einem Spiel kunterbunter Kulturmurmeln zu tun. Interkulturalität versucht mehrere oder alle Kugeln in irgendeine Art von konformen Rollbewegungen zu versetzen. Das ist gewiß aufwendig, doch es überwindet nicht die holistischen Begrenzungen. Interkulturalität setzt diese Begrenzungen statt dessen voraus und erzeugt in paradoxer Weise, wenn sie gelingt, noch intensivere Begrenzungen. Andererseits setzt die Interkulturalität analog der Transnationalität der Nationalstaaten der Ersten Moderne Transkulturalität voraus. Denn die unterschiedlichen Kulturen setzen die wechselseitige Akzeptanz der Verschiedenheit und Unterschiedlichkeit, das heißt Alterität und Optionalität, immer schon voraus. Also 'saugt' die Interkulturalität bereits transkulturellen Honig, ohne sich dessen bewußt zu sein. Paradox formuliert: Interkulturalität operiert innerhalb der Transkulturalität, die die Verschiedenheit und Unterschiedlichkeit erst verschieden, unterschiedlich und damit erst erfahrbar macht. Beck unterscheidet hierbei zwischen exklusiven und inklusiven Unterscheidungsarten. Exklusive Unterscheidung folgt der Logik des Entweder-Oder. Alles, was dazwischen fällt, ist skandalös. Jeder Zwischen-Fall ist ein Zwischenfall! – Interkulturalität. Bei inklusiven Unterscheidungen bedeutet zwischen Kategorien-fallen keine Ausnahme, sondern die Regel. Es wird kunterbunt und undurchsichtig. Das ermöglicht beweglichere Grenzen, kooperative Grenzen. Grenzen entstehen hier nicht durch Ausschluß, sondern durch besonders verfestigte Formen 'doppelter Inklusion'. Jemand nimmt an sehr vielen verschiedenen Kreisen teil und wird 'dadurch' begrenzt. Im Rahmen inklusiver Unterscheidungen werden Grenzen also als bewegliche Muster gedacht und verfestigt, die überlappende Loyalitäten ermöglichen (Beck 1997:95-96) - Transkulturalität. Exklusive Unterscheidung korrespondiert mit 'Grenzspiele', inklusive Unterscheidung mit 'Spiel ohne Grenzen'.

Kultur II, die sich in dieser Transkulturalität inklusiver Unterscheidungen ankündigt, kann nicht dieselbe sein, die sie als interkulturell unterschiedene Monadenkulturen I ermöglicht. Sie ist, wie wir vernommen haben, weder räumlich noch zeitlich. Transkulturell globale Kulturen finden sich zwar in Lokalitäten wieder, doch diese sind in ihrer Anzahl potentiell überall. Derartiges wurde mit Schmidt als 'virtuelle Realitäten' eingeführt. Analog hat es Arjun Appadurai formuliert. Mit Schmidt haben wir besprochen, wie sich derartige Medien generieren, artikulieren und reflexiv werden. Nun sind wir an einem Punkt angelangt, wo man nicht länger ausschließlich auf erzeugte virtuelle Medien starren sollte, die entsprechende Medienkulturen generieren, vielmehr wird Kultur als Transkulturalität endgültig zu einem virtuellen Medium, und das im Plural, das heißt nicht nur als Kultur von Kulturen, sondern als Kulturen von Kulturen! Dieses Bewußtsein kündigt sich als irrlichtig oszillierende okkasionelle Reflexivität an. Transkulturalität ist in diesem Sinne von der Ersten Moderne und Postmoderne freigesetzte, virtuelle Medienkultur. Daran werden wir uns in der Zukunft der Zweiten Moderne gewöhnen müssen.

Es ergibt sich die Frage: wenn Welsch das interkulturelle Verhältnis der Medienkulturen mit der transversalen Vernunft gleichgesetzt hat, ob auch die okkasionelle Reflexivität der Transkulturalität als virtuelle Medienkulturen mit einer 'virtuellen Vernunft' gleichgesetzt werden kann. Zugegeben ist auch das schwer zu denken. Doch wenn die Wirklichkeit der transkulturellen virtuellen Kulturen einem Verständnis zugänglich ist, weshalb sollte uns dann ihre virtuelle Vernunft nicht ebenso zugänglich sein. Wir sind der Überzeugung, daß uns Derrida diesen Zugang – wenn auch nicht in einfachen Worten - ermöglicht hat, dem wir uns im folgenden Kapitel zuwenden wollen.

Kapitel 7

Radikaler De-Konstruktivismus – Virtuelle Vernunft

Im Anschluß an Ulrich Beck wollen wir versuchen, der 'neuen Vernunft' der Globalisierung gerecht zu werden. Sie kann nicht länger der transversalen Vernunft gleichen, die nur Beziehungen herstellt, ohne sich inhaltlich mit sich selbst in Beziehung (Differenz) zu setzen. Darüber hinaus wollen wir in Erfahrung bringen, wie im transkulturellen Spiel heterogene Kulturen ohne Gegensätze begriffen werden können, wie sie kommunizieren, wie sie sich miteinander verflechten und wie es ihnen möglich ist, gemeinsame Welten zu erzeugen ohne die Sprache der anderen zu sprechen. Wir suchen die Vernunft des globalen Spiels ohne Grenzen: als Spiel der Welt, als Spiel der Kulturen, als Kulturspiele, als Spielkulturen, als Weltspiel der ewigen Wiederkehr des Gleichen, wie es Nietzsche nennt.

Im Zusammenhang mit der Diskussion der Relation dritter Potenz haben wir als Operationen Zweiter Ordnung 'Struktur' einerseits und 'Rhizom, Sprachspiele' andererseits zum 'Vollzug der Kombination der Operationen Zweiter Ordnung' vereinigt. Im folgenden wollen wir versuchen, diesen Vollzug erneut einer Reflexion zu unterziehen, dieses Mal im Anschluß an Jacques Derridas Überlegungen.

Es wurde gesagt, daß man die Relation dritter Potenz oder der 'Vollzug der Kombination der Operationen Zweiter Ordnung' eigentlich nicht denken kann, denn sie ist Voraussetzung allen Denkens – und allen Handelns. Nun hat uns Beck wie zuvor schon Schmidt in bezug auf die virtuellen Medienkulturen, nachgewiesen, daß angesichts der Wirklichkeiten der Relation dritter Potenz nicht notwendig Denkverlust angesagt ist. Im Gegenteil, Transkulturalität und virtuelle Medienkulturen kündigen eine Explosion der Denk- und Handlungsmöglichkeiten an, die alles übersteigen, was in den Containerwelten der 'Inter'-Wirklichkeiten als scheinbar unüberwindlicher Horizont vorgegeben ist. Dennoch ist nicht zu bestreiten, daß mit den neuen transkulturellen oder virtuellen Wirklichkeiten Bedingungen vorgegeben sind, die gerade das Denken dieser neuen 'Verhältnisse' schier unmöglich machen. Es ist

nämlich nicht länger möglich, sich als Beobachter aus den Beobachtungen herauszuwinden, wie das in den 'Inter'-Beziehungen, die der
Beobachter durch seine Unterscheidungen erzeugte, noch möglich war.
In den transkulturellen-Beziehungen geht der Beobachter in seinen eigenen Beobachtungen ohne Rest auf und wird virtuell. Um es in einem
Bild auszudrücken: Der sehende Beobachter, der im Sehen Unterscheidungen trifft, ist im Sehen des Sehens jenseits des Sehens virtuell
auferstanden. Er 'sieht' nichts mehr, das würde wieder Unterscheidungen
voraussetzen, er ist 'virtualisiert' - womit wir ein neues Vermögen der
transparenten Transparenz, der virtuellen Vernunft einführen wollen,
eine Rationalität, die nicht mehr aus dem Logos kommt. Wie läßt sich
diese neue virtuelle Vernunft denken?

Bisher haben wir kritisiert, daß der vorherrschende Logos der Ersten
Moderne 'Kultur' nur als die eine oder die andere Monade bestimmen
kann und darin das metaphysische Spiel von Identität und Differenz als
Inter-Kultur mit sich selbst betreibt. Wir haben ebenso kritisiert, daß
selbst die Postmoderne den Begriff der Differenz als Differenz – die
Differenzialität - nicht zu Ende gedacht hat. Deshalb müssen wir uns
dem 'Diskurs' der Ersten Moderne oder der Postmoderne verweigern, da
er seine metaphysische Komplizenschaft nicht ablegen kann, sondern
diese eher noch bestätigt. Der Begriff des 'Dis-kurses' selbst ist nur ein
anderer Name für Inter-Kultur. Alle schlichtenden 'Trans'-Bemühungen
– wie im Falle der transversalen Vernunft -, die, um der Krisis zu entgehen, der Polyphonie des Begriffes nur noch eine weitere Stimme hinzufügen, entkommen ihrem Grundübel, mit dem sie sich selbst affiziert
haben, nicht. Das 'Trans' über das 'Inter' zu positionieren, versucht sich
bloß in das Geschäft der Inkommensurabilitäten einzumischen, um der
Vernunft eine Legitimation zu verschaffen, ihr bereits untergegangenes
Reich weiterhin zu regieren.

Wir sind der Überzeugung, daß Jacques Derrida mit seiner radikalen de-
konstruktivistischen Philosophie die Vernunft oder den Logos der Interkulturalität oder der Dis-kurse überwunden und der Vernunft der
'Differentialität' im Medium der transkulturellen Medienkulturen äußerst
radikal nachgespürt hat. Derridas Kritik an der okzidentalen Vernunft –
oder der Metaphysik – besteht in dem Vorwurf der Verdrängung der
Schrift und der einseitigen Ausrichtung auf die Logik der Sprache und
des Sprechens, die 'Sprache-als-System' oder den 'Logophonozentrismus'. Um zu erkennen, daß wir es hierbei mit einer Thematik zu tun
haben, die zentrale Inhalte unserer bisherigen Überlegungen betrifft,

wollen wir erneut auf die Medientheorie von Schmidt rekurrieren. Schmidt verortet das Denken und die Vernunft in den Kommunikationsmedien oder in sozialen Strukturen. Sprache entspricht den geronnenen Koordinationen von Handlungen. Die Sprache ist jedoch nicht Sprechen. Das Sprechen als kommunikative Kompetenz des autopoietischen Nervensystems des Menschen kann sich in seiner Selbstbezogenheit völlig von den medienkulturellen Voraussetzungen ablösen und aufgrund der Logik der Unterscheidungen seiner Abgetrenntheit, eben seiner autopoietischen Systemidentität, verfallen. Deshalb besteht diese Logik dem 'Inter', der 'Differenz' oder Unterscheidung selbst nur im 'Dis-kurs' gegenüber. Diese Differenz vollbringt etwas ganz anderes als das, was sie behauptet, nämlich Identität – Systemidentität. Das ist es, was Derrida der okzidentalen Metaphysik als Logophonozentrismus vorwirft. Paradoxerweise läßt sich dies so formulieren: je mehr Differenzen erzeugt werden – Unterscheidungen getroffen werden – um so identischer wird die Systemidentität. Das wird schlagend mit der Theorie der 'Ausdifferenzierung' moderner Gesellschaften bestätigt; was tatsächlich vorliegt, sind die exklusiv begrenzten Container-Gesellschaften der Moderne, die in sich in unbeschädigter Identität glänzen..

Wir haben formuliert, daß die Postmoderne nicht in der Lage is, die Differenz als Differenz - die *Differentialität* - zu denken. Die Differenz denken, schreibt Heinz Kimmerle, heißt "nicht identifizieren, das Andere und das Verschiedene nicht zurückführen auf dasselbe und das Gleichartige. Deshalb wäre es auch widersinnig, das Differenzdenken als einheitliche, als solche anweisbare philosophische Strömung zu kennzeichnen. Das Denken der Differenz kann nur selbst different, differierend sein und nicht stets wieder dasselbe." (Kimmerle 1997:17) Genau darin hat Welsch, Derrida mißverstehend, den herrschsüchtigen Beobachter der identitätslogischen Metaphysik, scheinbar von allem sinnlichen Begehren befreit, leer und rein und über alle Abgründe der Differentialität schwebend, zur transversalen Vernunft gekürt. Vernunft, schreibt Welsch, "richtet sich – vom Ausgangspunkt der différance bis zur konkreten Vielfältigkeit des Textgefüges – nicht mehr auf eine erste und letzte Einheit, sondern bewährt sich als Vermögen konkreter Vielheit. Das kann sie nicht, indem sie auf einen Satz fester Prinzipien zurückgreift und die Vielfalt dorthin zurückbindet. Das vermag sie vielmehr erst, wenn sie 'zwischen' den 'Arten', 'Formationen' und 'Diskursen', wenn sie transversal zu operieren versteht." (Welsch 1995:301) Die Rationalität der différance hat Pluralität und Transversalität zur Leitbestimmung, verkündet Welsch (1995:301). Deutlicher kann man es nicht formulieren: Die 'neue' Vernunft ist die uralte, sie operiert unverdrossen im 'zwischen', in den 'Unterscheidungen' des Beobachters der alten identitätslogischen Metaphysik.

Was bedeutet nun 'différance' bei Derrida? Kimmerle (1997) betont, daß das Denken der Differenz nur selbst different, differierend und nicht stets wieder dasselbe sein kann. Um diese Differentialität zu erfassen, hat Derrida den Neologismus 'Différance' eingeführt – eine substantivierte Komposition der Verben 'différencier' (Unterschiede setzen) und 'différer' (aufschieben). Er beinhaltet ein zugleich passives und aktives Vermögen der Differentialität: "Erstens verweist die différance auf eine (aktive und passive) Bewegung, die darin besteht, mittels Aufschub, Übertragung, Zurückstellung, Zurückweisung, Umweg, Verzögerung, Beiseitelegen zu unterscheiden. In diesem Sinne geht der différance keine ursprüngliche und ungeteilte Einheit einer gegenwärtigen Möglichkeit voraus ... Zweitens ist die Bewegung der différance, insofern sie Unterschiedenes hervorbringt, insofern sie unterscheidet, die gemeinsame Wurzel aller begrifflichen Gegensätze, die unsere Sprache skandieren, Gegensätze wie, um nur einige Beispiele zu nennen: sinnlich wahrnehmbar/intelligibel, Intuititon/Bedeutung, Natur/Kultur usw. ... Drittens ist die différance auch die Herstellung jener Differenzen, ... die Vorbedingung jeglicher Bedeutung und jeglicher Struktur sind ... Diese Differenzen ... sind Wirkungen der différance; sie sind weder in den Himmel noch in das Gehirn eingeschrieben ... Von diesem Gesichtspunkt aus ist der Begriff der différance weder bloß strukturalistisch, noch bloß gestisch, weil eine derartige Alternative selbst eine Wirkung der différance ist" (Derrida 1986:41f).

Die différance er-wirkt Unterschiede, ohne Einheit zu sein; sie ist nicht 'Unterschied an sich'. Différance meint Ursprung, ohne Ursprung zu sein. Sie ist Differenz der Differenz. "Nichts – kein präsent und nicht differierend Seiendes – geht also der différance ... voraus. Es gibt kein Subjekt, das Agent, Autor oder Herr der différance wäre und dem sie sich möglicherweise aufdrängen würde. Die Subjektivität ist – ebenso wie die Objektivität – eine Wirkung der différance, eine in das System der différance eingeschriebene Wirkung" (Derrida 1986:70). Die différance meint gerade nicht ein gemeinsames Drittes, wie die transversale Vernunft, die die Gegensätze aufhebt, indem sie sie leer und nach logischen Regeln 'in Ordnung' bringt.

Um die herausragende Position von Derrida in der Genealogie der Differenzdenker zu würdigen und zu demonstrieren, daß die différance jenseits der transversalen Vernunft und jenseits des Radikalen Konstruktivismus anzusiedeln ist, ebenso um zu zeigen, daß die différance als 'virtuelle Vernunft' verstanden werden kann, ist es angebracht zu verfolgen, wie Derrida die Erscheinungsformen der Relation dritter Potenz, die wir im Relationskapitel (Kap. 2) in Abbildung 20 vorgestellt haben, reflektiert.

Derrida bezieht sich auf den Linguisten Ferdinand de Saussure, mit dem die Differenz in das Bewußtsein der Moderne eintritt. Saussure unterscheidet zwischen 'langage' (menschliche Rede insgesamt), 'langue' (eine Sprache) und 'parole' (Sprechakt). Die Sprache (langue) ist bei Saussure weitgehend von ihren außersprachlichen Beziehungen, vom Inhalt der Aussage und von sozialen Prozessen abgelöst. Langue und parole werden als zwei abgetrennte, isolierte Bereiche erfaßt. Das Sprechen (parole) verwirklicht die in der Sprache (langue) angelegten Möglichkeiten. Die Sprache (langue) entspricht einer weitgehend unbewußten Struktur, die Saussure als ein System von Differenzen der Zeichen bestimmt. Jedes Zeichen ist nicht durch inhärente Eigenschaften, sondern durch Differenzen definiert, die es von anderen Zeichen unterscheidet. Die Funktion der Sprache liegt in der Organisation der auf bloßer Konvention beruhenden Beziehung von Bezeichnendem (Lautform, Signifikant) und Bezeichnetem (Begriff, Signifikat).

Was bei Saussure vorliegt ist ein System. Wir ordneten es der einseitigen identitätslogischen Variante der Relation dritter Potenz als 'Operationen Erster Ordnung' zu. In bezug auf das Signifikat und den Signifikant handelt es sich darüber hinaus um ein hierarchisches System. Der Signifikant ist für Saussure nur die Verpackung des Signifikat. Signifikanten haben keine sinnbildende Kraft. Doch selbst Saussure kann diese Trennung zwischen Sprache und Sprechen nicht durchhalten. "Die Sprache ist erforderlich, damit das Sprechen verständlich sei und seinen Zweck erfülle. Das Sprechen aber ist erforderlich, damit die Sprache sich bilde; historisch betrachtet, ist das Sprechen das zuerst gegebene Faktum" (zit. in Derrida 1986:69). Abgesehen davon, das die Äußerung einen Zirkel enthält, ist das Saussure'sche System 'phonozentrisch'. Wenn man voraussetzt, daß die Sprache auch noch einer dem Denken und Sprechen vorgeordneten Struktur gleichkommt, also eine 'Operation Zweiter Ordnung' ist, entspricht sie dem Logos des phonozentrischen Denkens.

Derrida kritiert beides, die Trennung und hierarchische Ordnung von Signifikant und Signifikat, und die Prädominanz von Sprechen, ebenso die Favorisierung des 'logos' in der abendländischen Metaphysik, als dessen adäquate Ausdrucksform die Stimme, nicht auch die Schrift anerkannt wurde. Das traditionelle Denken war darüber hinaus als identitätslogisches Systemdenken ein Denken der Präsenz. Es dachte Sinn als Phänomene des vollendeten Bei-sich Seins. Derrida nennt dies 'Logophonozentrismus'. In diesem Denken bilden 'Präsenz', 'logos' und 'phone' einen untrennbaren Zusammenhang. Logos ist das Gespenst das spricht. Einzig ein phonetischer Logos wird dem Ideal erfüllter Gegenwart und vollendeter Präsenz gerecht. Wenn nun die Stimme privilegiert wird, hat dies negative Folgen für die Bestimmung der Schrift und der Zeichen. Bewahrt die Stimme die Unmittelbarkeit der Präsenz, kann das Zeichen nur Re-präsentation der Stimme sein, unterliegt deshalb der Sekundarität, ja der Falschheit. Beide Momente sind bei Derrida im Zeichen aufgehoben. Konsequent kritisiert Derrida Saussures logophonozentristische Zeichentheorie. Derridas These in bezug auf die Hierarchie und Trennung von Signifikat und Signifikant besagt, daß Sinn und Sprache bereits im Ursprung durch die Bewegung von Signifikanten bestimmt sind. Es gibt kein Signifikat, das dem Spiel aufeinander verweisender Signifikanten entkommt. Ein jedes Signifikat ist schon Signifikant eines anderen Signifikanten. Die Dimension der Zeichen und Medialität tritt zum Sinn nicht nachträglich und äußerlich hinzu, sondern ist für den Sinn von Anfang an konstitutiv. Ohne diese Materialität gibt es Sinn nicht. Sinn konstituiert sich nur über die Bewegung der Zeichenkette in Verschiebung und im Durchgang durch 'Differenzen'. Sinn unterliegt von Anfang an den Gesetzen der Schrift, das phonozentrische Denken muß konsequent in ein Denken der Schrift überführt werden (Welsch 1995: 254-255). Mit anderen Worten, Derrida vertritt eine Medienkulturtheorie im Sinne Schmidts: das Medium und die Schrift denkt, doch nicht länger in den Bahnen des Logophonozentrismus der Metaphysik.

Nach Derrida beginnt mit Platon eine Epoche der Verdrängung der Schrift – also der Medienkultur -, in der sich die Philosophie als epistéme und die Wahrheit als Einheit von lógos und phoné innerlich begründet. Diese Geschichte des Logophonozentrismus ist aber nur erzählbar, weil die Unterdrückung der Schrift nicht ganz gelungen ist. Inmitten der reinen Präsenz des Logos lassen sich deshalb immer wieder 'Spuren' von Schrift aufweisen. Die Bewegung des 'effacement mondial du significant' ist somit untrennbar von der Wiederkehr der verdrängten Schrift (Derrida 1967:404, in Bolz 1992). Die neuen Medien der Computertechnologien und die großen telematischen Netze bewirken allmählich ein 'essoufflement' des seit dreitausend Jahren herrschenden Logophonozentrismus. Das Ende der Zivilisation des Buches deutet zugleich auch das Ende der 'parole pleine', der mit Präsenz erfüllten Rede an. Derrida versteht das als Symptom einer neuen Mutation in der Geschichte als Schrift. Die lineare Niederschrift stirbt aus und macht, beispielsweise in den elektronischen Speichertechniken, neue Formen der Schrift möglich. Das maschinelle Kalkül veranstaltet einen 'excès du représentant' (1967:440), in dem die Schrift mit der phoné bricht (Derrida 1967:440, Bolz 1992).

In Nietzsches Begriff der 'Spur' sieht Derrida den Schlüsselbegriff einer umfassenden Dekonstruktion von Präsenz und Bewußtsein. Spur meint jenes immer schon Geschriebene, das erst Äußerlichkeit und Spielraum eröffnet: An-wesen-des-Abwesendes, das so etwas wie Gedächtnis durch eine Art Urschrift möglich macht - 'La trace est la différance' (Derrida 1967:92). Da die Spur keine Präsenz ist, die sich auflöst, verschiebt, verweist, eigentlich keinen Ort hat, gehört das Erlöschen zu ihrer Struktur. Ein solcher Begriff der Spur bricht radikal mit der Logik der Identität. Er wird aus dem traditionellen Schema herausgerissen, das ihn von einer ursprünglichen Präsenz ableitet und ihn dadurch zu einem empirischen Zeichen macht: "Die Spur ist nicht nur das Verschwinden des Ursprungs, sondern besagt hier... daß der Ursprung nicht einmal verschwunden ist, daß die Spur immer nur im Rückgang auf einen Nicht-Ursprung sich konstituiert hat, und damit zum Ursprung des Ursprungs gerät." (Derrida 1983:107)

Die différance ist das Feld der Konstitution jeder Gegenwart und daher ursprünglicher als diese. Sie ist die 'Urspur' oder 'Urschrift', die auf kein 'Ur' mehr zurückzuführen ist, die auch aus keinem 'Ur' entsprungen ist. Diese Ur-schrift ist kein Teil eines Sprachsystems, weil sie dessen Bedingung darstellt: 'Archi-écriture' ist für Derrida die Bewegung der 'différance comme temporalisation', das heißt jene Zeitigung, die den Spielraum des In-der-Welt-Seins eröffnet (Kimmerle 1997:80).

"Da sich die différance nicht mehr einfach unter die Allgemeinheit des logischen Widerspruchs subsumieren läßt, erlaubt sie es, in differenzierender Weise den heterogenen Modi des Konfliktes, wenn man so will, den Widersprüchen, Rechnung zu tragen... das Unentscheidbare, das nicht der Widerspruch Hegelscher Prägung ist, (legt) das Unbewußte des philosophischen Gegensatzes fest, ein Unbewußtes, das dem Widerspruch gegenüber unempfindlich bleibt, weil dieser zur Logik des Wortes, des Diskurses, des Bewußtseins, der Präsenz, der Wahrheit usw. gehört." (Derrida 1986:97)

'L'écriture est le supplément par excellence' (Derrida 1967:398). Schrift ist immer Ersatz für eine vorenthaltene Gegenwart. Menschen sind geschlagen mit Nachträglichkeit (Freud). Ihr Wunsch nach der reinen Präsenz entspringt also gerade der Unmöglichkeit eines reinen Bei-sich-seins. Von daher stößt Derrida, dem Leitfaden der Schrift folgend, zu einer Logik der Supplementarität vor: Eröffnung eines Spiels von Präsenz und Absenz, das uns in die Innenwelt der Außenwelt der Innenwelt versetzt - ursprüngliches Supplement, das im Aufschub das, was es zu ergänzen scheint, zuallererst erzeugt. Damit erhebt Derrida Saussures späte Einsicht, es gäbe keine Phoneme vor dem Graphem, zum grammatologischen Prinzip. Schrift ist der Todestrieb der Rede selbst. Steht aber am Ursprung der Sprache das ergänzende und ersetzende Schrift-Zeichen und ist die symbolische Ordnung insgesamt nichts als ein System wechselseitiger Supplementarität, dann ist das spezifisch humane Vermögen der Artikulation selbst eine 'faculté de supplémentarité' (Derrida 1967:343). Damit befreit sich die Ergänzungsbedürftigkeit vom Makel des Mangels - ihre Formel lautet: 'sans sans sans' (glokal).

Man erinnere sich an das Kapitel 3 und die strukturelle Kopplung bei Maturana. Nur die Kopplung, die an dieser Stelle noch als Differenz behandelt wurde und nun durch Différance ersetzt werden muß, generiert die Zeichen und damit die Schrift, eben das Medium.

Wir haben uns zu Beginn dieses Kapitels gefragt, ob Derrida die transversale Vernunft bei Welsch als Vernunft des 'Vollzugs der Kombination der Operationen Erster Ordnung' übersteigt. Er tut es, indem er die différance als den Webmeister im 'zwischen' oder über die Differenzen, die transversale Vernunft bei Welsch ausweist. Die différance 'gibt' die Löcher im gewebten Netz der transversalen Vernunft. Ihr Wirken läßt sich nur noch als 'Spiel' begreifen.

Die virtuellen Medienkulturen bei Schmidt und die Transkulturen bei Beck sind nicht länger mit der Logik des Unterscheidens zu begreifen. Sie bilden keine Systeme, sie kennen kein 'zwischen' mehr. Ihre Heterogenität ist nur noch ohne Gegensatz zu begreifen. Ihr Zusammen-'Spiel' erzeugt gemeinsame Welten, ohne daß sie die Sprachen der anderen sprechen. Ein Wechsel ist ohne Übergang möglich. Schmidt erwähnte das 'Zappen' hinsichtlich des Wechsels und der Reflexivität der virtuellen Medienkulturen. Es entspricht der 'dissémination' bei Derrida, ein Effekt der différance.

In Abbildung 20 in Kapitel 2 haben wir entlang der Stufen der Operationen erster und Zweiter Ordnung drei Grundformen von Spielen eingefügt: Spielgrenzen, Grenzspiele, Spiele ohne Grenzen. Die einseitig identitäts- und differenzlogischen Varianten der Relation dritter Potenz haben radikale Grenzen zur Voraussetzung, die sie nicht überwinden können. Der 'Vollzug der Kombination der Operationen Erster Ordnung' als Bereich der 'Inter'-Operationen, die strukturelle Kopplung und die transversale Vernunft operieren 'innerhalb' der Grenzen. Es handelt sich bei beiden Supplementen der différance um 'Grenz'-Spiele. Erst die Stufe des 'Vollzugs der Kombination der Operationen Zweiter Ordnung', die eine orginär supplementär-logische Operation der Grenzspiele auf sich selbst beinhaltet, sprengt die Grenzen und eröffnet das Reich der 'Spiele ohne Grenzen' – der virtuellen Medienkulturen und Transkulturen. Wir wollen im folgenden versuchen, dieser Idee der différance als Urspiel eines Spiels ohne Grenzen ohne 'Ur' auf die 'Spur' zu kommen.

Spiel = De-Konstruktion

Schiller - Nietzsche - Heraklit - Wittgenstein - Lyotard - Derrida

Friedrich Schiller: "Mitten im furchtbaren Reich der Kräfte und mitten im heiligen Reich der Gesetze baut der ästhetische Bildungstrieb unvermerkt an einem dritten, fröhlichen Reich des Spieles und des Scheins, worin er dem Menschen die Fesseln aller Verhältnisse abnimmt und ihn von allem, was Zwang heißt, sowohl im Physischen als im Moralischen entbindet." (zit. in Corbineau-Hoffmann 1995:1385)

Die Vorstellung Heraklits, daß der Äion ein spielendes Kind sei, wird beim vorpostmodernen Nietzsche zum Prinzip: "Und so wie das Kind und der Künstler spielt, spielt das ewige Feuer, baut auf und zerstört, in Unschuld - und dieses Spiel spielt der Äon mit sich selbst ... das Kind wirft einmal das Spielzeug weg. Bald aber fängt es wieder an in unschuldiger Lust. Sobald es aber baut, knüpft, fügt es gesetzmäßig und nach inneren Ordnungen. So schaut nur der ästhetische Mensch die Welt an, der an dem Künstler und dem Kunstwerk erfahren hat, wie der Streit der Vielheit doch in sich Gesetz und Recht tragen kann, wie der Künstler beschaulich über und wirkend in dem Kunstwerk steht, wie Notwendigkeit und Spiel, Widerstreit und Harmonie sich zur Zeugung des Kunstwerks paaren müssen." (zit in Derrida 1972:379)

Mit Ludwig Wittgensteins 'Philosophischen Bemerkungen' (1993) dringt der Begriff des Spiels in die Sprachtheorie des 20. Jahrhunderts ein und wird ein Synonym von Sprachspiel. "So spielen wir eben das Spiel - ich meine Sprachspiel mit dem Wort Spiel" (zit. in Corbineau-Hoffmann 1995:1387). Die Unverbindlichkeit der Formulierung ist signifikant, denn 'Spiel' läßt sich nach Wittgenstein zwar vielfach beschreiben und je nach Interesse eingrenzen, nicht aber schlüssig definieren ('Begriff mit verschwommmenen Rändern').

Das Unvorhersehbare der Sprachspiele so wie der Gedanke eines autonomen sprachlichen Regelsystems bilden die Verbindung zwischen der Konzeption Wittgensteins und den Theorien der Postmoderne. Lyotard mit Blick auf Wittgenstein und Nietzsche: Sprechen bedeutet kämpfen im Sinne von spielen. Lyotard zufolge ruft der ludische Charakter der Sprache nicht nur Vergnügen hervor, sondern evoziert auch den größeren Zusammmenhang einer 'agonistique générale' (Lyotard 1979:23).

Derrida löst diesen Zusammenhang auf. Interessanterweise führt er dies am Strukturalismus durch. Der Leser wird sich erinnern, daß wir den 'Vollzug der Kombination der Operationen zweiter Ordnung' als Kombination von 'Struktur' mit 'Rhizom, Sprachspiele' angegeben haben. Beides kann als 'Spiele ohne Grenzen' verstanden werden.

Rombach umschreibt 'Struktur' folgendermaßen: "Strukturen kommen und gehen 'von selbst'; Systeme bestehen auf zerbrechen hin. Das Ende des Systems ist immer die Struktur. Die Häufung bestimmter Unfälle an einer Stelle des Systems beweist, daß das System dort nicht der verborgenen Struktur (dem 'Verkehrsfluß') entspricht. Der Unfall korrigiert das System nicht, aber er gibt Anlaß und Hinweis für eine mögliche Korrektur des Systems. Korrekturen sind Anmessungsvorgänge von Systemen an Strukturen." (Rombach 1971: 170) Struktur bei Rombach ist nicht länger System, dennoch ist eine identitätslogische Ausrichtung nicht überhörbar. Derrida dekonstruiert diese letzte identitätslogische Ausrichtung.

Derridas Interpretation des Strukturalismus von Lévi-Strauss führt den Begriff des Spiels in den Strukturalismus ein. Das Spiel der Elemente im Innern der Formtotalität setzt die Struktur in Bewegung und steht deshalb im Spannnungsverhältnis zur Geschichte, zur episteme und zur metaphysischen Präsenz. Das Spiel ist Zerreißen der Präsenz der Struktur: "Die Struktur oder vielmehr die Strukturalität der Struktur wurde, obgleich sie immer schon am Werke war, bis zu dem Ereignis, von dem ich später spreche [Derrida spielt auf die notwendig gewordene Reflexion der Struktur als Struktur an, auf den Moment, wo die Struktur gedacht werden muß] immer wieder neutralisiert, reduziert; und zwar durch einen Gestus, der der Struktur ein Zentrum geben und sie auf den Punkt der Präsenz, auf einen festen Ursprung beziehen wollte. Dieses Zentrum hat nicht nur die Aufgabe, die Struktur zu orientieren, ins Gleich-gewicht zu bringen und zu organisieren, sondern es sollte vor allem dafür Sorge tragen, das das Organisationsprinzip der Struktur dasjenige in Grenzen hielt, was wir das S p i e l der Struktur nennen könnten. Indem das Zentrum einer Struktur die Kohärenz des Systems orientiert und organisiert, erlaubt es das Spiel der Elemente im Innern der Formtotalität. Und noch heute stellt eine Struktur, der jegliches Zentrum fehlt, das Undenkbare selbst dar." (Derrida 1972:422)

Derrida durchstreicht dieses letzte Zentrum der Struktur. Nun, da der letzte identitätslogische Kern der Struktur durchstrichen ist, muß auch der letzte Kern der Differenzlogik im Rhizom und den Sprachspielen ausgelöscht werden. Derrida schlägt eine Neuauffassung vor, die die Opposition zwischen kontinuierlich und diskontinuierlich (Wittgensteins Sprachspiele) ausstreicht und die mit einem neuen Textbegriff korreliert.

Text = Kultur

Der Entwicklung des Denkens setzt Derrida eine Text*systematik* entgegen, also die Notwendigkeit, die Formen und den Zeitraum seiner Entfaltung. Ein System/ein Spiel, immer zugleich offen und geschlossen, weder offen noch geschlossen. Derrida befragt dabei weniger den Gehalt der Gedanken oder ihre Entwicklung, sondern eher die Weise, wie Texte gebildet sind, wie sie spielen, sich schreiben. Einen Text lesen heißt, die Besonderheit und Originalität eines Spiels und einer Schreibweise aufzuzeigen, dem dieser Text sich einschreibt und das dafür sorgt, daß kein System formal beherrschbar ist. Ein in ein anderes systematisches und syntaktisches Spiel versetzter Begriff bleibt durch seine Zugehörigkeit zu anderen Spielen gezeichnet: durch den ganzen semantischen Vorrat, den er einschließt und aufgrund seiner Zugehörigkeit zu einer bestimmten Sprache.

Text ist darüber hinaus für Derrida ein Gewebe aus Pfropfungen, ein offenes/geschlossenes Spiel. Von nun an ist es unmöglich, eine einfache Textgenealogie (=Monographie) zu erstellen. Ein Text hat nicht nur einen Vater (Vielzahl der Vernunft), nicht nur eine Wurzel, es ist ein

System von Wurzeln (Rhizom, und zwar ein solches, das zugleich den Begriff des Systems und den der Wurzel streicht: "Die historische Zugehörigkeit eines Textes ... ist niemals gradlinig" (Derrida 1983:178). Ein Text ist weder bloß durch andere angesteckt, noch aus Stücken und Fetzen gemacht (kein Patchwork). "Ein Text hat immer mehrere Lebensalter" (Derrida 1983:179). Es ist unmöglich, einen Text frontal in Angriff zu nehmen. Die Lektüre muß sich auf schiefe Wege begeben. Die hierbei angesprochene De-Konstruktion betrifft zunächst Zeichen und Struktur oder auch Kultur.

Die Schriften Derridas propagieren die textuelle Pfropfung und bringen folgende Praxis ins Spiel: "Schreiben heißt pfropfen ... Die Pfropfung vollzieht sich nicht am eigentlichen der Sache. Es gibt ebensowenig die Sache wie den Originaltext." (1972a:359 in Kofman 1988:14) Die Praxis der Pfropfung verwandelt den Text in ein Gewebe aus 'Zitaten': die eingefügten Texte werden in Bewegung gebracht, erschüttert, sollizitiert Einfügung (insertion) schreiben, ein Wort, das mit all seiner Kraft und entsprechend seinen sämtlichen Möglichkeiten wirksam wird (eine Pfropfung unter der Rinde anbringen). Die übernommenen Texte werden weder zu Collagen noch zu Illustrationen. Ohne diese Pfropfreise, "die sich selbst nur im Vollzug ihrer Wiedereinschreibung lesen" (Derrida 1972a:395) exisitiert der Text nicht. Der Text wächst durch Fremdbestäubung; infiziert von seinem Draußen, regeneriert er sich. "Jeder aufgepfropfte Text strahlt ununterbrochen auf den Ort zurück, dem er entnommen ist, verändert ihn auch, wenn er seinen Einfluß auf das neue Feld ausübt ... an mehreren Stellen aufgepflanzt, jedesmal durch die Weitergabe Abwandlungen erfahrend, pfropft sich das Reis schließlich selbst auf. Am Ende steht ein Baum ohne Wurzel." (Derrida 1972a:395 in Kofman 1988:15) "Die Schrift ist zahlreich oder sie ist nicht" (1972a:396). Jeder Text ist also regelrecht offen für alle Texte, auf alle Texte aus allen Zeiten, allen Gattungen. Er hat eine unendliche Dichte; ein Mischwesen von unbestimmter Natur: atopisch, bastardisch, gesetzlos.

Indem die Propfung ein Textglied entnimmt und in einen anderen Kontext einfügt, durchbricht sie die Grenze zwischen dem Drinnen und dem Draußen eines Textes, jene Grenze, die die Metaphysik um jeden Preis aufrechterhalten will. Die Schrift als ursprüngliche Spaltung ist die Bedingung für jeden Schnitt und für jede Zergliederung. In der Schrift im engeren Sinne markieren die Ausstreichungen, Gedanken- und Bindestriche, Punkte, Chiffren, Anführungszeichen und Auslassungen

still-schweigend die konstitutive Verräumlichung der Schrift im allgemeinen.

"Der Text behauptet das Draußen... Wenn es nichts außerhalb des
Textes gibt, hat das neben der Veränderung des Textbegriffes zur Folge,
daß der Text nicht mehr das mittels einer Innerlichkeit oder einer
Identität mit sich selbst abgedichtete Drinnen ist, sondern eine neue
Anordnung dessen, was Öffnung und Schließung bewirkt (Derrida
1972a:42 in Kofman 1988:9).

Kultur = Virtualität

Man kann nicht mehr wiederholen wollen, was im Kontext der Identi-
täts- oder Differenzlogik gedacht wurde. Das Ganze der metaphysischen
Begrifflichkeit muß von Grund auf in Bewegung versetzt werden.
Derrida nennt das 'Sollizitation'. (sollus-altlateinisch: das Ganze). Doch
das ist nicht ausreichend. Die Verbindung von Identität und Differenz
muß neu durchdacht werden, da die strukturelle Kopplung beider
Logiken in sich gespalten ist, Risse aufweist, eine Differenz ganz eigner
Art zeitigt, die auch den bisherigen Differenzkonzeptionen verborgen
blieb. Sie wurde in den Diskursen von Heraklit über Nietzsche,
Heidegger, Freud bis hin zu Lyotard oder Deleuze zwar thematisiert,
aber nicht in ihrer Radikalität gedacht, d.h. sie sind im Banne der
Metaphysik geblieben. Derrida versucht dieser strukturellen Grundprob-
lematik, diesem geheimnisvollen 'Symptom' (Derrida in Anlehnung an
Freud: die Metaphysik gleicht eher einer Psychose als einer Neurose)
beizukommen, indem er sich ihm mit neuartigen Begriffen annähert. Er
nennt solche Begriffe gleitende, rückhaltlose, schwebende, doppelte
oder unentscheidbare Begriffe (Pharmakon, Hymen, Supplement usw.),
um in ihnen die différance als Innenwelt der Außenwelt der Innenwelt
aufzuspüren, gleichzeitig aber nicht wieder von der Metaphysik
vereinnahmt zu werden. Denn er sagt, es macht keinen Sinn zu glauben,
man käme ohne die traditionellen Begriffe aus, wohl aber kann es
gelingen, die bekannten Begriffe so zu verschieben, daß sie eine völlig
neue Bedeutung annehmen. Das geschieht in einer De-Konstruktion als
einer gleitenden Bewegung der Destruierung oder De-sedimentierung
(nicht: Zerschlagung) aller Bedeutungen (Begriffe), deren Ursprung im
Logos (Zentrum) liegen, und dem simultanen Aufbau eines Be-
deutungsnetzes (Kette, Text, Gewebe), das seinen Sinn, seine Vernunft
in sich erzeugt. Die dadurch entstehenden Welten sind konsequen-
terweise von jeglicher logo(phono)zentrischer Herrschaft befreit und

auch keiner Linearität mehr unterworfen. Ihre Virtualität ist grenzenlos. Ihr Spiel wird zum Spiele ohne Grenzen.

"Jedes Beginnen - das ist das Gesetz der Determination - verdankt sich einer Verdoppelung." (Derrida 1972a:14 in Kofman 1988:66) Die doppelte Determination der Sprache kann somit entweder als Moment eines dialektischen Ganges interpretiert werden, bei dem eine in die Richtung vernünftiger Eindeutigkeit gehende Entwicklung stattfindet, bei dem es zur Verdrängung jeder Ambiguität, jeder Polysemie kommt oder aber als Möglichkeitsbedingung des Spiels, des Gleitens unbestimmten Sinns, der Unentscheidbarkeit - als infantiler, 'orientalischer Rest', der den Ernst der Vernunft und Arbeit aufs Spiel setzt: ein unauslöschliches Mal des Begehrens. In diesem Falle kann die erste Interpretation als Rationalisierung gelesen werden, deren Ziel in der Aufhebung des Begehrens gebraucht wird.

Kultur = Virtuelle Vernunft

Wir gehen davon aus, daß uns Derrida 'supplementiert', was mit der Transkulturalität vorliegt und was wir ihre 'virtuelle Vernunft' nennen. Transkulturen sind nicht länger paradigmatische Kulturen. Jede Transkultur ist eine 'Maschine mit zahlreichen Lesköpfen' für andere Kulturen, die auf diese Weise miteinander in Verbindung stehen, sich überwachen, einander antworten, die zugleich aneinandergekoppelt, geteilt und verwachsen sind. Dadurch sind sie, was ihren Code, ihr Genre angeht, unentscheidbar geworden: Einzug einer 'Kultur', einer Sprache in eine andere, gewaltsames Über-Setzen dieses Zuges ans Ufer einer anderen Sprache, in die Sprache eines anderen, was gleichsam ein Über-die-Ufer treten hervorruft, das alle trennenden Grenzen zum Schwinden bringt. Es gibt keinen Rahmen mehr, keinen Rand, keine sichere Grenze zwischen einer Kultur und ihrem Draußen, zwischen dem Ende und dem Abbrechen einer Kultur, zwischen der Einheit eines Korpus, dem Titel, den Rändern. Nur noch ein differentiales Netz, ein Gewebe von Spuren, die endlos auf anderes verweisen, sich auf andere differentiale Spuren beziehen. Jede Kultur wird jeweils durch eine andere transformiert und keine gehört einer Form, einem Genre, einem Code an.

Kultur gleicht einem Transvestiten: Die ganze Welt, Gegensätze aller Spielarten, verbindet sich im Transvestiten. Die gleichzeitige Verkörperung setzt den Schnitt und das 'supplement' innerhalb der Doppelbindung voraus. Aber sobald infolge des supplementären Schnittes zwei

Bindungen exisitieren, regt sich dieses unendscheidbare Doppelge-
schlecht, das Vater und Mutter zugleich in sich birgt.

Der Unterscheidung von Symbolischem, Imaginärem und Realem stellt
Derrida eine Struktur der Duplizität, der Virtualität, gegenüber, "die die
zweifache Beziehung durchspielt und verdoppelt, in w i r k s a m e r
Weise, nicht 'realer' ... sowohl die Spiegelung ... oder das Eigene als
auch das 'Symbolische' unterbricht, die sich nicht mehr in einer
Problematik des Sprechens, der Lüge und der Wahrheit erfassen läßt."
(Derrida 1986:168 in Kofman 1988:76)

Derrida bietet ein Beispiel, wie die Spiele virtueller Medien und Transkulturen denkbar sind. Hierbei wird das angesprochen, was Schmidt mit
dem vorbelasteten Begriff 'Reflexion' virtueller Medienkulturen angesprochen hat. Derrida verwendet zwei radikal getrennte Säulen als
Bilder für Text und Kultur und fragt, welche Spiele diese Säulen miteinander spielen.

Sie bilden keinen Gegensatz gleichwohl sind sie heterogen. Eine Seite
spricht nicht die Sprache der anderen, gehorcht weder dem gleichen
Rhythmus noch dem gleichen Gesetz. Sie unterscheiden sich wie
'dialektisch und galaktisch', sie gleichen zwei riesenhaften Türmen,
aufgestellt in doppelter Isolation, ohne erkennbaren Bezug. Obwohl sie
keinen Gegensatz bilden, sondern heterogen sind, kommunizieren sie
doch miteinander. Weil diese Säulen nicht unversehrt sind, weil sie
doppelt, zweideutig sind, weil es Gucklöcher, Jalousien gibt, stellt sich
zwischen ihnen eine Abfolge von Tauschakten, von gegenseitigem
Zuzwinkern ein, sie lagern sich aneinander und lösen sich voneinander,
wobei die eine in die andere übergeht. Sie durchdringen sich. Jede
Durchdringung hebt den Gegensatz auf, denn sie finden keine wirklich
eines Gegensatzes fähige Substanz darin: "... eingearbeitet in den Stein
jeder Säule sind verschiedene Arten von Gucklöchern, Ausgucks-
öffnungen, Jalousien, Schießscharten, deren Zweck es ist, dafür Sorge
zu tragen, daß man sich nicht in den Koloß einsperren läßt,
Tätowierungen in der faltigen Haut eines Körpers" (Derrida 1974:8 in
Kofman 1988:161)

Abschließend läßt sich festhalten:

Différance / Urschrift / Spur / Supplement / = Virtualität

Kultur = Schrift = Medien = Vernunft

Virtuelle Medienkulturen = Transkulturen = Virtuelle Vernunft

Literatur

Aebli, Hans.: Denken: Das Ordnen des Tuns. Bd. 1: Kognitive Aspekte der Handlungstheorie. Stuttgart: Klett-Cotta. 1980.

Aebli, Hans: Denken: Das Ordnen des Tuns. Bd. 2: Denkprozesse. Stuttgart. Klett-Cotta. 1981.

Albrow, Martin: Abschied vom Nationalstaat. Frankfurt: Suhrkamp. 1998.

Anderson, Benedict: Imagined Communities. Reflections on the Origin and Spread of Nationalism. London: Verso. 1990.

Appadurai, Arjun: Modernity at Large. Global Dimensions of Globalization. Minneapolis: University of Minnesota Press. 1997.

Austin, J. L.: How to do Things with Words. Oxford: Oxford University Press. 1978.

Bates, Paul: Strategies for Cultural Change. Oxford: Butterworth-Heinemann. 1994.

Beck, Don Edward (Hrsg.): The Human Spectrum. A Guide for GlobalPeople Navigating the Currents of Change. Denton, Texas: National Values Center. 1989.

Beck, Don Edward: The Psychological Map: Emerging Deep Structures in Global People. Denton, Texas: National Values Center. 1990.

Beck, Ulrich: Was ist Globalisierung? Irrtümer des Glaubens – Antworten auf Globalisierung. Frankfurt: Suhrkamp. 1997.

Beck, Ulrich: Politik der Globalisierung: Frankfurt: Suhrkamp. 1998.

Beck, Ulrich (Hrsg.): Perspektiven der Weltgesellschaft. Frankfurt: Suhrkamp. 1998a.

Beyme, Klaus von: Theorie der Politik im 20. Jahrhundert. Von der Moderne zur Postmoderne. Frankfurt: Suhrkamp. 1991.

Bleicher, Knut: Organisation. Strategien – Strukturen – Kulturen. Wiesbaden: Gabler. 1991.

Blockmans, Wim: Geschichte der Macht in Europa. Völker, Staaten, Märkte. Frankfurt: Campus. 1998.

Böckler, Stefan: Kapitalismus und Moderne. Zur Theorie fordistischer Modernisierung. Opladen: Westdeutscher Verlag. 1991.

Bolz, Norbert: Jacques Derrida. In: Historisches Wörterbuch der Philosophie, Bd. 8. Hrsg. von J. Ritter; K. Gründer, Spalte 1429-1431. Darmstadt: Wissenschaftliche Buchgesellschaft. 1992.

Breidenbach, Joana; Zukrigl, Ina: Tanz der Kulturen. Kulturelle Identität in einer globalisierten Welt. Berlin: Kunstmann. 1998.

Bukow, Wolf-Dietrich: Leben in der Multikulturellen Gesellschaft. Opladen: Westdeutscher Verlag. 1993.

Buchanan, A.: Secession: The Morality of Political Divorce from Fort Sunter to Lithuania and Quebec. Boulder, Colorado: Westview Press. 1991.

Cesana, Andreas: Kulturelle Identität, Inkommensurabilität und Kommunikation. In: Ethik und Politik aus interkultureller Sicht. Hrsg. von R.A. Mall; N. Schneider, S. 119-130. Amsterdam. 1996.

Claessens, Dieter: Kapitalismus und demokratische Kultur. Frankfurt: Suhrkamp. 1992.

Cohen, Robin: Global Diasporas. An Introduction. London: University College London Press. 1997.

Cohn-Bendit, Daniel; Schmid, T.: Heimat Babylon. Das Wagnis der multikulturellen Demokratie. Hamburg: Hoffmann und Campe. 1992.

Corbineau-Hoffmann, Angelika: Spiel. In: Historisches Wörterbuch der Philosophie, Bd. 9. Hrsg. von J. Ritter; K. Gründer, Spalte 1383-1390. Darmstadt: Wissenschaftliche Buchgesellschaft. 1995.

Czempiel, Ernst-Otto: Die Zukunft des Nationalstaates. In: Politikwissenschaft. Eine Grundlegung. Bd. 3. Außenpolitik und Internationale Politik. Hrsg. von K. von Beyme, et. al., S. 246-276. Stuttgart: Kohlhammer. 1987.

Derrida, Jacques: De la grammatologie. Paris: Les Èditions de Minuit. 1967.

Derrida, Jacques: Die Schrift und die Differenz. Frankfurt: Suhrkamp. 1972.

Derrida, Jacques: La dissémination. Paris: èditions de Seuil. 1972a.

Derrida, Jacques: Glas. Paris: Editions Galilée. 1974.

Derrida, Jacques: Randgänge der Philosophie. Frankfurt: Ullstein. 1976.

Derrida, Jacques: Grammatologie. Frankfurt: Suhrkamp. 1983.

Derrida, Jacques: Positionen. Wien: Passagen. 1986.

Dornhem, Jutta: Zur Bedeutung kultureller Codierungen in Pflegepraxis, Pflegeforschung und Pflegewissenschaft – Bausteine eines kritischen Kulturkonzeptes. In: Pflege, 12, S. 295-308. 1999.

Drechsel, Paul: Probleme einer systemtheoretischen Kulturdarstellung. Dissertation. Mainz. 1978.

Drechsel, Paul: Sozialstruktur und kommunikatives Handeln. Reflexionen über eine postmoderne Ethno-Soziologie. Münster: Lit-Verlag. 1994.

Drechsel, Paul: Buchbesprechung 'Kulturbegriff und Methode', 'Kultur und Kulturwissenschaft'. In: Tribus, 45, S. 169-173. 1996.

Drechsel, Paul: Paradoxien interkultureller Kommunikation. In: Interkulturalität – Grundprobleme der Kulturbegegnung. Mainzer Universitätsgespräche, Sommersemester 1998. Hrsg. vom Studium Generale, S. 173-212. Mainz: Studium Generale. 1999.

Drechsel, Paul; Schmidt, Bettina: Südafrika: Chancen für eine pluralistische Gesellschaftsordnung – Geschichte und Perspektiven. Opladen: Westdeutscher Verlag. 1995.

Drieschner, Michael: Quantummechanics as a General Theory of Objective Prediction. Dissertation Hamburg. 1970.

Dülfer, Eberhard: Internationales Mangement in unterschiedlichen Kulturbereichen. München, Wien: Oldenbourg Verlag. 1997.

Eco, Umberto: Platon im Striptease-Lokal. Parodien und Travestien. München Dtv. 1997.

Elwert, Georg: Schmückendes Gerede und reale Entwicklungsbedingungen - Über soziokulturelle Bedingungen der Entwicklung. In: Entwicklung. Die Perspektive der

Entwicklungssoziologie. Hrsg. von M. Schulz, S. 261-290. Opladen: Westdeutscher Verlag. 1997.

Engelhardt, Johann: Interkulturelles Management. Theoretische Fundierung und funktionsspezifische Konzepte. Wiesbaden: Gabler Verlag. 1997.

Eriksen, Thomas Hyllard: Us and Them in Modern Societies: Ethnicity and Nationalism in Trinidad, Mauritius and Beyond. Oslo: Scandinavian University Press. 1992.

Faulstich, Werner (Hrsg.): Medien und Kultur. Göttingen: Vandenhoek & Ruprecht. 1991.

Featherstone, Mike: Undoing Culture. Globalization, Postmodernism and Identity. London: Sage. 1995.

Feilke, Helmuth: Common sense-Konzept. Überlegungen zu einer Theorie 'sympathischen' und 'natürlichen' Meinens und Verstehens. Frankfurt: Suhrkamp. 1994.

Feyerabend: Paul: Wider den Methodenzwang. Frankfurt: Suhrkamp. 1983.

Flusser, Vilém: Medienkultur. Frankfurt: Fischer. 1998.

Foerster, Heinz von: Sicht und Einsicht. Versuche zur einer operativen Erkenntnistheorie. Wiesbaden: Vieweg. 1985.

Freytag-Löringhoff, Bruno Baron von: Logik. Ihr System und ihr Verhältnis zur Logistik. Stuttgart: Kohlhammer. 1966.

Gabler, Neal. Das Leben, ein Film. Berlin: Berlin Verlag. 1999.

Gellner, Ernest: Culture, Identity and Politics. Cambridge: Cambridge University Press. 1987.

Giesen, B.: Die Entdinglichung des Sozialen. Eine evolutionstheoretische Perspektive auf die Postmoderne. Frankfurt: Suhrkamp. 1991.

Giger, Joyce Newman; Davidhizar, Ruth Elaine: Transcultural Nursing. Assessment and Intervention. St. Louis: Mosby. 1995.

Glasersfeld, Ernst von: Wissen, Sprache und Wirklichkeit. Arbeiten zum Radikalen Konstruktivismus. Wiesbaden: Vieweg. 1987.

Glasersfeld, Ernst von: Radikaler Konstruktivismus. Ideen, Ergebnisse, Probleme. Frankfurt: Suhrkamp. 1997.

Glazer, Nathan; Moynihan, Daniel, P. (Hrsg.): Ethnicity: Theory and Experience. Cambridge, Mass.: Havard University Press. 1975.

Gordon, M.M.: Human Nature. Class and Ethnicity. New York: Oxford University Press. 1978.

Großklaus, Götz: Medien-Zeit, Medien-Raum. Zum Wandel der raumzeitlichen Wahrnehmung in der Moderne. Frankfurt: Suhrkamp. 1995.

Habermann, Monika: Vom Fremden und Eigenen: Zum Diskurs der interkulturellen Pflege und seinen Impulsen für die Pflegewissenschaft. In: Pflege, 12, S. 278-282. 1999.

Habermas, Jürgen: Der Philosophische Diskurs der Moderne. Frankfurt: Suhrkamp. 1985.

Hamburger, Franz: Reflexive Interkulturalität. In: Pädagogische Praxis und erziehungswissenschaftliche Theorie zwischen Lokalität und Globalität. Festschrift für Volker

Lenhart zum 60. Geburtstag. Hrsg. von F. Hamburger; F.-U. Kolbe; R. Tippelt, S. 191-200. Frankfurt: Peter Lang Verlag. 1999.

Hannerz, Ulf: Transnational Connections. Culture, People, Places. London: Routledge. 1996.

Hansen, Klaus P.: Kultur und Kulturwissenschaft. Tübingen, Basel: Francke. 1995.

Hansen, Klaus P.: Kultur und Kulturwissenschaft. Tübingen, Basel: Francke. 2. vollständig überarbeitete Auflage. 1999.

Hasenstab, Michael: Interkulturelles Management. Bestandsaufnahme und Perspektiven. Sternenfels: Verlag Wissenschaft und Praxis. 1999.

Hegel, Georg, Wilhelm, Friedrich: Wissenschaft der Logik. I und II (Werke 5 und 6). Frankfurt: Suhrkamp. 1972.

Hobsbawn, Eric J.: Nations and Nationalism since 1780. Programme, Myth, Reality. Cambridge: Cambridge University Press. 1990.

Hofstede, Geert: The Business of International Business is Culture. In: Cross-cultural Management. Ed. by T. Jackson, S. 150-165. Oxford: Oxford University Press. 1995.

Hofstede, Geert: Lokales Denken, globales Handeln. Kulturen, Zusammenarbeit und Management. München: Beck 1997.

Horowitz, Donald, L.: A Democratic South Africa? Constitutional Engineering in a Divided Society. Cape Town: Oxford University Press. 1991.

Jäggi, Christian J.: Nationalismus und ethnische Minderheiten. Zürich: Orell Füssli. 1993.

Jesse, E.: Typologie politischer Systeme der Gegenwart. In: Grundwissen Politik. Hrsg. von T. Stammen et. al., S. 162-219. Frankfurt. 1991.

Johnson, Gerry; Scholes, Kevan: Exploring Corporate Strategy. London: Prentice Hall. 1997.

Jung, Rüdiger H.; H.M. Schäfer; F.W.Seibel (Hg.): Vielfalt gestalten – Managing Diversity. Kulturenvielfalt als Herausforderung für interkulturelle Humanressourcenentwicklung in Europa. Frankfurt: IKO-Verlag für Interkulturelle Kommunikation. 1994.

Kiesel, Doron: Das Dilemma der Differenz – Zur Kritik des Kulturalismus in der Interkulturellen Pädagogik. Frankfurt: Cooperative. 1996.

Kimmerle, Heinz: Jacques Derrida zur Einführung. Hamburg: Junius. 1997.

Kirch, Guy: Neue politische Ökonomie. Düsseldorf: Werner-Verlag. 1993.

Kofman, Sarah: Derrida lesen. Wien, Graz: Passagen. 1988.

Kramer, Dieter: Handlungsfeld Kultur. Zwanzig Jahre Nachdenken über Kulturpolitik. Essen: Klartext Verlag. 1996.

Kramer, Dieter: Von der Notwendigkeit der Kulturwissenschaft. Aufsätze zu Volkskunde und Kulturtheorie. Marburg: Jonas Verlag. 1997.

Kroeber, Alfred L.; Kluckhohn, Clyde: Culture: A Critical Review of Concepts and Definitions: Havard: Havard University Press. 1952.

Kuhn, Thomas: Struktur wissenschaftlicher Kommunikation. Frankfurt: Suhrkamp. 1969.

Kymlicka, Will: Multicultural Citizenship. Oxford: Oxford University Press. 1995.

Kymlicka, Will: The Rights of Minority Cultures. Oxford: Oxford University Press. 1996.

Langer, J.: Grenzen der Herrschaft. Die Endzeit der Machthierarchien. Opladen: Westdeutscher Verlag. 1988.

Leininger, Madelaine M.: Kulturelle Dimensionen menschlicher Pflege. Freiburg. Lambertus Verlag 1998.

Leisegang, Dieter: Die drei Potenzen der Relation. Dissertation. Frankfurt: Horst Heiderhoff. 1969.

Lijphart, Arend: Democracies. New Haven: Yale University Press. 1984.

Lijphart, Arend: Power-sharing in South Africa. Berkeley: University of California Press. 1985.

Loeffelholz, Hans Dietrich von; Köpp, Günter: Ökonomische Auswirkungen der Zuwanderung nach Deutschland. Berlin: Duncker & Humblot. 1998.

Luhmann, Niklas: Legitimation durch Verfahren. Opladen: Westdeutscher Verlag. 1969.

Luhmann, Niklas: Soziale Systeme. Grundriß einer allgemeinen Theorie. Frankfurt: Suhrkamp. 1987.

Luhmann, Niklas: Die Wissenschaft der Gesellschaft. Frankfurt: Suhrkamp. 1990.

Lyotard, Jean-François: La condition post-moderne. Paris: Editions de Minuit. 1979.

Lyotard, Jean-François: Das postmoderne Wissen. Wien: Passagen Verlag. 1986.

Lyotard, Jean-François: Der Widerstreit. München: Wilhelm Fink Verlag. 1987.

Marin, Bernd; Mayntz, Renate (Hrsg.): Policy Networks. Empirical Evidence and Theoretical Considerations. Frankfurt: Campus. 1991.

Maturana, Humberto R.: Biologie der Realität, Frankfurt: Suhrkamp. 1998.

Merten, Klaus; Schmidt, Siegfried J.; Weischenberger, Siegfried (Hrsg.) Die Wirklichkeit der Medien. Eine Einführung in die Kommunikationswissenschaft. Opladen: Westdeutscher Verlag. 1994.

Meyer, Thomas: Identitäts-Wahn. Die Politisierung des kulturellen Unterschieds. Berlin: Aufbau Taschenbuch Verlag. 1997.

Mooij, Marieke de: Global Marketing and Advertising. Understanding Cultural Paradoxes. London: Sage. 1998.

Moore, Barrington.: Soziale Ursprünge von Diktatur und Demokratie. Die Rolle der Grundbesitzer und Bauern bei der Entstehung der modernen Welt. Frankfurt. 1969.

Moore, Barrington.: Ungerechtigkeit. Die soziale Ursachen von Unterordnung und Widerstand. Frankfurt. 1984.

Moynihan, Daniel Patrick: Pandaemonium. Ethnicity in International Politics. New York: Oxford University Press. 1994.

Münch, Richard: Die Struktur der Moderne. Grundmuster und differentielle Gestaltung des institutionellen Aufbaus der modernen Gesellschaft. Frankfurt: Suhrkamp. 1992.

Naisbitt, John: Global Paradox. Warum in einer Welt der Riesen die Kleinen überleben werden. Düsseldorf, New York: Econ. 1994.

Ohmann, Richard: Making & Selling Culture. Hanover, NH: University Press of New England. 1996.

Peirce, Charles Sanders: Phänomene und Logik der Zeichen. Frankfurt: Suhrkamp. 1983.

Peters, Bernhard: Die Integration moderner Gesellschaften. Frankfurt: Suhrkamp. 1993.

Prigogine, Ilya: Vom Sein zum Werden. Zeit und Komplexität in den Naturwissenschaften. München: Piper. 1980.

Rae, Douglas W.; Michael Taylor: The Analysis of Political Cleavages. New Haven: Yale University Press. 1970.

Reiterer, Albert F.: Die unvereinbare Nation. Ethnizität, Nationalität und nachnationale Gesellschaft. Frankfurt: Campus. 1988.

Robertson, Roland: Globalization: Social Theory and Global Culture. London: Sage. 1996.

Rombach, Heinrich: Substanz, System, Struktur. Band 1 . Freiburg: Karl Alber. 1965.

Rombach, Heinrich: Substanz, System, Struktur. Band 2. Freiburg: Karl Alber. 1966.

Rombach, Heinrich: Strukturontologie. Eine Phänomenologie der Freiheit. Freiburg: Karl Alber. 1971.

Ronen, S.: Comparative and Multinational Management. New York. 1986.

Rudolph, Wolfgang: Der kulturelle Relativismus. Kritische Analyse einer Grundsatzfragen-Diskussion in der amerikanischen Ethnologie. Berlin: Duncker & Humblot. 1968.

Rusch, Gebhard: Erkenntnis, Wissenschaft, Geschichte. Von einem konstruktivistischen Standpunkt. Frankfurt: Suhrkamp. 1987.

Russell, Bertrand: Principles of Mathematics. Oxford: Oxford University Press. 1938.

Sarcinelli, Ulrich (Hrsg.): Demokratische Streitkultur. Theoretische Grundpositionen und Handlungsalternativen in Politikfeldern. Opladen: Westdeutscher Verlag. 1990.

Saussure, Ferdinand de: Grundfragen der allgemeinen Sprachwissenschaft. Berlin: de Gruyter. 1967.

Scharpf, Fritz W. (Hrsg.): Games in Hierarchies and Networks. Analytical and Empirical Approaches to the Study of Governance Institutions. Frankfurt: Campus. 1993.

Schmidt, Bettina: Creating Order - Culture as Politics in 19th and 20th Century South Africa. Nijmegen: Third World Center. 1996.

Schmidt, Bettina: Inter- und Transkulturelles Pflegemanagement. In: Reader zur Tagung 'Die Kultur der Pflege ist die Pflege der Kultur' im Evang. Fachseminar in Karlsruhe, 25.-27. Februar 2000.

Schmidt, Siegfried: Der Diskurs des Radikalen Konstruktivismus. Frankfurt: Suhrkamp. 1987.

Schmidt, Siegfried, J.: Kognitive Autonomie und soziale Orientierung. Konstruktivistische Bemerkungen zum Zusammenhang von Kognition, Kommunikation, Medien und Kultur. Frankfurt: Suhrkamp. 1994.

Schmidt, Siegfried, J.: Medien = Kultur? Bern: Benteli-Werd. 1994a.

Schmidt, Siegfried: Die Welten der Medien. Grundlagen und Perspektiven der Medienbeobachtung. Wiesbaden: Vieweg. 1996.

Schmidt, Siegfried; Weischenberg, Siegfried: Mediengattungen, Berichterstattungsmuster, Darstellungsformen. In: Die Wirklichkeit der Medien. Eine Einführung in die Kommunikationswissenschaft. Hrsg. von K. Merten; S. J. Schmidt; S. Weischenberg, S. 212-236. Opladen: Westdeutscher Verlag. 1994.

Schreyögg, Georg: Unternehmenskultur – Das Konzept. Videocass. Wiesbaden: Gabler. 1989. Unternehmenskultur – Die Diagnose. Videocass. Wiesbaden: Gabler. 1990.

Schreyögg, Georg: Gestaltung von Organisationsgrenzen. Managementforschung Bd. 7. Braunschweig: de Gruyter. 1997.

Schreyögg, Georg: Organisation. Grundlagen moderner Organisationsgestaltung. Wiesbaden: Gabler. 1998.

Searle, John R.: Sprechakte. Frankfurt: Suhrkamp. 1971.

Steinmann, Horst; Schreyögg, Georg: Management. Grundlagen der Unternehmensführung. Konzepte – Funktionen – Fallstudien. Wiesbaden: Gabler. 1997.

Thiery, Peter: Der spanische Autonomiestaat. Die Veränderung der Zentrum-Peripherie-Beziehungen im postfrankistischen Spanien. Saarbrücken: Breitenbach. 1989.

Thornton, Robert: Die Rhetorik des ethnographischen Holismus. In: Kultur, soziale Praxis, Text. Die Krise der ethnographischen Repräsentation. Hrsg. von E. Berg, M. Fuchs, S. 240-268. Frankfurt: Suhrkamp. 1993.

Thornton, Robert: South Africa: Countries, Boundaries, Enemies and Friends. In. Anthropology Today, 10, 6, S. 7-16. 1994.

Tylor, Edward B.: Primitive Culture. London: Murray. 1871.

Uzarewicz, Charlotte: Transkulturalität. In: Pflegetheoretische Grundbegriffe. Hrsg. von I. Kollak; H. S. Kim, S. 113-128. Bern: Huber Verlag. 1999.

Vaassen, Bernd: Die narrative Gestalt(ung) der Wirklichkeit. Wiesbaden: Vieweg. 1996.

Waldmann, Peter: Ethnischer Radikalismus. Ursachen und Folgen gewaltsamer Minderheitenkonflikte am Beispiel des Baskenlandes, Nordirlands und Quebecs. Opladen: Westdeutscher Verlag. 1989.

Wallerstein, Immanuel: Culture as the Ideological Battleground of the Modern World System. In: Global Culture. Hrsg. von M. Featherstone, S. 31-55. London: Sage. 1990.

Waschkuhn, A.: Partizipation und Vertrauen. Grundlagen von Demokratie und politischer Praxis. Opladen: Westdeutscher Verlag. 1984.

Wehner, Burkhard: Nationalstaat, Solidarstaat, Effizienzstaat. Neue Staatsgrenzen für neue Staatstypen. Darmstadt: Wissenschaftliche Buchgesellschaft. 1992.

Welsch, Wolfgang: Transkulturalität – die veränderte Verfassung heutiger Kulturen. In: Sichtweisen. Die Vielheit in der Einheit. Hrsg. Stiftung Weimarer Klassik und DG Bank, S. 83-122. Frankfurt: DG Bank. 1994.

Welsch, Wolfgang: Vernunft. Die zeitgenössische Vernunftkritik und das Konzept der transversalen Vernunft. Frankfurt: Suhrkamp. 1995.

Welsch, Wolfgang: Transkulturalität. Zwischen Globalisierung und Lokalisierung. In: Interkulturalität – Grundprobleme der Kulturbegegnung. Mainzer Universitätsgespräche Sommersemester 1998. Hrsg. vom Studium Generale, S. 45-72. Mainz: Studium Generale. 1999.

Werlen, Benno: Sozialgeographie alltäglicher Regionalisierungen. Band 1: Zur Ontologie von Gesellschaft und Raum. Stuttgart: Franz Steiner Verlag. 1995.

Werlen, Benno: Sozialgeographie alltäglicher Regionalisierungen. Band 2: Globalisierung, Region und Regionalisierung. Stuttgart: Franz Steiner Verlag. 1997.

Welz, Gisela: Inszenierung kultureller Vielfalt. Frankfurt am Main und New York City. Berlin: Akademie Verlag. 1996.

Wiegelmann, Günter: Theoretische Konzepte der Europäischen Ethnologie. Diskussionen um Regeln und Modelle. Münster: Lit Verlag. 1991.

Wierlacher, Alois et al (Hrsg.): Jahrbuch Deutsch als Fremdsprache. Band 22. München: iudicium. 1996.

Wilk, Richard: Learning the Local in Belize: Global Systems of Common Difference. In: Worlds Apart – Modernity Through the Prisma of the Local. Hrsg. von D. Miller, S. 110-133. London: Routledge. 1996.

Willink, Joachim: Wagnis Demokratie. Gernsbach: Casimir Katz Verlag. 1992.

Wittgenstein, Ludwig: Philosophische Bemerkungen. Frankfurt: Suhrkamp. 1993.

Young, Robert: Intercultural Communication. Clevedon, Philadelphia: Multilingual Matters. 1996.

Verlag für Interkulturelle Kommunikation

Postfach 900421 · D-60444 Frankfurt · Telefon (069) 784808 · Fax (069) 7896575
e-mail Verlag: ikoverlag@t-online.de · e-mail Auslieferung: iko@springer.de
Internet: www.iko-verlag.de

Aus dem Verlagsprogramm:

Raúl Fornet-Betancourt (Hrsg.)
**Armut im Spannungsfeld zwischen Globalisierung
und dem Recht auf eigene Kultur**
Dokumentation des VI. Internationalen Seminars
des philosophischen Dialogprogramms
Denktraditionen im Dialog: Studien zur Befreiung
und Interkulturalität, Band 2
1998, 340 S., DM 46,80, ISBN 3-88939-353-5

Raúl Fornet-Betancourt (Hrsg.)
**Menschenrechte im Streit zwischen Kulturplura-
lismus und Universalität**
Dokumentation des VII. Internationalen Seminars
des philosophischen Dialogprogramms Nord-Süd
Denktraditionen im Dialog: Studien zur Befreiung
und Interkulturalität, Band 6
2000, 206 S., DM 34,80, ISBN 3-88939-518-X

Annette Scheunpflug/Klaus Hirsch (Hrsg.)
**Globalisierung als Herausforderung für die
Pädagogik**
2000, 200 S., DM 34,80, ISBN 3-88939-521-X

Oliver Kozlarek
Universalien, Eurozentrismus, Logozentrismus
Kritik am disjunktiven Denken der Moderne
2000, 270 S., DM 39,80, ISBN 3-88939-531-7

Günter Best/Reinhart Kößler (Hrsg.)
Subjekte und Systeme
Soziologische und anthropologische Annäherungen
Festschrift für Christian Sigrist zum 65. Geburtstag
Umbrüche der Moderne – Arbeit-Staat-Kultur,
Band 9
2000, 376 S., DM 49,80, ISBN 3-88939-532-5

Reinhart Kößler/Tilman Schiel (Hrsg.)
Nationalstaat und Ethnizität
Umbrüche der Moderne – Arbeit-Staat-Kultur,
Band 5
1994, 240 S., DM 49,80, ISBN 3-88939-364-0

Hans-Peter Waldhoff/Dursun Tan/
Elçin Kürsat-Ahlers (Hrsg.)
Brücken zwischen Zivilisationen
Zur Zivilisierung ethnisch-kultureller Differenzen
und Machtungleichheiten.
Das türkisch-deutsche Beispiel
ZwischenWelten: Theorien, Prozesse, Migrationen,
Band 1
1997, 400 S., DM 49,80, ISBN 3-88939-414-0

Elçin Kürsat-Ahlers/Dursun Tan/
Hans-Peter Waldhoff (Hrsg.)
Globalisierung, Migration und Multikulturalität
Werden zwischenstaatliche Grenzen in innerstaat-
liche Demarkationslinien verwandelt?
ZwischenWelten: Theorien, Prozesse, Migrationen,
Band 3
1999, 276 S., DM 39,80, ISBN 3-88939-479-5

Heinz Hahn (Hrsg.)
Kulturunterschiede
Interdisziplinäre Konzepte zu kollektiven Identitäten und Mentalitäten
Beiträge zur sozialwissenschaftlichen Analyse
interkultureller Beziehungen (SSIP), Band 3
1999, 456 S., DM 56,80, ISBN 3-88939-477-9

Andrea Grugel/Ingo W. Schröder (Hrsg.)
Grenzziehungen
Zur Konstruktion ethnischer Identitäten in der
Arena sozio-politischer Konflikte
Mosaik der Kulturen: Minderheiten in multikultu-
rellen Gesellschaften zwischen Tradition und
Moderne, Band 2
1998, 188 S., DM 29,80, ISBN 3-88939-456-6

**Bestellen Sie bitte über den Buchhandel oder direkt beim Verlag.
Gern senden wir Ihnen unseren Verlagsprospekt zu.**